乔布斯工作法
JTBD实践与增长的逻辑

［美］吉姆·卡尔巴赫　著
（Jim Kalbach）

李富涵　凌艺蜻　译

清华大学出版社
北京

内 容 简 介

本书以"待办任务"（Jobs to be done, JTBD）为主题，阐述了该方法如何帮助组织把市场洞察转化为实际的行动。作者结合理论和实践展示了如何精准定位用户或消费者的核心需求，让他们真正放心地长期依赖于可帮助他们完成任务的产品与服务。

本书适合负责企业战略的高管、产品线的负责人、营销市场人员以及客户支持人员阅读和参考，旨在帮助他们聚焦于任务思维，让产品或者服务真正能够为客户提供价值。

北京市版权局著作权合同登记号　图字号：01-2021-5159

本书封面贴有清华大学出版社防伪标签，无标签者不得销售。
版权所有，侵权必究。举报：010-62782989，beiqinquan@tup.tsinghua.edu.cn。

图书在版编目（CIP）数据

乔布斯工作法：JTBD 实践与增长的逻辑 /（美）吉姆·卡尔巴赫(Jim Kalbach)著；李富涵，凌艺蜻译. —北京：清华大学出版社，2025.5
　　书名原文：Jobs To Be Done: Align Your Markets, Organization, and Strategy Around Customer Needs
　　ISBN 978-7-302-59280-8

Ⅰ.①乔…　Ⅱ.①吉…　②李…　③凌…　Ⅲ.①企业管理　Ⅳ.①F272

中国版本图书馆 CIP 数据核字(2021)第 216544 号

责任编辑：文开琪
封面设计：李　坤
责任校对：孙　建
责任印制：杨　艳

出版发行：清华大学出版社
　　　　　网　　址：https://www.tup.com.cn，https://www.wqxuetang.com
　　　　　地　　址：北京清华大学学研大厦 A 座　　邮　　编：100084
　　　　　社 总 机：010-83470000　　　　　　　　邮　　购：010-62786544
　　　　　投稿与读者服务：010-62776969，c-service@tup.tsinghua.edu.cn
　　　　　质 量 反 馈：010-62772015，zhiliang@tup.tsinghua.edu.cn
印 装 者：涿州汇美亿浓印刷有限公司
经　　销：全国新华书店
开　　本：160mm×230mm　　　印　张：17　　　字　数：315 千字
版　　次：2025 年 5 月第 1 版　　　　　　　　　印　次：2025 年 5 月第 1 次印刷
定　　价：129.00 元

产品编号：088366-01

推 荐 序

有些书主要是用来阅读的,有些书主要用来使用的。然而,吉姆·卡尔巴赫的《乔布斯工作法》则兼具二者之长,堪称一部佳作。其原因不仅在于吉姆文笔流畅,目标明确,更在于他对用户体验、用户设计以及"待办任务"(Jobs to be Done)理论的基本原理进行了深入的思考、严肃的对待以及慎密的分析。

在我的课堂与工作坊以及顾问工作中,我有幸接触到许多天赋秉异的人,他们渴望做出一番成就。我赞赏他们,也钦佩他们。他们才华横溢,聪明睿智。也正因为如此,所以他们常常想当然地认为自己已经掌握了真理。然而他们总被现实打脸。借用阿图·葛文德的话说,他们对自己所从事的工作仍然比较肤浅。也就是说,他们做的只是分内之事,骨子里缺乏一种让工作引人入胜的精髓与精神。人们对葛文德的清单思维有误解(或忽视)——清单本质上的用途是提示或者提醒那些真正精通业务的人。然而,挑战在于,聪明的人,有责任心的人,实际上并不总是真正懂业务的人。

是的,产品、服务以及用户体验,他们都知道,但他们是否真正理解并重视JBTD的魅力和重要性呢?这个概念简单明了,可扩展、可实施、可延伸,但具体实施起来并非易事。

这正是吉姆的书如此有用且重要的原因。他不仅有能力将基本原理讲得通俗易懂,还能使其具有实操性。虽然我自己也是克莱顿·克里斯坦森的忠实粉丝(他甚至为我的书撰写了推荐语),但我认为他也会是第一个承认需要有推动者、译者和协调者将这一突破性理论付诸实践的人。讲真,要完成"待办任务",本身就是一个"待办任务"。但有了吉姆这本书,你将有望拥有完成这个任务的能力。

这本书不适合一口气读完,也不适合在一个短程飞行中读完。同样,如果自己不花时间读,就直接把它交给同事或上司,那你可真是个混蛋。要想真正从这本书中获得价值,一个办法是,诚实坦率地问自己："作为价值创造者，你最大的挫折在哪里？"然后开始翻阅这本书，不是为了寻找自己或答案，而是为了理解待办任务的第一性原理。

——迈克尔·施拉格
麻省理工学院斯隆管理学院数字经济倡议的研究员
代表作有《你希望你的客户成为什么样的人》

译 者 序

我在实际工作过程中发现，很多设计师、产品经理和产品负责人在实施"以人为本的设计"（UCD）理念时经常感到迷茫。大家普遍认同这一理念，但由于现实条件的限制，经常不确定自己应该如何发力，因而只能在迷茫中探索。设计师和产品人在面试或被面试时，常常对千篇一律的用户画像和旅程地图感到厌倦，甚至质疑这些研究方法和结论究竟为设计解决方案提供了多大的价值。

如果您有类似的经历，不妨读一读这本书。本书是吉姆·卡尔巴赫（Jim Kalbach）的代表作，它用生动的语言和丰富的案例深入探讨了JTBD（Jobs to be done，戏称"乔布斯工作法"或"焦糖布丁"），同时还提供了实践指导。我相信，读完这本书，您将获得许多新的灵感来帮助自己突破瓶颈。

作为一名用户体验设计师，我在翻译过程中对书中很多内容感同身受，启发良多，因而忍不住抛砖引玉，与大家分享自己感触最深的三点。

首先，JTBD的任务思维提供了更高层次的视角。在浏览招聘用户体验设计师的职责描述时，我们经常看到诸如"宣传用户体验设计，让公司认识到以用户为中心的重要性"以及"始终优先考虑客户的福祉，决不妥协"等要求。这些职位描述看似"高大上"，但也暗示着工作中必然有的挑战。实际工作中，我们是否真的会因为追求用户体验而与公司对着干？如何从公司层面达成共识，多方共同提升用户体验？

正如书中所提到的，JTBD源自商业界，是一种跨学科的方法。因此，本书绝不只是有助于产品设计，它所带来的观点和见解也适用于更广阔的领域，包括市场营销、销售、客户成功、客户支持、商业战略等。JTBD能够为业务的方方面面提供决策引导并辅助制定解决方案。

更重要的是，JTBD对各个领域的帮助和引导并不是孤立的。JTBD提供了跨学科的通用准则，无论来自哪个领域，都能从中获得更全面、更高层次的启发与收获。我相信，产品或服务要创造更大价值，绝对离不开多方通力合作。本书讲述的理论与方法可以贯穿于整个公司，提供一个统一的新视角来帮助各方在不同领域遵循相同的思路，从根本上减少分歧和提高协作效率。

这也是本书最吸引我的地方。JTBD思维不仅可以用来指导客户支持人员解决问题，JTBD还可以融入公司架构的调整过程中。它为建立公司层面的共识提供了可能性，而不局限于某个部门或团队内部的"狂欢"。

其次，JTBD能更精准且持续地理解用户需求。JTBD的任务思维与设计思维、敏捷开发、精益思想等现代方法并不冲突。相反，它提供了另一种逻辑结构来帮助我们更好地践行"以人为本"的设计理念。例如，对比书中介绍的任务故事和常见的用户故事，您会发现任务故事是用户故事的一种替代，它延续了细分的理念，但任务故事的重心不是角色，而是整个情境和上下文。

由此可见，JTBD可以帮助我们从广泛的用户需求研究转向聚焦于具体的任务需求研究。这一点既巧妙又关键，因为通过庞大的样本用户研究得来的洞察可能是主观的、多变的且范围过广，导致精确度和稳定性不足而难以有效指导解决方案的设计。JTBD则直接锁定最重要的任务，持续且系统地帮助我们理解用户的动机。因为需要完成的核心任务并不随时代变化而轻易改变。

JTBD始终以用户需要完成的任务为核心，为此提供更为精准的用户需求洞察。如果您对自己现有的方法存有疑虑，不妨试试书中介绍的新视角和新战术。

最后是落地的问题。商业界并不缺乏好的想法，关键在于如何落地这些想法。有人认为，"以人为本"是一种理想主义，而盈利才是企业的核心目标，两者似乎是冲突的，这导致很多公司在实践以用户为中心的设计理念时面临诸多困难。

事实上，我们并不需要以牺牲用户体验为代价来追求商业利益，我们可以找到两者并行不悖的平衡策略。盈利是生存之本，缺乏利润支持的企业确实难以长久。然而，这并不意味着用户体验与盈利之间存在根本冲突。事实上，许多成功的企业，如苹果和爱彼迎，都通过追求极致用户体验取得了商业上的巨大成功。

我们应该寻求商业目标与用户体验之间的平衡，平衡理想与现实、计划与落地。作为成熟的用户体验设计师，我们不仅要评判用户体验，更要思考如何将其落实到实践中，从而推动商业成功。

空谈"以用户为中心"可能并不足以引起组织内部的共鸣，甚至可能带来负面效果。JTBD的推行与落地同样需要我们付出努力。为此，作者详细总结了如何践行JTBD，并为此提供了快速启动的"战术"。作者通过拆解现有方法并进行重新组合，提出一种灵活的"配方"概念，以便根据实际需求调整和实施各种JTBD技巧。他提醒我们不要理想化地推行全套方法，同时还要充分准备，以应对可能的质疑。这一点往往被忽略，但实则非常重要。在实施过程中，阻力在所难免，我们要保持平常心并逐步解决分歧，这是我们取得成功的关键。妥协并不意味着失败，而是基于全面考量和成熟规划的必要步骤。

在书的最后，作者总结了所有方法，并标明了实施难度和注意事项来帮助我们更好地评估和灵活应用JTBD，以确保该方法能够顺利落地。我们需要足够的耐心，通过灵活的小步推进，让更多人看到JTBD的价值，以此来减少不同部门对用户体验与商业目标的认知差异，最终达成共识。

在翻译过程中，我们力求满足中文读者的阅读习惯，但同时也酌情保留了作者的本意。对于书中涉及的专业术语，我们广泛查阅了相关文献，并主动与业内专家进行交流，力求找到精准的表达。

最后，希望本书能够为广大读者提供新的视角和启发。在您的阅读过程中，如有任何建议和疑问，请联系我们。

——凌艺靖

前言

2013年4月，我要参加"伦敦用户体验大会"，在这场群英荟萃的顶级设计大会上，我要举办一场工作坊。作为主讲人，我当然也会全程参加大会。演讲者阵容是一流的，我可不想错过任何顶级的内容分享，所以就在活动前寻找大会中最有趣的议题和分论坛。

有一场名为"当用户体验遇上商业策略"的工作坊吸引了我，主持人是德斯·特雷诺，三个小时的工作坊聚焦于用户体验与商业如何相互影响。更具体地说，德斯·特雷诺分享的主题是企业如何以JTBD为中心进行运作。

这恰好都是我最感兴趣的话题：设计、策略和JTBD。我记得当时热切希望参加那个工作坊，因为我一直在工作中尝试学习和实践JTBD，这个工作坊完全符合我的兴趣。我也相信，成功始于对人类需求和动机的深刻理解。活动的前一天，我从当时的住处（德国汉堡）飞往伦敦。主办方安排了一辆车到机场来接我，司机告诉我另外还要接一名乘客。他拿出一张写有名字的纸，站在到达区出口，看到"德斯·特雷诺，伦敦用户体验大会"，我脸上露出了灿烂的笑容。

从希思罗机场到大会指定酒店的路上，我与德斯深入讨论了JTBD的许多理念。他拥有设计背景，因而我俩聊得很投机。我们俩有许多相似的观点。他邀请我在他的工作坊向大约80人发表演讲，分享我对JTBD的研究成果。

JTBD的核心是关注人们的目标，而非实现这些目标的具体方式或手段。JTBD提供了一种系统化的方法，从这个视角来理解客户的需求，并预测他们未来的潜在行为。它为团队提供了一个统一的分析思路：关注用户需要完成的任务。同时，它还可以促进团队达成共识，并认识到从用户角度观察问题有哪些价值。

德斯对此有数十年的认知，JTBD可以有效帮助组织从用户需求出发，转变视角。JTBD不仅适用于产品设计启发，还可以广泛应用于市场营销、销售、客户成功、客户支持和商业战略等领域。

德斯是 Intercom 的联合创始人。Intercom 的宗旨是帮助企业建立与客户的联系并聚合多渠道沟通。在 Intercom 的业务实践中，JTBD 发挥了重要的作用。

德斯与其他几位联合创始人深知"客户至上"的重要性，并将其融入业务中，用 JTBD 指导公司的发展。在他们发布的电子书 *Intercom on Jobs-to-be-Done* 的前言中，德斯探讨了 JTBD 是如何影响公司发展的：

> 当我们第一次接触 JTBD 时，它就与我们现有的认知产生了共鸣：伟大的产品一定离不开解决问题。JTBD 帮助我们深化了对产品的理解，它是一个有效的框架，能帮助团队聚焦和关注产品战略。JTBD 的应用不再局限于产品，这一点已经得到了实证。它不仅成为 Intercom 的一种营销策略，还在调研、销售和客户支持等方面发挥了重要作用。

JTBD 渗透到 Intercom 的业务中，统一了员工的目标。用户体验研究员西恩·汤森德 2014 年离开谷歌后加入了 Intercom，她当时并不了解 JTBD。但两年后，她不仅坚信 JTBD 可以帮助企业取得成功，还成了 JTBD 的忠实信徒。在她的演讲"待办任务：从质疑到笃信"中，她强调了 JTBD 为 Intercom 带来的显著影响：

> 通过 JTBD，我们公司团结一致，并且在过去两年创造了可观的利润。事实证明，我们的方法是正确的。它确实帮助了我们。

Intercom 经过几年的高速增长，在 2018 年获得了 1.25 亿美元的投资，此后持续保持增长势头。JTBD 是他们取得成功的关键因素。

JTBD 适用于各种规模的企业，包括创业公司和小团队，能够帮助它们有效关注客户需求。一些大企业，如税务软件巨头财捷，也把 JTBD 作为核心战略。财捷在成立超过 25 年后仍然保持两位数的增长，这在平均寿命不到 20 年的标准普尔 500 指数上市公司当中，是相当罕见的。

为什么财捷能够持续成功？部分原因在于他们敢于突破并迅速拓展新市场（例如收购 Mint.com 和 Quicken Loans）。该公司也鼓励员工主动试错。这种探索精神是其公司文化的核心。

财捷并不满足于战略规划，而是更积极地落实在行动上。这些决策都基于深入理解并满足用户的需求。通过深入理解用户任务，财捷找到了持续增长的机会，并持续为客户提供有价值的解决方案。正如其创始人兼董事长斯科特·库克所说："JTBD在理论上对财捷的创新产生了深远的影响"。

越来越多的人认为，以用户为中心的商业组织在业绩上往往遥遥领先于传统组织。德勤的一项研究表明，以用户为中心的公司利润更高。JTBD 提供了一种可持续的方法，可以促进公司各部门和职能间的协同创新，以满足客户的需求。本书将展示如何在组织内部有效实施 JTBD 策略。

一个全新的视角

商业环境发生了巨大的变化。消费者可以研究企业背景、对比评分，并通过轻触屏幕轻松转向竞争对手。以往维持企业运营的手段不足以应对当前的挑战，运营效率虽然重要，但并不足以保证企业的生存。

在新的商业环境中，增长机会往往来自组织外部。尽管有"以客户为中心"的要求与宣导，但是大多数传统企业，并不能改变他们对价值传递固有的看法。他们执迷于过去的管理理论，倾向于追求短期利润最大化，实际上这是不可持续的。他们也相信自己无须过多投入就能创造出客户想要的产品。

一个挑战是，用户的决策与行为难以预测。将增长策略建立在模糊的概念（例如用户需求、同理心等）上并不靠谱。心理学和某些领域对人类需求有明确的定义，但商业领域却没有。结果，风险厌恶型组织难以捉摸用户视角，更不用说与其相契合了。

JTBD可以帮助组织从关注组织内部和解决方案转向关注用户及其需求。它不仅是一种方法论，还提供了另一种视角来观察市场、组织和战略。它重新定义了问题及其解决方案，我在本书中称之为"JTBD思维"或"任务思维"。

重要的是，JTBD能使组织内团队的目标保持一致。JTBD提供了跨学科通用准则，孕育了新的协作方式，这在快节奏的商业环境中不可或缺。

在《体验地图》一书中，我讨论了如何关注用户体验。简言之，体验地图和相关技巧能够有效地转向外部视角。

团队要团结，就需要有共同的聚焦点。JTBD并不是万能的，但它是个好的起点，能使团队内部共同关注客户。这对加快决策和减少协调成本极有帮助。研究表明，应用JTBD越深入，企业的收益越大。企业文化和协作越来越重要，任务思维可以为创新文化提供共同的语言和视角。

关于本书

本书介绍了JTBD思想近30年的发展。书中收录了一系列实践结果，并用体育战术的隐喻，将实践称为**战术**。战术是独立的技巧，能够构建一个完整的JTBD体系。可以独立或组合应用。我在最后一章列举了这些战术，均采用"**战术➤**"来标示。

本书旨在提供JTBD规范中各个方法的有效参考。但请记住，这些内容不完全适用。我还附上一些参考文献，以便您深入了解各个主题。我期望借此发起对JTBD在商业用途的广泛探索与讨论。

这本书的内容基于我过去10年对JTBD的研究和实践。我不是从新的视角介绍JTBD，也不是首次提出方法，而是将现有方法整合起来，将JTBD重新定义为一种看待客户的视角。我希望展现各种可能性，让您受到启发并将JTBD思维应用到自己的实际工作中。

在写这本书时，我明显感受到JTBD方法的局限。像任何方法一样，JTBD需要权衡。它不是万能的。在采用批判性思维来阅读本书时，请务必牢记JTBD的价值。

- 首先，用户任务是一个又一个明确的分析单位，提供了实际的关注点。用户需求、情绪、愿望等与其需要完成的任务关联。在明确了解用户的核心任务后，这些自然会浮出水面。
- 其次，JTBD不局限于特定学科（如设计或市场营销）。不同团队都能轻松运用此方法，形成自己的见解。
- 最后，JTBD视角下，人们的目标独立于科技，确保思考的结果面向未来。定义用户任务尽可能宽泛，以便基于客户未来行为构建解决方案，而非局限于过去。

初期应用JTBD可能难以适应，需要持续练习。制定用户任务需要恰到好处。小步试探，避免复杂化，用户任务通常比想象的更简单。最终，组织内所有人都能建立JTBD思维，这将形成有效的合力，推动组织各个层面的创新与增长。

您可能觉得JTBD与其他技巧部分重叠，这通常是正确的。请记住，无须短时间内用JTBD取代现有方法，而应逐步融入现有工作流程。这本书旨在为您提供帮助。

好消息是JTBD能与设计思维、敏捷开发、精益思想等现代方法有效结合。这些方法的结合运用能彻底改变业务运作方式。尝试书中介绍的技巧时，请考虑如何更全面地应用到以用户为中心的组织战略中。

了解财捷的人会指出，该公司践行以用户为中心的设计理念。他们的"为喜悦而设计"项目（D4D）是公司内所有产品的设计与开发指南。JTBD虽然不是特效药，但能有效地与其他学科或领域结合使用。

JTBD技巧在持续演进。我一直在尝试任务思维的新的用法，也鼓励您在探索过程中创造自己的方法，并将此书作为起点，开启JTBD之旅。

本书的框架

在为本书确定结构时,我一直在想:"企业最希望完成的核心任务是什么?"彼得·德鲁克给出了一个好的答案:"商业组织唯一的诉求是创造客户,其次是营销与创新。"

换言之,商业组织的意义在于创造价值。对用户而言,价值在于满足需求(创新);对企业而言,价值在于保持盈利(面向市场)。

从这个角度出发,我将技巧(或称为"战术")梳理为5个阶段,以帮助您提供具有客户价值的解决方案:

- 发现价值——找到真正的问题并为用户解决问题;
- 定义价值——明确解决问题的方向;
- 设计价值——创造令人期望、有效并且可行的解决方案;
- 传递价值——通过成功的商业模式将解决方案推向市场;
- 迭代价值——持续创新并实现商业增长。

图I.1说明了这几个阶段如何协同迭代,核心目标是为人们开发有价值的产品。为此,企业需要先发现并定义自己所信奉的客户价值。这需要做早期调研、用户行为建模以及找到机会点。图的左侧呈现了德鲁克提到的创新阶段。图的右侧呈现了组织在创造和推广产品时需要

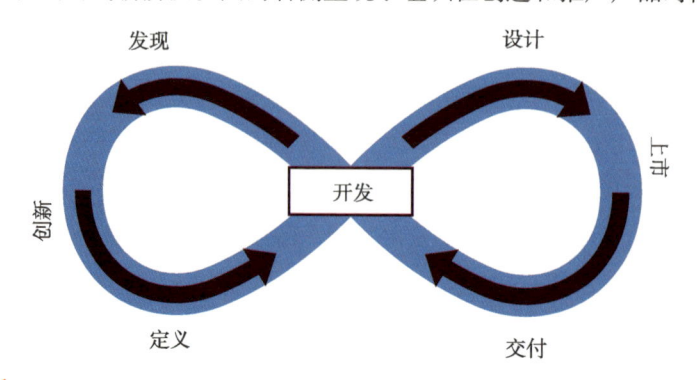

图I.1
为客户提供有价值的方案是一个在创新与市场营销之间持续推进的过程

做的工作，涉及概念、计划、市场、销售等所有环节。不断迭代产品，创造商业价值和客户价值。今天的产品差异化在明天可能就会成为竞争的筹码。为此，企业必须持续重塑自身。JTBD可以帮助企业在内部贯彻这个理念。

请注意，JTBD思维模型反映了不同的思维方式和操作方式，并非单一流程。特定业务可能同时处于多个阶段。我用此模型来梳理JTBD战术，这些战术并不是一个完整的实践框架。本书在介绍JTBD后，将在不同章节陆续介绍各个阶段。我选了几种战术来说明JTBD在不同思维模式中的应用。最后一章汇总所有战术，作为"兵法"供不同应用场景参考。

本书的目标读者

策略与执行之间的界限大多已无意义。主观判断时常出现在组织各个层面的决策链中。在以知识型员工为基础的现代企业中，战略并不限于领导层，它遍布组织的各个角落。无论是管理者还是基层员工，都需要向共同的目标看齐：为用户提供有价值的产品。在这个意义层面，JTBD的作用如同组织的北极星。

例如，公司CEO可通过观察客户"需要完成的任务"来推导企业战略；产品总监可通过它确定产品开发的优先级；市场人员可利用JTBD明确营销话术；售后支持代理可利用JTBD持续有效地解决客户问题。组织中的大多数环节都可以从JTBD中受益。

这本书尤其适合那些希望以用户思维为中心视角的人以及企业内部的变革领导者。想要在组织内部合力解决客户的问题并满足其需求的领导者和思想领袖，也不要错过这本书。

具体而言，本书适合资源有限且希望尝试JTBD的读者。不必花费巨资聘请顾问或耗时耗财做项目，即可从JTBD中获益。本书所列技巧为您提供了JTBD的基础视角，以方便您轻松上手。

致　　谢

写作并不完全是孤独的，这本书就是我与几十个人共同努力的成果。非常感谢过去一年里大家对这个项目的投入、反馈和支持。

首先，我要感谢几位审稿人，他们在整个过程中无私地为我提供直接的反馈，尤其是这个项目的正式技术审稿人奥黛丽·希尔和戴尔·霍尔沃森。奥黛丽是我在 Lexis-Nexis 的前同事，多年来我从她身上学到很多东西。戴尔对 JTBD 的见解对本书的创作有极大帮助。感谢两位！

我也很感谢几位审阅本书初稿的人，大家的贡献对我来说非常宝贵，他们是马蒂亚斯·费特、布伦特、施密特、布莱恩、雷亚、斯蒂芬·特洛思、托尼·乌尔维克、萨姆·迪克斯、安德烈、拉杜勒斯库、西恩·汤森德、迈克尔·施拉格、克尔斯滕·曼、利奥·弗里什伯格、乔纳森·霍洛维茨、利兹·特鲁多、埃克哈特·伯姆和劳拉·克莱因。

特别感谢我的朋友和同事，他们无私贡献了案例研究和示例：杰克·米切尔、维托·洛孔特、奥古斯丁·索勒、斯蒂芬·特罗思和凯瑟琳·帕帕多普洛斯。

同时，我还要感谢玛尔塔·贾斯塔克、路易斯·罗森菲尔德及其出版团队中促成这个项目变成现实的托尼·乌尔维克、杰夫·哥德菲尔、理查德·道尔顿、德·特雷诺、梅利莎·佩里、拉达·戈连科、吉夫·康斯特布尔、彼得·梅霍尔兹、安德里亚·加拉格尔和鲍勃·莫斯塔。

我还要感谢准许我转载和使用其资料的人员和组织：Strategyzer（www.strategyzer.com）提供的价值主张画布；*Product Roadmaps Relaunched* 作者提供的路标示例；CareerFoundry 联合创始人兼 CEO 允许我使用 CareerFoundry 绘制地图环节的一张图；B.J. 福格允许我使用他的福格行为模型图；LogMeIn 公司的玛丽亚·巴斯切、希拉里·德怀尔和莱斯利·皮尔森允许我使用 GoToWebinar 的案例故事。

最后，本书要致敬 JTBD 领域的先驱与思想领袖，首先是克莱顿·克里斯坦森，鲍勃·萨德以及 Re-Wired 团队的每一个人。他们的开创性工作引领了该思想领域的发展。托尼·乌尔维克、迈克·博伊森以及 Strategyn 的各位对我认识、了解 JTBD 有极大的影响。我还要感谢特雷诺和 Intercom 的好友们为我们呈现了 JTBD 的所有实际用途。

再次向大家表示感谢！

目　　录

第1章　认识JTBD ·· // 1
1.1　定义JTBD ·· // 3
1.2　JTBD的视角 ·· // 5
1.3　JTBD的原则 ·· // 8
1.4　JTBD的价值 ·· // 10
1.5　要点回顾 ·· // 11

第2章　JTBD的核心思想 ·· // 13
2.1　JTBD的要素 ·· // 15
2.2　任务执行者 ·· // 16
2.3　任务 ·· // 18
2.3.1　核心任务 ·· // 18
2.3.2　关联任务 ·· // 19
2.3.3　情感任务与社交任务 ······························ // 19
2.3.4　准确描述任务 ······································ // 20
2.4　流程 ·· // 22
2.5　需求 ·· // 23
2.6　场景 ·· // 25
2.7　JTBD的层级 ·· // 27
2.7.1　任务层级与"为什么"和"如何" ················ // 29
2.7.2　一切就绪：定义JTBD的范围 ·················· // 30
2.7.3　定义核心任务 ······································ // 30
2.7.4　定义任务执行者 ··································· // 34
2.8　对流程与场景的设想 ······································ // 35
2.9　要点回顾 ·· // 35

第3章　发现价值 ··· // 39
3.1　战术1➤进行任务访谈 ···································· // 40

3.1.1　招募访谈参与者 ·················· // 41
　　　3.1.2　准备访谈 ························ // 42
　　　3.1.3　进行访谈 ························ // 43
　　　3.1.4　数据分析 ························ // 45
　3.2　战术 2➤ 进行切换访谈法 ··················· // 48
　　　3.2.1　切换的时间轴 ···················· // 49
　　　3.2.2　切换访谈法的变种 ················ // 50
　　　3.2.3　客户案例研究 ···················· // 51
　3.3　战术 3➤ 分析影响进展的 4 种力 ············· // 53
　3.4　四力分析法实操 ·························· // 55
　3.5　四力图扩展应用 ·························· // 57
　3.6　战术 4➤ 为核心任务绘制地图 ··············· // 59
　3.7　要点回顾 ································ // 67

第 4 章　定义价值 ······························· // 69

　4.1　战术 5➤ 找到未被有效满足的需求 ··········· // 70
　　　4.1.1　以结果为导向的创新 ·············· // 70
　　　4.1.2　相关方法 ························ // 74
　4.2　战术 6➤ 创建基于目标的用户画像 ··········· // 81
　4.3　战术 7➤ 对比竞争方案 ····················· // 86
　4.4　战术 8➤ 定义一种以任务为本的价值主张 ····· // 91
　4.5　价值主张画布 ···························· // 92
　4.6　要点回顾 ································ // 98

第 5 章　设计价值 ······························· // 99

　5.1　战术 9➤ 制定一个开发路线图 ··············· // 101
　5.2　展望未来 ································ // 102
　5.3　战术 10➤ 将团队与任务故事对齐 ············ // 105

5.3.1	任务故事	// 106
5.3.2	使用任务故事	// 108
5.3.3	任务故事的实践	// 109
5.4	相关方法：需求陈述	// 111
5.5	战术 11 ➤ 构建解决方案架构	// 113
5.6	系统建模	// 115
5.7	用户环境设计（UED）	// 116
5.8	相关方法：网站导航设计	// 120
5.9	战术 12 ➤ 用 JTBD 来检验假设	// 123
5.10	在测试中应用 JTBD	// 124
5.11	要点回顾	// 133

第 6 章　传递价值　// 135

6.1	战术 13 ➤ 绘制消费旅程地图	// 136
6.2	行动中的旅程地图实战	// 138
6.3	战术 14 ➤ 成功引导新的客户加入	// 142
6.3.1	新手入门引导流程和体验	// 143
6.3.2	扩展技巧	// 146
6.4	战术 15 ➤ 最大化客户留存	// 148
6.4.1	针对"取消"行为的访谈	// 149
6.4.2	扩展对客户留存的理解	// 151
6.5	战术 16 ➤ 提供相关支持	// 156
6.6	任务驱动的客户服务	// 156
6.7	要点回顾	// 163

第 7 章　价值的重新开发　// 165

7.1	战术 17 ➤ 通过 JTBD 应对颠覆性创新	// 167
7.2	战术 18 ➤ 围绕 JTBD 制定战略	// 170

7.3　JTBD增长战略矩阵 ·· // **173**
7.4　战术19▶围绕任务构建组织 ····························· // **176**
7.5　战术20▶拓展市场机会 ·································· // **184**
7.6　要点回顾 ·· // **186**

第8章　JTBD实战指南 ·· // **189**

8.1　JTBD方法 ··· // **191**
　　8.1.1　结果导向的创新（ODI） ························· // **191**
　　8.1.2　任务图谱 ··· // **193**
　　8.1.3　切换访谈和四力分析 ······························ // **195**
8.2　JTBD配方 ··· // **196**
8.3　将JTBD导入组织 ·· // **202**
8.4　要点回顾 ·· // **209**

结语 ··· // **211**
参考文献 ·· // **233**
关于著译者 ··· // **239**

第 1 章

认识JTBD

- JTBD的定义是如何演变的
- JTBD理论与应用的起源
- JTBD理论有哪些不同的思想流派
- JTBD的核心原则

我近年来做过许多实地访谈，其中有一次令我终生难忘。令人难忘的并非访谈本身，而是之后发生的事情。我和我所在咨询公司的市场部主管一起去她的工作场所采访我们领域的一位专业人士。她坐在一堆文件夹中，周围散落着计算器、日历等物品。我没有把讨论的重点放在我们的产品上，而是关注并了解她一般是如何完成工作的。我当时认为这只是一个普通的访谈。

然而，离开办公楼时，市场部的同事冷冷地告诉我，我们的产品并不符合客户的需求。尽管她做过很多市场调查，但从来没有获得过这种第一手信息。她从未考虑过产品的实际使用情况以及人们对自己流程和需求的看法。这次访谈使我的同事转变了观念。想象一下，如果我们进行几十场访谈，会发现什么？事实证明，对于客户需求，我们提供的产品没有我们想象的那么重要。我们并没有切中要害。我们公司最终认识到，我们必须找到新的方式来满足客户的需求。

这个经历反映了一个重要的挑战：如果市场营销负责人没有亲眼看到客户的问题，就很难深入理解客户的需求。确实，大多数人都没有这样的机会。那么，我们如何才能持续洞察需求，并将其转化为切实可行的认知呢？

诸如欲望和情感此类模糊的概念很难被量化。试图获得用户的同理心，这样的意图尽管很好，**但缺乏明确的着眼点**。这也难怪很多公司通常侧重于进行有明确预期结果的市场规模调研和客户人口统计数据调研。但这些传统方法欠缺重要的定性洞察，无法了解人们行为背后的动机。JTBD理论为此提供了一扇了解人们行为的窗口。

JTBD理论提供了一种方法来帮助我们理解、分类和组织不规则的反馈。它不仅引导我们换一种方式观察市场，而且还提供了一个清晰且可靠的分析单元：用户任务。JTBD能帮助我们在创新之路上找到关键规律并拨开迷雾。将JTBD视为一个以调研为核心的引擎，驱动不同的部门打破简仓——从创新与策略到产品设计，再从产品研发到市场、售后服务。所有人聚焦于一个共同的目标——了解用户的核心任务及其相关的情感与期望。这是形成团队合力的先决条件。

1.1 定义 JTBD

每天，我们都有数十项需要努力达成的目标。为了恢复活力早上一般要喝些咖啡。然后可能开车到停车换乘点转乘火车上班。到了办公室，和同事协作完成项目或向某位新客户进行推销。回到家，可能吃上一块巧克力犒劳一下辛苦工作一天的自己。接着着手准备晚餐与家人一起享用。这些都是需要完成的任务（JTBD）。

JTBD 理论提供了一个特殊的视角来观察用户。它让我们关注人们在特定环境下追求的目标，而不仅仅是人口学数据和消费心理。人们之所以用某个产品或服务，不是因为他们落在哪个人口学区间（如25~32岁、拥有大学学历及特定的薪酬区间），而是为了完成自己的任务。

JTBD 与产品、服务或品牌并不相干。我们需要首先了解人们想要什么及其内在的动机，而不是将视野局限在自己的解决方案上。就这样，JTBD 理论有意回避了特定的解决方案，以促使我们首先了解人们解决问题的过程。只有这样，我们才能真正打磨出能够满足用户目标与需求的产品。

JTBD 思想最早起源于西奥多·莱维特。这位著名的教授给学生讲的一段话广为流传："顾客不是要买1/4英尺的钻头，而是需要1/4英尺的洞。"这句话抓住了 JTBD 的本质：关注结果而非应用技巧。钻头是达到目的的手段，而非结果。德鲁克与莱维特生于同一个时代，也是现代管理学之父，他首次使用了**需要完成的任务（又称待办任务）**这个短语。他在1985年出版的《创新与企业家精神》一书中写道：

> 一些基于流程需求的创新利用了矛盾，其他的则利用了人口学信息。事实上，不论是内部还是外部，流程需求并不是源于环境下的某一事件，而是始于需要完成的任务。这与其他的创新来源都不同。

但无论是德鲁克还是莱维特，都没有以任何方式将**需要完成的任务**这个概念联系到他们的思想和方法来解决商业问题。直到克莱顿·克里斯坦森在其著作《创新者的窘境》的后续著作《创新者的解答》中推广，这个概念才得以广泛传播。

尽管 JTBD 的思想主要引用自克里斯坦森，但 JTBD 在实践中的定义却千差万别。表1.1介绍了该领域的思想领袖如何定义**任务**，对比了方法的不同应用，也揭示了一些共性。

表1.1
JTBD 的不同定义

来源	定义
Clayton Christensen, Taddy Hall, Karen Dillon, and David S. Duncan, *Competing Against Luck* (New York: HarperBusiness, 2016) 中译本《创新者的任务》	JTBD 旨在了解客户取得进展的过程中会遇到哪些挑战。创造正确的解决方案和一系列体验，确保有效帮助客户完成任务
Bob Moesta, "Bob Moesta on Jobs-to-be-Done," interview by Des Traynor, *Inside Intercom* (播客), 2016年5月12日	任务是目标推进的过程，让我们明白为取得进展必须经历哪些路径。记住，关键不是任务本身，而是任务的完成。人们希望更好地完成任务，这也是我们需要创新的原因
Anthony Ulwick, "What Is Jobs-to-be-Done?" *JTBD+ODI* (博客), February 28, 2017	这个理论基于一个概念：人们购买产品或服务来完成特定的任务。任务是人们想要实现的目标或想要避免的后果
Sandra M. Bates, *The Social Innovation Imperative* (New York: McGraw-Hill, 2012)	任务指人们想要实现的目标或者说他们想要避免的后果。任务促使人们购买产品或服务，例如 iPhone 能让他们随时随地保持高效率。或是购买汽车保险，让他们在发生事故时能避免经济损
Lance Bettencourt, *Service Innovation* (New York: McGraw-Hill, 2010)	客户看重任务的完成质量。因此，客户的任务提供了一个稳定且长期的着力点，可借此改进现有服务或创造新服务。归根结底，客户忠于自己的任务
Mike Boysen, "What #JobsToBeDone Is, and Is Not," *Medium* (博客), 2017年12月	任务指一个目标或为实现预期未来状态而必须解决的问题。是的，它是一个从当前的状态到未来某一状态的过程。执行一个流程或任务是进展，解决问题是进展，实现某个目标也是进展
Stephen Wunker, Jessica Wattman, and David Farber, *Jobs to Be Done: A Roadmap for Customer-Centered Innovation* (New York: AMACON, 2016)	任务是客户生活中期望完成的任务，任务驱动因素是决定任务重要程度的潜在因素
Alan Klement, *When Coffee and Kale Compete*, 2nd Ed. (自出版于2018年)	待办任务反映消费者通过购买和使用产品来发展自己时所经历的过程。一旦顾客意识到发展的可能性，这一过程便开始了。只要人们还在寻求进步，它就会一直持续下去。当消费者意识到新的能力并采取不同的行动或选择放弃进化时，它就结束了
Des Traynor in *Intercom on Jobs-to-be-Done*, (自出版于2016年)	待办任务……让您专注于创造人们真正需要的产品。一旦解决了真正的需求，无须说服人们使用自己的产品

总而言之，JTBD 旨在了解人们想要实现的目标，并通过实现目标来改善人们的生活。任务也是人们行为背后的驱动因素：通过它来预测人们为什么以某种特定的方式行事。这个举措不只限于寻求相关性，也试图找到因果关系。

我对**任务**的定义很直观：

在特定环境下达到某个目的的过程。

使用**目的**这个词经过了我的深思熟虑，它更好地体现了 JTBD 的功能性。我不在定义中使用"目标"这个词是想避免与更宽泛的愿景产生关联，如生活目标。这不是说愿景和情绪在 JTBD 中不重要。相反，我对 JTBD 的解读是：创造人们预期产品的过程，首先满足功能性目的，其次是将愿望与情感因素叠加到解决方案中。

我对 JTBD 的定义也强调了流程，即完成某项任务是一个动态的过程。换言之，**目的**不只是一个终点，而是它本身就是一个随着时间推移而展露出来的过程。这些定义都指向同一个目标：充分了解人们的决策动机以创造可满足其真正需要的产品。

1.2 JTBD 的视角

尽管 JTBD 有一些通用的术语和可预期的结果，但遗憾的是它被区分为不同的思想流派，这使得刚接触这个理论的人可能会面对一系列不同的方法和观点。这往往让他们感到困惑和灰心，而有争议的讨论进一步加剧了这样的分歧。

JTBD 大致分为两个流派，其中一个是鲍勃·莫斯塔提出的**切换**（switch）学派。这是指通过定性访谈来寻求以反向工程方式挖掘人们的潜在动机，并以此为据寻求新的解决方案。研究人员可以推断出人们为什么**要用**一个解决方案来完成任务，并且分析其效果，目的是增加产品或服务的实际需求。

重温奶昔营销故事

哈佛商学院教授克莱顿·克里斯坦森经常用奶昔营销故事来阐释JTBD概念。据说，他和他的团队与麦当劳合作，研究如何提高奶昔的销量。之前，这家快餐连锁店试图改进奶昔的口味（使其更浓郁，更稠，果味更浓等）来提高销量。他们还按受众特征（如年龄段）来细分消费者，尝试将不同人群与差异化产品相匹配。但是，最后奶昔的销量依然没有提高。

克里斯坦森的团队采取了别的办法，不再关注产品的特性，而是探寻人们需要完成的任务是什么。人们选用奶昔的原因和动机何在？首先，他们驻足在餐厅的停车场并观察人们购买奶昔。他们惊喜地发现，很多人都在上午通勤的路上购买奶昔。于是他们继续深挖，向人们了解原因。原来，有些人为避免上午饥饿而选择上班路上吃点零食。而奶昔在完成这个任务上明显优于其他零食，如香蕉会弄脏手、百吉圈不方便吃、士力架不健康等。

另一个流派是托尼·乌尔维克的**结果驱动型创新**（ODI）方法。这是一种策略，也是一种创新方法，旨在准确定位以用户为中心的机会。在定性访谈中，ODI揭示了人们在特定环境下完成某项任务时预期取得的结果。其中一个步骤是通过定量调查确定这些预期结果的优先级。ODI有助于产品解决未被满足的需求，从而提高创新被人们接受的可能性。

我相信这两个流派并不是互斥的，它们各有各的用途。有时候，自下而上地了解人们的目标和需求是有意义的（即ODI），例如，在开发一款新的产品或重新定义市场时；有时候则是为一个已有的产品概念了解人们为什么愿意用这个产品来完成任务，这正是Switch学派发挥作用的地方。

故事的结局是"奶昔营销"成为这种重构策略的代表。以人口细分为重心的传统方法由此开始转变。克里斯坦森建议，我们应该反过来，关注人们为什么要用某款产品来完成任务。

尽管这个例子被广泛引用，但仍然存在几个问题。首先，它基于一个现有的解决方案，也就是奶昔，因此圈定了一个已知的市场。如果关注人们需要完成的任务，我们就应将目光投向"在路上解决早餐"的问题。

其次，事实上奶昔的销量并没有因为这个研究而提升。当然，麦当劳未采纳克里斯坦森团队的意见，必有其潜在原因。但这个故事本身并不成功。（从我个人的角度，我并不清楚麦当劳为什么没有基于这个洞察推出新品，例如一款低糖、高蛋白的早餐奶昔。）

在探索JTBD思想时，您可能会听说奶昔故事。但请注意，尽管这个例子很流行，但对于应用JTBD来说并不充分。这个故事的重点是挖掘现有产品的需求（购买奶昔），而非理解潜在目标（在通勤路上解决早餐问题）。

最终，两种方法的解读都能帮助组织转变思维方式，从由内向外转向由外向内。人们将共同关注用户的潜在目标，这些目标独立于产品。归根结底，目标是创造既满足需求又令人渴望的产品。

总体而言，JTBD并不是一种单一的方法。它是一种视角，是一种观察方式。它能让人后退一步，认识用户，了解其目标。真正想要创新，并不是问客户他们的喜好是什么，而是了解他们潜在的意图。最终，JTBD旨在降低创新的固有风险，并且确保产品一开始就有市场契合度。

JTBD涵盖很多技巧，我们将在这本书中探讨过去30年更为流行的一些技巧。

1.3 JTBD 的原则

JTBD 的核心是为组织提供了一种方法来观察人们的需求与目标，而不局限于人口统计数据和心理特征。JTBD 理论可以预测人们的行为：每个人都会为某个目标而充满动力。如果一个组织能够预先了解客户行为的驱动力，那么他们也就更有可能打造出成功的解决方案。不论有多少 JTBD 技巧和解读，其中有 5 个原则是该领域中大多数人都认可的。

原则 1：人们作为产品或服务的用户，是为了完成他们的任务，而不是为了与企业打交道。

JTBD 关注的并不是品牌或特定方案与人们的关系，而是一个解决方案能够如何融入人们的世界中。其目的是在提出解决方案之前先了解他们所面临的问题。

需要明确的是，JTBD 并不是客户旅程或产品体验，这两个概念局限于客户与特定方案提供者的关系。客户旅程的研究试图回答几个问题：客户是什么时候开始接触我们的解决方案的？他们基于怎样的决策来选择我们的产品？什么决定着他们持续使用我们的产品？虽然这些都是需要回答的关键问题，但并不是在挖掘客户潜在的任务。

换句话说，JTBD 关注的其实是人们与达成目标之间的各种联系。特定的解决方案可能不会被用户采用，但用户的任务依然存在，这与任何方案提供者都没有关系。从这个角度看，企业还应该考虑用户是否真的需要自己的产品。当一个既定的认知被全盘否定或被应用到其他的流程中，从而打破最初设想的拥有某个产品或服务的理由，创新趁机开始萌芽。

原则 2：人们的任务恒久不变，尽管科技一直在变化。

人们试图完成的任务与特定解决方案无关，且不会随着技术进步而改变。在 JTBD 语境下，产品、服务或方法等解决方案通常并不会直接相关联。因此，JTBD 研究结果通常适用于更长的时间周期。这是一种基本洞察，能够应用于不同的项目与不同的部门。

例如，80多年前人们准备纳税时还需用纸笔计算和提交。后来，开始使用口袋计算器来计算数字总和。如今，完成税务工作则需要借助于复杂的软件和线上报税系统，这在50年前并不存在。尽管技术发生了变化，但人们需要完成的任务不变：报税。

原则3：人们会寻求能更快、更轻松完成任务的服务。

新的机会源于调查人们期望实现的任务流程。绘制任务地图而不是购买过程，能提供独特的视角。客户重视的是更好地完成任务。

例如，苹果数字音乐生态帮助音乐爱好者简化了听音乐的方式。不仅能在 iPod 或 iPhone 上随身听音乐，还能通过 iTunes 获得和管理音乐。将音乐的获取、管理与聆听聚合成一个平台，以此取得难以置信的市场优势。如今，音乐流媒体服务做得越来越好，但用户试图完成的任务并无二致。

原则4：将任务划分为可分析的单元，使创新进一步有迹可循。

在这个鼓励快速试错、打破常规的时代，JTBD 提供了一种有条理的方式，帮助企业提前找到与客户产生共鸣的解决方案。虽然不能打包票，但了解人们的目标和需求，显然从一开始就能提供更有针对性的洞见。产品的成功也就不再只是靠运气或实验。

然而，将同理心作为分析单元是有问题的，这在**设计思维**中很常见。同理心的起点和终点在哪里？如何判断团队什么时候有了共情？JTBD 提供了一个明确的关注点：任务即目标。像用户同理心、情绪、个人特征等因素可以在下一阶段（也就是具体方案的开发阶段）中补充。

原则5：JTBD 不是一种铁律，而是一种适用于整个组织的观察方式。

JTBD 将预先的固有认知与现实分离开。它提供了持续且系统的方法来了解人们的动机。因此，JTBD 在组织内广泛适用，并非局限于设计与开发。组织中的各个团队都可以利用 JTBD：

- 销售人员可以在致电有意向的客户的过程中利用 JTBD 发现潜在客户试图实现的目标和需求；
- 营销专家可以围绕 JTBD 将文案关注于需求而非功能，从而开展更有效的营销活动；
- 客户成功经理可以利用JTBD来了解客户为什么会取消订阅；
- 支持人员可以首先了解客户需要完成的任务，从而更好地为他们提供服务；
- 商务拓展和战略团队可以通过JTBD获取的洞察来发现新的市场机会，例如，辅助决策下一个收购目标。

总之，JTBD可以为业务的方方面面提供决策指导以及帮助制定解决方案。

1.4　JTBD的价值

总的来说，JTBD提供了一种以人为本的方式来对待服务对象。这种方法可以让您根据客户的需求与他们建立连接。通过应用JTBD来将业务重心聚焦于客户需求，您有望获得更好的业绩与成功。

JTBD长期适用，其研究结果在未来数年内有效。这有助于避免基于观点的研究而带来的波动性，使产品与服务能够更好地应对未来。因为用户待办任务通常是相对稳定的，不会比解决方案的变化速度更快。

更重要的是，JTBD可以揭示因果关系：人们的行为与决策方式帮助他们实现目标。这反过来揭示出真正的机会。您的终极目标是利用任务思维寻找与市场契合的解决方案，从而增加需求量。

其效用是，JTBD有助于打破组织内不同部门之间的隔阂。共同的语言可以促进跨部门的合作，并使不同的团队向共同的目标看齐。JTBD可以纳入整体思维方式转变和文化转型中。

最后我想说，JTBD与设计思维、敏捷开发、精益思维等现代技巧是兼容的。例如，JTBD研究中获得的未被满足的需求，可以转化为"我们该如何……"这样的描述来进行同理心构建练习与构想。或在敏捷开发中基于任务来构建和组织用户故事。精益试验可以基于JTBD的研究结果来圈定一些假设。

1.5 要点回顾

待办任务指的是人们在特定情境下期望达成的目标。它与产品、解决方案或品牌无关,重点是他们想要完成的任务。思考客户如何看待价值,这将使我们的关注点从由内向外转向有外向内。

JTBD的思想先驱西奥多·莱维特曾经对学生说,顾客不是要买1/4英寸的钻头,而是需要1/4英寸的洞。彼得·德鲁克则率先将**待办任务**结合运用到其所谓的"过程需求"或人们待完成的目标中。

克莱顿·克里斯坦森是公认的JTBD概念普及者。但是,不同的学派将这个领域分成两大派系:一派是转换技巧,从购买体验中反推用户动机;另一派是结果导向型创新(ODI),通过未满足的需求来确定商机的综合技巧。这样的争论会导致刚接触这个思想的人感到困惑和反感。

不论观点如何,都可以从几个共同的原则提炼出JTBD思想:

- 人们期望的是完成某项任务,而不是为了与提供产品或服务的公司互动;
- 任务恒久不变;
- 人们会探寻那些能帮助自己完成更多任务的服务;
- 任务不仅可以用来预测用户行为,还能作为可被分析的关键单位;
- JTBD普遍适用于整个组织。

JTBD有诸多价值:它揭示了人们与其目标的因果关系;能够适用于较长的周期;体现了以人为本的理念;有助于打破隔阂并转变思维方式;能与当下其他技巧相结合。

JTBD提供了一种共同的语言来帮助理解人们目标背后的行为动机。它不是一种单一的技巧或方法,而是一种观察方式。本书汇集了过去30年JTBD研究与实践过程中形成的多种常见方法。

第 2 章

JTBD 的核心思想

- 如何区分 JTBD 中的不同原理
- JTBD 策略制定方针
- JTBD 的分层结构
- 如何启动 JTBD 项目

1543年，哥白尼发表了他对太阳系的惊人发现。在《天体运行论》中，他用数学方法证明了地球围绕太阳公转，颠覆了人们原有的认知。这代表模式的转变，颠覆了地球是宇宙的中心这一传统观念。

为了解释自己的日心说，哥白尼建立了一个太阳系模型，如图2.1所示。毫无疑问，行星的运动比图中所示的复杂得多。比如，行星轨道不是完美的圆形，且彼此之间的距离也不是图中那般均匀。哥白尼的模型是一个比较模糊的抽象概念，但它明确了一个观点：太阳系的中心不是地球，而是太阳。

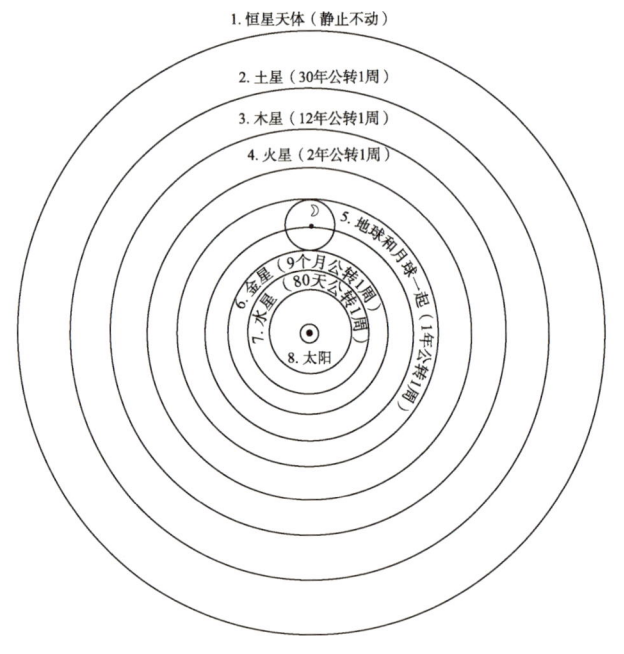

1. 恒星天体（静止不动）
2. 土星（30年公转1周）
3. 木星（12年公转1周）
4. 火星（2年公转1周）
5. 地球和月球一起（1年公转1周）
6. 金星（9个月公转1周）
7. 水星（80天公转1周）
8. 太阳

图2.1

哥白尼通过一个太阳系模型来展示自己的发现，中心是太阳，而非地球

尽管哥白尼革命到几十年后才被广泛接受，但他的发现不仅在科学上具有重大的意义，还深刻影响了当时人们的思想：人类不再是宇宙的中心。

从某种意义上来说，我们正在见证商业领域中的**哥白尼革命**。如今，企业及其品牌和产品不再处于中心，客户才是商业世界的中心。毕竟，竞争一触即发，客户的选择越来越多。企业最迫切的转变是从推销产品到吸引客户：不再是单纯卖产品，而是赢得客户。为了做到这一点，企业必须了解目标市场以及人们的需求与目标。

问题是，很多企业并未准备好接受这种模式转变所带来的影响。尽管这种新的*以客户为中心*的管理模式迫在眉睫，但他们还是倾向于固守以往的管理模式。他们在努力找寻一个观察世界的中心点，但市场并不等人。价值不是由某些功能或性能来体现的，而是取决于人们如何看待产品所提供的价值。

JTBD能解决这一问题，它提供了一个系统化的框架来帮助用户构建专属模型。就像哥白尼的图一样，JTBD模型也是抽象的。但这些抽象的东西是将人们的需求融入商业决策不可或缺的根基。

为了更好地了解JTBD如何帮助转变思维，让我们看一下这个框架中的不同要素及其如何结合成为一盏指路的明灯。

2.1 JTBD的要素

JTBD的核心优势在于它的结构化，它将目标实现过程的各个层面进行了清晰划分。分别对*谁*、*做什么*、*怎么做*、*为什么做*以及*时间地点*进行分析之后，我们就可以精准、灵活地使用JTBD方法。我的JTBD简化模型包含5个核心要素，如图2.2所示。

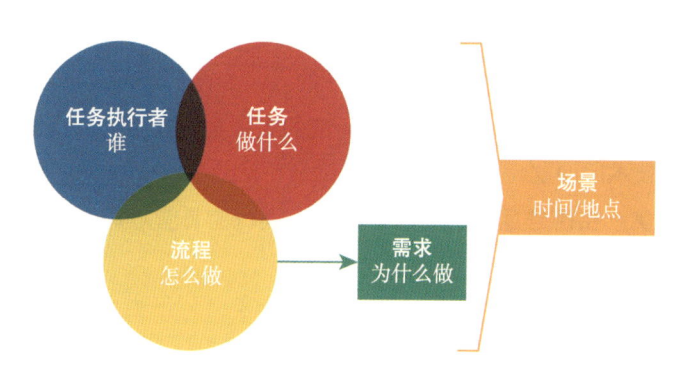

图2.2
JTBD模型的5个要素

JTBD的核心思想 15

- 任务执行者（谁）：核心任务的执行人，即最终用户。
- 任务（做什么）：执行者的目的，即他们想要完成什么任务。
- 流程（怎么做）：完成任务的程序。
- 需求（为什么做）：执行者以某种特定方式完成任务的原因，或其需求与预期结果。
- 场景（时间地点）：任务执行中的背景因素。

2.2 任务执行者

谁试图完成某项任务，谁就是任务执行者，也就是产品或服务的最终使用者。请确保将任务执行中的不同职能区分开，最典型的是把任务执行者和产品购买者区分开来。不要把两者混为一谈，因为他们的需求并不相同。想象有两顶帽子，分别在执行任务的过程中购买产品或服务的时候戴。

在B2C（面向普通消费者）的语境下，一个人可能切换于两顶帽子之间。但在他们戴上不同的帽子时，需求是不一样的。在B2B（面向企业消费者）的语境下，任务执行者和产品购买者通常不一样。比如，企业的采购部门可能直接为其他部门采购设备和材料。

除了任务执行者和购买者，任务系统框架中还需要考虑以下职能。

- 批准人：授权获取或购买解决方案的人，如掌权者、配偶、父母或预算决策人。
- 评审人：审查解决方案是否合理的人，如律师、顾问或合规官。
- 技术员：将解决方案集成并调试的人，如IT人员、安装人员或懂技术的朋友。
- 经理：在任务过程中对任务执行者进行监督管理的人，如主管、团队领导或老板。
- 受众：接收任务输出结果的人，如客户、下游的决策者或团队等。
- 助理：协助并支持任务执行者完成任务的人，如助手、团队成员或朋友。

通过简单的图表来绘制可能涉及的不同角色，如图2.3所示。

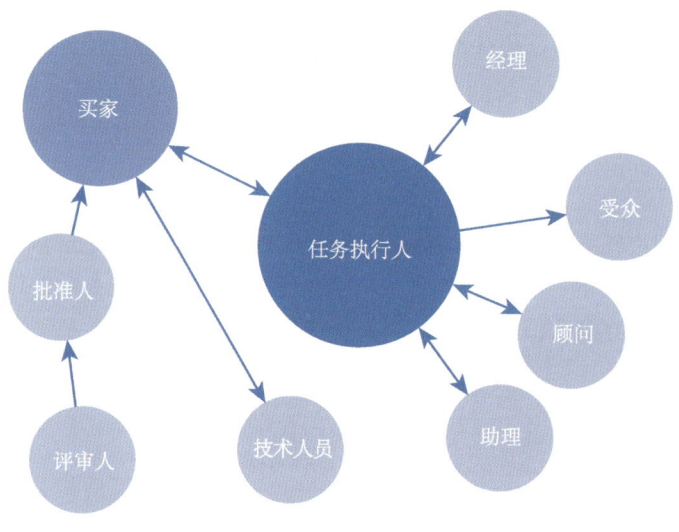

图2.3
将任务系统中的不同职能区分开，并优先关注任务执行者

请注意，这些不同的角色与特定的职位并不相关，关键在于他们在任务完成过程中扮演了什么角色。重申一下，把他们看作不同的角色或戴着不同的帽子。首先关注任务执行者，其次再考虑相关联的其他角色的需求。

举个例子，假设一家公司为企业提供线上任务管理工具。任务执行者是最终用户，可能是开发团队中的程序员。采购者可能是客户企业内的协作软件经理，他可能需要得到采购部门的批准，并让法律部门审查软件协议。经理也会是任务执行者，他决定工作任务的分配方式。项目经理可能属于受众，执行者需要向他们汇报进展。

绘制一张简单的地图，区分任务执行者和其他角色，如图2.3所示。JTBD视角提供了不同利益相关者需求的应对顺序：首先关注任务执行者，然后关注购买者，其次才考虑其他角色的需求。请记住，这并不代表购买者的需求不重要，而是解决方案应该优先考虑任务执行者的需求，其次才考虑购买者。

2.3 任务

任务执行者期望达成什么目标？任务指向的是目标或目的，与解决方案无关。任务执行者的目的并不是与公司互动，而是把某件事完成。产品或服务是帮助他们达到最终目的的手段，因而必须先了解他们的目的。

因为用户任务与特定的解决方案或技巧并不相关，所以它应该是尽可能经久不衰的。想一想 50 年前人们是怎么完成这个任务的？试着将任务锁定在那些恒久不变的事情上，哪怕科技一直在变化。

任务有几种类型，需要不断练习以有效地梳理和界定。要重点区分核心任务、关联任务以及情感和社交任务。

2.3.1 核心任务

核心任务是任务执行人员的整体目标。明确核心任务后有助于定义整体竞争环境，并设定创新的关注范围。应该用功能术语来描述核心任务，例如一个功利性的目标。它是一种可执行的行为，且应该有一个明确的结束状态，即"待办任务"中的**完成**。

核心任务是宽泛且直观的，它是 JTBD 研究中所有元素的锚。例如，准备一顿饭、听音乐或规划长期的财务计划等。核心任务不宜包含快速、简单、便宜等修饰语，应该是需求，或者是任务执行者在比较不同解决方案时关注的指标，所以要分开处理。核心任务也有别于试图说服或唤起某种情感的营销信息或价值主张。

图 2.4 展示了不同任务间的关系，核心任务界定了主要研究范围。在设计解决方案时，可能需要同时了解一些有关联的任务或相对更宽泛或更狭义的任务。核心任务确保我们聚焦重点，并且由点及面地了解其他事物的关联。

图 2.4
核心任务与其他关联任务确定了研究与创新的关注点

2.3.2 关联任务

关联任务与核心任务相近，却又有明确的差异。例如，如果把增长退休投资组合定义为主要任务，那么关联任务就可能是买新房或平衡现金流。明确关联任务有助于团队了解核心任务——它是什么，不是什么。

同时，需要认识到人们有多种目标的碰撞和交集。世界并不像 JTBD 模型表现的那样简单纯粹。定义核心任务的同时，明确关联任务，从中了解用户目标的整体格局。这样一来，才能确定核心任务并专注于此，将关联任务维持在外围视线内。

请记住，关联任务甚至可能与核心任务相竞争。例如，如果购买大宗商品（如汽车或房产），可能会影响到退休投资组合的增长。因此，我们生活中的进步是关联任务成果的总和，往往需要平衡。

2.3.3 情感任务与社交任务

情感任务反映了人们执行任务时希望获得的感受，描述时通常以"感觉"开头。例如，无钥匙的智能门锁系统的核心任务是确保家门口的安全，而情感任务则是让人在家时感觉安全，或外出时感到踏实而不担心有人闯入。

社交任务指的是其他人如何看待任务执行人员的任务完成过程。例

JTBD 的核心思想　　19

如，成人纸尿裤有一项重要的社交任务是避免在公众场合让人觉得尴尬。再比如，使用智能门锁可能会被邻居认为喜欢创新。

将功能性任务与情感任务、社交任务区分开。一方面有助于关注目标，另一方面也能够关注到任务过程中的体验影响因素。经验法则告诉我们需要优先解决功能性任务。如果这都无法满足，情感任务与社交任务将无从谈起。

我在自己主导的一个线上女性时尚项目中亲眼见证了这一点。大部分讨论都围绕着时尚的情感任务与社交任务展开，例如在公众场合感到自信或在别人眼中保持好看的外表。

但我们发现，购买衣物时的关键未满足需求是衣服是否合身，这是功能性任务。即便是在情感主导的领域，我们的关注点也是先解决功能性任务，而不是情绪任务或社交任务。

关键是JTBD为创新提供了顺序：先满足功能性任务，而后逐步解决情感与社交方面的问题。一旦先着眼于情感或社交任务，就会产生无数个解决方案。比如，帮助客户在公众场合感到自信的方式有很多。从功能性任务着手，并在切实可行的方向上进行创新，同时又不忽视情感任务与社交任务。

2.3.4 准确描述任务

TBD的价值在于它对目标与需求的描述是持续的。请记住，任务是执行者想完成的，而非组织需要为用户做的。团队任务不宜与客户目标混为一谈。请始终站在人的角度思考问题。

为确保目标描述的一致性，请按以下模式描述任务：

> 动词+事物+界定语句

例如，在特殊场合探望家人、铲除路上的积雪、在跑步时听音乐、规划长期财务状况等。记住，需求是分开处理的，所以在描述任务时通常省略修饰语，这些修饰语用于描述任务完成情况。

准确描述任务需要练习。为了给组织提供一种通用语言，用词和语法正确很重要。一个窍门是在每个任务语句前加上"*我想*",然后再省略掉。另外,不要在任务语句前加入其他短语,如*帮我*……,而是直接用动词开头。

任务描述后可接上示例。这些示例可代表描述的任务类型。例如,*在特殊场合探望家人*可以加上:生日、毕业、结婚、节日。表2.1中列出了任务描述准则。

表 2.1
概括了描述任务的准则

这么做	不这么做
- 反映个体的视角 - 以动词开头(英文语境下) - 确保它是持久不变的 - 特定情况下需要明确背景	- 不与特定技术或解决方案相关联 - 避免方法或技巧 - 不宜反映一种观察结果或倾向 - 避免复合概念(不要有并列或替代关系)

表2.2列出了一些错误描述及其对应的问题。根据上述准则,表的右边一列提供了更好的表达方式。

表 2.2
一些错误描述及其对应的问题

错误描述	问题	正确描述
通过关键字在数据库中搜索文档	包含特定的方法(通过关键字搜索)以及技术(数据库中的文档)	检索内容
人们倾向于就近参加聚会和会议	- 反映一种观察或倾向 - 包含复合概念	参加活动
快速找到最便宜的机票	包含需求,例如便宜的、快速地。它们应该另外考虑	查找机票
帮助我策划一个能让全家人满意的旅程	- "满意"是一种需求,宜额外考虑 - 包含"帮助我"而不是动词开头	策划家庭旅程

任务独立于解决方案或产品之外。这些任务需通过定性研究挖掘,我们将在下一章讨论。

JTBD 的核心思想

2.4 流程

任务是如何完成的？JTBD将每个目标视为一个程序或者流程。任务执行者在目标完成过程中会经历不同的阶段。了解任务执行者有何意图的过程是JTBD的关键。

可以通过时序图说明主要任务的阶段顺序。将每个阶段视为主要任务拆分出来的小任务，而不是一个具体事项或行动。因为任务需要完成，所以制定的任务必须有结束状态。把任务视为有开始、中途与结束三个阶段，这是很有用的。

一旦清楚了任务的主要序列，就将其细化到更具体的步骤。请注意，步骤不是具体工作，而是流程中相互独立的最小子任务。表2.1的任务描述准则也适用于任务步骤。

还可以在地图中设定情感与社交方面的信息。最后，这张地图将作为JTBD框架的中心，能够帮助组织任务描述。之后，还可以通过任务来组织用户需求。它将成为汇总调研洞见的一个中心结构，并且能够让团队聚焦于此。

重要的是认识到一点：任务地图不是客户旅程地图。它的目标不是记录人们如何接触产品、决定购买、保持忠诚度等。这些不是他们要完

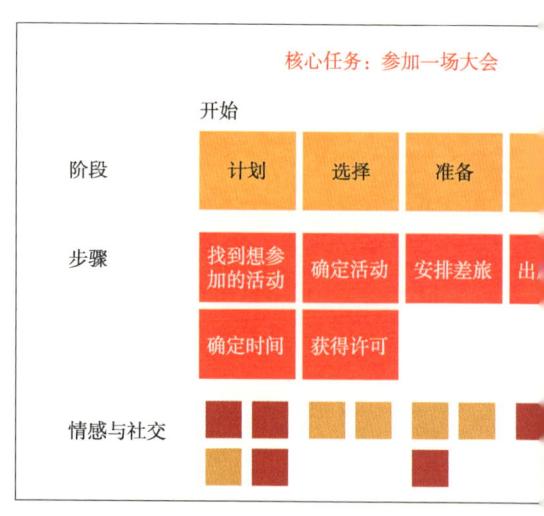

图2.5
主要任务流程的视觉化

成的任务，而是企业希望他们做的。任务地图是一扇窗，可以通过它来观察人们日常生活中的行为与需求，可能与解决方案并无关联。

任务地图不仅能提供宽广视角寻求战略机遇，同时也能针对用户任务中的特定节点产生创新的想法。某些情况下，任务地图可以提供足够的洞察以找到有效解决方案。例如，一家创业公司可以通过任务地图将产品的特性和功能与用户任务相匹配。

绘制任务地图的过程将在第3章中详细介绍。

2.5 需求

为什么任务执行者在任务完成过程中会有某种特定的行为？

总的来说，明确需求非常困难。这个词本身就有丰富的内涵，但并没有精准的定义。某些情况下如软件开发，**需求**被解释为系统需求。例如，敏捷方法中的用户故事描述的是用户需要具备哪些条件才能与系统交互。

在其他情况下，例如用户研究中，**需求**是用户从特定产品或服务中获取的价值，比如客户需要快速且便捷地获得支持服务。还有一种情况

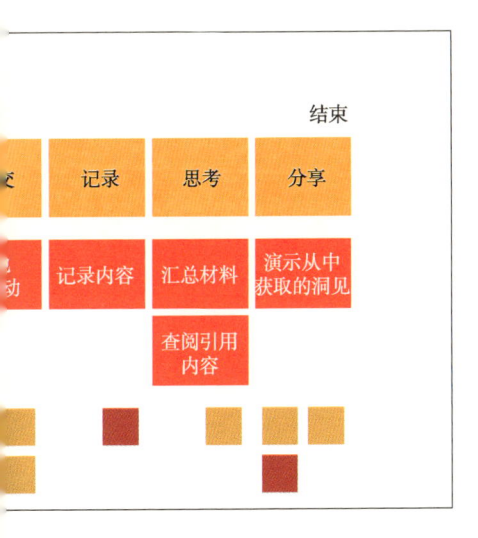

是（如设计思维），需求被视为人们的基本动机（如人们需要自我实现）。对于需求，如果没有一个清晰且明确的理解和定义，团队或组织内的沟通将很快误入歧途，无法针对**需求的本质**达成共识。

JTBD能提供两个方面的帮助。首先，在JTBD中，需求被视为与**完成主要任务**相关。需求并不源自解决方案，而是一个人在完成某项任务时的要求。举个例子，假如主要任务被定义为报税，那么需求可能就是尽量减少收集文档的时间或最大限度实现退税。

从这个角度看，需求不再是脱离主要任务的抽象愿望。**像经济上的安稳**或**养家糊口**这样的表达是完成主要任务以外的动机。这些是后续需要考虑的重要内容，但并不是与报税这项任务相关联的需求。

其次，JTBD提供了一致的需求表达模型。如本章前文所述，需求表达模型为：动词+目标+限定语句。这种标准化方式也可用于准确定位机会。语义很重要，如果没有一个清晰简洁的表述来形容需求的定义，那么对需求的解读可能就很肤浅。

把任务视为整体目标，把需求视为任务成功的必经之路。如同任务的描述，以标准化方式准确描述需求至关重要。兰斯·贝当古和东尼·乌尔维克开发出一种连贯的方式来记录需求，称为**期望结果描述**。它包含4个要素。

- 改进的方向：任务执行者期望如何改善当前的状况？每条需求描述都以动词开头表示期望的改善与变化。诸如**最小化**、**减少**、**降低**等词语表达了计量单位的减少，而词语如**最大限度增加**、**增大**、**提高**等则表示变化。
- 衡量单位：任务成功的衡量标准是什么？语句中的第二要素是人们希望增加或减少的计量单位。时间、精力、技能和可能性是几个典型的例子。请注意，衡量单位可以是主观的，也可以是相对的，但必须尽可能具体。
- 需求对象：需要的是什么东西？指明完成任务过程中受到影响的事物。
- 界定语句：还有什么是理解需求的必要信息？包括背景线索，由此明确提供任务发生的场景。

思考表2.3中的需求描述示例，需求源自**参加会议**的任务。

表 2.3

需求的准确描述示例

改进方向	衡量单位	需求对象	限定语句
增加	可能性	获取许可	上级许可参与
最大限度增加	能力	记得相关的内容	从会议的演讲中
最小化	花费的时间	总结会议中获取的见解	为了分享给同事
最大限度增加	可能性	与思想领袖建立联系	在该领域中

JTBD方法的优势在于区分目标与需求。将任务视为整体目标，需求视为成功的必经之路。例如，*加速工作中下一次大的晋升*这样的描述混合了目标与需求。从JTBD的角度看，任务就只是升职，需求则是此项任务的完成需要尽可能减少时间，并且增加升职的机会。

如果使用"且"和"或"，可能就需要两条独立的需求描述。需求描述应该尽可能相互独立存在，这不仅可以有助于看到完成一项任务涉及的所有因素，还可以准确地定位哪些因素至关重要。这么看，任何一项主要任务可能都有50到150个预期需求。

例如，准备一顿饭的主要任务可能就会有非常多的需求：尽量减少处理食材的时间、减少受伤的风险、增加他人享受美食的可能性或者是尽量减少饭后清理所耗费的精力……

2.6 场景

任务完成的时间和地点是什么？JTBD还需要考虑到任务完成的背景，以便与组织产生关联。例如，买早餐是一项宽泛的任务，可以存在多种情况。但对于快餐店来说，*在路上买早餐*是一个比较精确的任务，因而需要重点关注。场景赋予了任务意义与关联性，所以必须纳入我们的考虑。

在设计解决方案时，增加场景细节会有很大的帮助。例如，针对在路上买早餐这项任务，解决方案可以有很多，包括去餐厅或餐车以及打包午餐回到工位上吃等。但考虑到特定的场景（例如上班迟到、在通勤时段吃或开销等因素），早餐奶昔可能是更好的解决方案。

场景通常涉及时间、方式和地点。例如，对于跑步时听音乐这项任务，我们可能会发现一些因素决定着任务将如何执行：

- 当下雨的时候；
- 当路上拥堵的情况；
- 留了很多汗的情况；
- 精力充沛的时候；
- 等等……

没有背景描述的任务是不完整的，难以为我们提供战略方向。对主要任务进行明确的描述以及对于场景的认识，它们必须相辅相成。

总结一下，JTBD框架有5个关键要素。以前面提到的参加会议这项任务为例，可以将JTBD要素的描述合并为表2.4。

表2.4
TBD要素示例

要素	对应示例
任务执行者	参会者
核心任务	参加一场会议，例如大会、研讨会和集会等
关联任务	获取继续教育学分 参加一场培训
情感任务与社交任务	从最新的信息中受到启发 结交志同道合的人
流程	主要阶段： 1. 计划参加 2. 决定参加 3. 准备 4. 出席 5. 社交 6. 记录 7. 总结 8. 分享
需求	1. 减少会议的挑选时间 2. 尽可能获得参会资格 3. 与更多专业人士建立联系 4. 提高对行业内最新议题的认识 5. 减少与他人分享所学内容所耗费的时间 6. 加强对于会议上相关内容的回顾能力 7. 等等……（可多达150条需求描述）
场景	1. 公司对员工参加活动的数量有限制 2. 第一次参加会议 3. 规模很小的一场会议 4. 规模很大的一场会议

2.7　JTBD 的层级

有这样一则寓言：一位旅者走向正在摆放砖头的三名石匠，问他们在做什么。第一个人回答：*我在铺砖*。第二个人回答：*我在建房子*。第三个人回答：*我在建造一座大教堂*。他们的回答都正确，只是角度不同。

应用 JTBD 时，需要面对颗粒度问题。需要回答这个问题：*您想在哪个层面上创新*？无正确或错误答案，这取决于具体的处境和目标。确定合理的高度很重要。目标在某一层次汇聚并上升到更高一层，称为"阶梯理论"。JTBD 也应用了这一理论。例如在克莱顿·克里斯坦森的《创新者的任务》一书中，提出了**重要任务**（指的是那些对我们生活有重大影响的事，如找一份新工作）和**简单任务**（日常生活中的琐事，例如在排队的时候打发时间）。

我发现，JTBD 不仅有重要和简单两个层次，还可以从 4 个层面看问题，如图 2.6 所示。

- 愿望：理想的状态变化，一个人渴望实现的某件事。
- 大任务：一个宽泛的目标，通常等同于主要任务。
- 小任务：较小的、更实际的任务，大致相当于重要任务中的不同阶段。
- 细节任务：组成任务事项的活动，通过 JTBD 来描述。

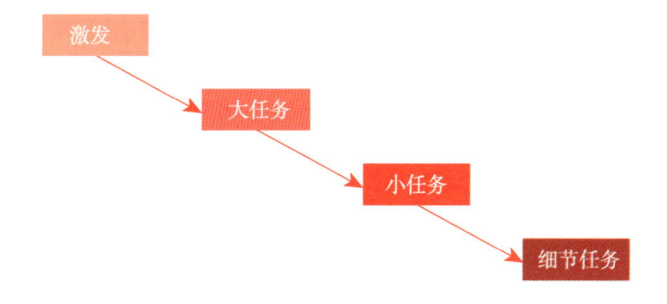

图 2.6
认识 JTBD 中抽象问题的不同层次

例如，我在体验 Zipcar（很受欢迎的共享汽车服务）平台提供的服务时，遇到了目标不匹配的情况。有一次，我到达了预定的停车点，但车辆却没有停在那里。我立即打电话给他们的客服人员，他们提出为我支付打车的费用让我到达目的地。任务就这么完成了。

又一年母亲节，类似情况再次发生。我到达预约车辆所在地点，车并不在。这一次，Zipcar 的客服人员却指定另一个地点让我去取车，而不是提供其他乘车选项，让我的行程增加了几个小时。

换言之，我期望在特定时间到达家人住处（大任务），客服却只想租给我另一辆车（简单任务）。考虑一下这个示例中问题的不同层次，如表2.5所示。

表 2.5
需要考虑的任务层次

层次	对应示例
激发	成为一名更好的家庭成员
大任务	在特殊的节日拜访家人
小任务	在特定的事件安排车程
细节任务	启动车辆

其中，**拜访家人**这个主要任务可以拆分为若干个阶段：计划、安排、筹备、出行、到达、拜访、离开等。这些小任务可以进一步细分。例如，安排车程有决定、预定、确认、启用这几个步骤。通常情况下，重要任务比较宽泛且具有包容性，但它依然能按阶段拆分成不同的部分。

请注意，**愿望**严格说来并不是任务。**成为一名更好的家庭成员**有很多种实现方式，而且它并没有一个真正的完成状态。但有时，团队定义重要任务时需要先关注最本源的动机，再降至合适的层面展开讨论。

例如，将重要任务定义为成为专家、享受艺术或从生活中获得满足感时，可能就需要降低视野层级。留意相关愿望，因为它将有助于设计与营销解决方案。但如果一开始就将创新的着力点放在愿望层，会产生无数个可能的方向。更有效的方法是，关注一个大任务并在此基础上叠加愿景。

JTBD 提供了一种创新的顺序：一开始，关注任务执行者并在合适的层级上定义核心任务。先创建能够完成该任务的解决方案，接着考虑情感、愿望等方面以协助确认方案的实现细节以及如何推向市场。

2.7.1 任务层级与"为什么"和"如何"

虽然将关注点保持在合理的颗粒度上很困难，但我们必须面对这个难题。有时候，需要了解最宽泛的任务，也就是客户希望如何改变自己的生活。而有时，会在比较有限且层次较低的范围内采取行动。

两个问题可以帮助定位正确的高度：询问"**为什么**"可以向上走（越宽泛）；询问"**如何**"可以向下走（越有限）。如图2.7所示。

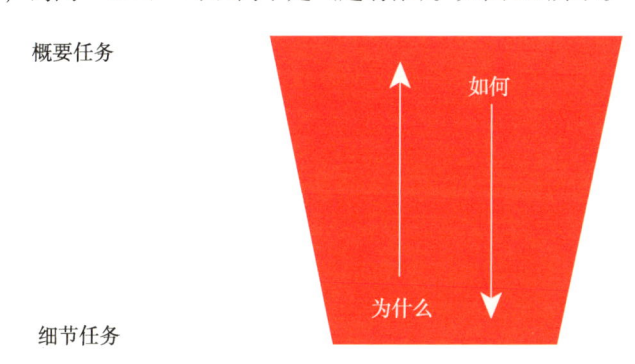

概要任务

细节任务

图2.7
问"**为什么**"向上走；问"**如何**"则向下走

例如，以"参加会议"这项任务为例，有人可能会问：**任务执行者为什么想来参加会议**？这个答案可能会揭露职业发展的愿景。如果再问**为什么他想发展职业技能**？可能会发现答案是为了职业晋升和追求更好的生活。了解这些高层级的愿景是有帮助的，它们能提供市场潜在吸引力。但首先要考虑最基本的功能性任务，如果这都做不到，更高层级的愿景也就毫无意义了。

另一方面，如果问**任务执行者如何参加会议**？您可能发现说服老板同意这个简单的任务。如果继续问："他如何说服老板？"可能发现提供**会议的成本效益预期**这个细节任务。

也可以应用询问**为什么**和**如何**这样的技巧对用户进行访谈并了解他们需要完成的任务。下一章将进一步探讨访谈。请注意，JTBD 并不是

JTBD 的核心思想　　29

询问"5个为什么"这个游戏（一种通过连续询问5个问题来探寻根本原因的分析技巧）。创新所关注的问题层级虽然应该与目标相符，但也需要有足够的广度以便扩展。

2.7.2 一切就绪：定义JTBD的范围

一开始，需要先定义目标范围和调研议题的广度。核心任务可大可小，需要视情况而定。高度的层级与任务的界限需要自行定义。

将定义JTBD的目标范围作为一项团队活动，组织内其他人可以趁此机会培养任务思维。请注意，有些人会意识到制定JTBD存在人为的因素和局限性。它需要严格遵循并反复练习以逐渐适应。从小处着眼，持续练习。

界定JTBD的目标范围有三个关键步骤：定义核心任务、定义任务执行者及其对流程和场景提出假设。每一步都应该以组织当前业务及其未来试图占据的市场地位为导向。随着研究的深入，您会有更多的见解，所以可能对最初的定义进行调整，但最理想的是一开始就有针对性地起步。

也请记住，如果要有效定义JTBD模型内的要素，最好的办法是与潜在的任务执行者沟通。避免做任何预设，一开始就要基于事实下定义。只要进行几次一对一的访谈，就能有效了解任务执行者及其需要完成的任务。

2.7.3 定义核心任务

想了解的客户有什么核心目标呢？您可能无法马上回答这个问题，这需要探讨与持续优化。与团队紧密合作并定义最合理的核心任务。讨论并细化范围，确定正确的层级与具体的内容，然后正确地描述核心任务。

核心任务的关键是看清市场。它成为决策的向心力，还可以确保我们的产品或服务与客户的需求和期望相契合。与核心任务贴近的关联性任务是进一步为客户提供服务的机会。深入了解任务完成步骤可以让我们得到有效的洞见，以此开发出更好的产品与解决方案。如果向上延伸到更宽泛的任务和愿景，通常可以进一步拓展组织的业务。

正确确定问题的层级是关键。不要把任务定义得过于狭隘，否则会限制您的视野而无法施展拳脚。当有疑问时，试着放宽视野并定义一个更大的任务。询问*为什么*以及*如何*，以此来增减核心任务的颗粒度。

需要考虑的是，相对于规模，想投入多少时间和精力完善对任务的定义与认识。JTBD 的思想领袖迈克·博伊森在挑选停车 App 时明确提出了这个观点。*停车*这项任务从属于*按时到达目的地*这个更宽泛的任务，如图 2.8 的任务地图所示。

预估出发时间	确定需要为车辆准备预留的时间	确定需要为常见路况问题预留的时间	确定需要为途中的差事所预留的时间
制定路线	计划中途停车点	设定出发时间	确定是否开车
走向汽车	准备上路的汽车	开车前往目的地	按计划的停车点在中途停留
评估是否能准时到达目的地	按需重新设定路线	**停车**	走向目的地

图 2.8

如图中的任务地图所示，迈克·博伊森呈现了"停车"仅仅是"准时到达目的地"这一更大任务的一个小步骤

对于一家小企业或团队来说，开发一个停车 App 可能是一个更好的开始。如果一开始负担过重可能反倒容易失败。那么应该怎么做？仅将目光关注于一个小任务很难支撑公司的长期可持续发展，所以战略可以通过为客户完成更多步骤来扩展。定义核心任务时，应将其设定到比目前能力更宽泛的层次，以提供退出和增长的路径。

JTBD 的核心思想　31

同时，避免将核心任务定义为一种愿望或经验描述。**考虑周到**或**做最好的自己**这样的描述过于抽象，创新团队很难为此付诸行动。认清大的愿景没有问题，但务必确保核心任务简单且实际。一条经验法则是，更关注核心任务，而不是为什么会有某些愿景。

此外，尽可能保持任务思维与业务的相互影响。例如，钻头制造商可以探索人们的核心任务并意识到人们想要的并不是一个洞，而是想挂一幅画。但是，他们为什么要这么做？为了装饰自己的家，保留与家人的记忆。现实是，负责钻头研发和销售的团队并不直接对**创造更美好的家居生活**这一任务产生直接的影响。如果团队关注的核心任务偏离了公司业务，那么也很难产生真正的创新。

首先思考下面几个简单的问题。

- 您的业务是什么？通过经营范围内的产业、行业与具体产品类别判断整体竞争环境。
- 您想解决客户的什么问题？写下想为客户解决的所有困难。
- 您希望产生什么样的影响？写下希望为客户带来的价值。

然后创建一个目标阶梯，列出人们试图达成的目标，如表2.6所示。通过停车的例子可以看到某项任务如何分配到一系列任务的对应层级。

表 2.6

为核心任务确定正确的层级

层级	示例
愿望	享受自由通行
重要任务	准时到达目的地
简单任务	停车
微任务	找到一个免费的停车点；付停车费等

如果已经接触到目标领域内的人，就可以非正式交流，探讨核心任务。与几个潜在的任务执行者进行简短的电话沟通或会面，借此来了解核心任务。询问他们试图完成什么并将这些反馈带入团队的讨论中。

确定目标领域和任务层级后，按第1章的规则描述核心任务。动词开头、避免与某种技巧关联、尽可能长期保持不变的任务。表2.7说明了如何避免常见的误区以正确定义核心任务的范围。

表2.7
将核心任务设定在正确的层级

错误示例	问题	恰当的核心任务
选首音乐来听	有限，只是大任务中的一个阶段	听音乐
享受艺术	愿景类的任务，过于宽泛	听音乐
在电脑上听音乐	提到一个特定方法与结果	听音乐
通过创建一个歌单来节省时间	指明一个结果（节约时间）以及特定方法	听音乐

需识别关联性目标，了解人们不同的潜在目标。因此，需要在**颗粒度**上进行调整，并横向了解其相邻目标。关联性任务有助于将大任务进行拆解，拆成更明确的小任务。事实上，有些解决方案（如复杂的软件程序）可以解决多个关联性任务。将这些任务单独看待，而不是混在一块，会更有效。

明确制定核心任务时，有以下注意事项。

- 掌握正确的措辞。JTBD可以为组织提供一种通用的语言，而正确的文字标签是关键。通过迭代和提炼定义核心任务，利用语料库寻找最合适的标签，尽量使其保持简单且无歧义。
- 确保其目的是明确的。核心任务应该有目的性，而不是单纯的行动或任务。尝试从人们的视角反映结果。例如，看画是一种行动，而了解艺术作品则是JTBD思想中的目的。
- 反映最终状态。避免将核心任务描述为一个可持续的活动。通过管理、保持、维持、学习等词语来描述核心任务是有问题的，因为没有明确的结束状态。举个例子，对核心任务而言，学习某个领域中所有的知识，就不是一个好的定义，因为很难确定何时学完。同样，将任务描述为**管理金融投资组合**也有问题，因为这很难指向一个终点，管理是持续的。最好将任务描述为**增加金融投资组合的收益**，至少它有完成的状态。
- 将任务与需求区分开。需求或期望结果与核心任务不可以混为一谈。例如，街头推热狗餐车的小商贩的核心任务是在街道上卖食物。当然，小商贩千方百计地想要吸引饥饿的人，但这实际上是一种需求。

验证核心任务描述的问题：

- 任务陈述是否从任务执行者视角出发？
- 任务陈述是否以动词开头？
- 目标是否有起始点与终点？
- 任务执行者是否认为**某件事物被**……（例如，金融投资组合是否增长？或食物是否在街道上卖完？）
- 任务陈述是不是无歧义且没有复合概念？
- 50年前，人们是否也这样描述任务？

定义核心任务需要团队思考、讨论和协商。这是对客户任务的基本决策，也是整体业务的目标需求。一旦明确主要任务，也就划定后续活动中的视野范围。花时间确定正确的任务颗粒度或层级，准确描述任务。

2.7.4 定义任务执行者

试着问自己："*是谁掌握了我们要挖掘的观点？*"在B2C情况下，主要任务执行者容易判断，如一般消费类产品。B2B情况下，需要梳理目标潜在角色，并获得团队共识。最终，将不同职能角色视为任务执行者系统，但首先要关注的是剥离任务执行者。

通常，任务执行者的命名与核心任务关联性强，简洁明了。例如，如果核心任务是出席会议，那么任务执行者就可以被称为会议出席者。或者，准备一顿饭的任务执行者就是一顿饭的准备人。

记住，任务执行过程中的主要因素可能受任务执行者的定义所影响，如专家。一名专业厨师准备一顿饭很可能迥然不同于家庭主厨。可通过相关场景来限定核心任务，以明确任务执行者，例如：在家中准备一顿饭。

在界定 JTBD 范围时，一个方法是一开始就在特定领域中对专家进行访谈。这通常能够高效帮助您了解任务的完成情况。即便任务是在*家准备用餐*，仍然可从专业厨师那里获益良多。如果专业厨师不是目标任务的执行者，那么我们还需要关注大众群体的观点与偏好。

定义核心任务与任务的执行者密切相关。可能需要同时定义两者并反复确认。访谈潜在的任务执行者以确保自己在方向上是正确的。一些非正式的沟通也有助于我们缩小范围，明确最关键的差异和标签。

2.8 对流程与场景的设想

最后，探索流程与场景。前面可能已经基于现有认知对任务执行的不同阶段进行了推测。对任务执行者需要进行的步骤做假设，有助于与受访者展开讨论，但需要随时根据新的信息来进行调整。

如果对场景也有预判，就与团队沟通并明确访谈中需要进一步探究的问题。提前做假设，准备研究和优化。

关键场景因素也会影响核心任务的范围。例如，关注人们如何获取早餐就过于宽泛，但可关注人们在通勤路上*获取早餐*则更具体。再强调，从宽泛的视角出发，根据需要来限定核心任务（比如*在路上*）。

用第 1 章的 JTBD 图讨论核心任务、任务执行者、场景与流程，并将其展示在大屏幕上或印成海报挂在墙上。这不仅可以让团队从整体上思考需要完成的任务及其细节，还有助于解释使用的框架和标签。从共同提出假设开始，让 JTBD 成为组织的一种通用语言。

2.9 要点回顾

JTBD 为企业提供了一种标准模式，用于了解客户目标与需求，并将获取的见解带回组织内部。它关注在人们受什么因素的驱动：他们正在尝试完成某项任务。将 JTBD 视为一种可持续探索和传递用户目标及其需求的语言。

JTBD 模型的核心有 5 大要素：搞清楚自己研究领域中的谁、做什么、怎么做、为什么做以及时间与地点：

- 任务执行者（谁），将要执行任务的人；
- 任务（做什么），包括核心任务、关联性任务，还有情感任务与社交任务；
- 流程（怎么做），按照先后顺序，完成任务所需要的步骤；
- 需求（为什么做），任务执行者所期望的结果；
- 场景（时间与地点），圈定任务执行的情境。

目标可以分层次。通过分层定义，目标可以分为不同的层级。一个层级的目标可能是上一层级中的一个步骤。在 JTBD 中，需要考虑以下 4 个层级：

- 愿望，一种理想的转变，人们试图达成的目的；
- 大任务，一个较宽泛的目标，通常是核心任务这一层级；
- 小任务，较小的任务，基本相当于大任务中的某一层级；
- 细节任务，一些类似于任务事项的活动，但以 JTBD 的形式描述。

把握正确的抽象层次很重要。通过询问*为什么*实现 JTBD 层级的向上走，通过询问*如何实现*往下走。在初期，要与一些人交谈以获取初步的见解，借此来进行整体范围内的考量。

延伸阅读

JTBD 的核心思想

Bob Moesta, "Bob Moesta on Jobs-to-be-Done," interview by Des Traynor, *Inside Intercom*. (播客), May 12, 2016, https://www.intercom.com/blog/podcasts/podcast-bob-moesta-on-jobs-to-be-done/

这篇访谈中，一个是 JTBD 的先驱，深受克莱顿·克里斯坦森影响。另一个是 Intercom 联合创始人及 JTBD 思想领袖，他们一起讨论了多个话题。总的来说，这是了解 JTBD 思想基本原理的优质资源。

Anthony W. Ulwick, "Turn Customer Input into Innovation," Harvard Business Review (January 2002).

这篇文章介绍了 JTBD，并对本章中描绘的模型有影响。作者简单揭示了他通过需求分析来识别商业机会的秘诀。基本理念是深刻理解客户任务并始终与客户同行。

Anthony W. Ulwick and Lance A. Bettencourt, "Giving Customers a Fair Hearing," *MIT Sloan Management Review* (Spring 2008).

这篇文章详细介绍了一种一致的目标与需求表达方式，表明客户语言是任务思维的核心，也是影响组织的关键。

第 3 章

发现价值

- 两种访谈方法:任务访谈法与转换访谈法
- 通过四力分析获得洞见
- 如何绘制任务地图

我有幸经常与客户沟通。在日常环境中观察他们，透过他们的视角看世界，这是一种殊荣。我很享受这个过程。

但组织内很少人会有这样的机会。试想，公司内有多少人从未与客户交流？难怪会有这么多误导性的假设（用以解释人们所感知的价值），团队自然也无法认同客户洞察能够带来什么启发和增长。

至于如何将市场洞察融入企业，完全取决于人。大样本研究报告鲜有用武之地，经常被忽视。如果研究结论缺乏实操性，很容易被遗忘，因而影响有限。

JTBD可以彻底解决这个问题。它专注于一个明确的分析单位——任务。反过来，这又成为整个组织内部的决策依据。更重要的是，JTBD提供了一种一致的语言让大家拧成一股绳。通过它，不仅可以认识到了解用户需求有多重要，还能以一致的方式表达那些需求并采取相应的行动。

这并不意味着组织应该停止其他研究活动。问卷调查有助于了解用户满意度，可用性测试可以改进产品，现场拜访可以增强同理心。这些基本操作应该继续进行。

一旦得到有效执行JTBD就会成为长期驱动组织方向的核心研究引擎。它通过探索客户来为创新提供素材与洞见。

本章将介绍发现任务以及了解任务的技巧。首先，鼓励人们参与调研，其主要形式是访谈。然后，分析需求产生的来源，并通过绘制任务流程图来帮助团队理解。通过这些机会让组织内部人员与客户产生互动。从这种基础性的探索活动中获取组织内部的共同视角，这在后续的方案探索阶段是非常宝贵的。

3.1　战术1 ➤ 进行任务访谈

任务与需求不是摆放得整整齐齐的小包裹，需要我们用心捕捉。我们很难从数据分析或市场报告中找到它们，也不能依靠头脑风暴来凭空想象。必须走出去，与任务的执行者进行正式的访谈。

首先是找到正确的任务执行者。然后，通过一次开放性的访谈让他们用自己的语言讲述自己的目标。不要只是从问卷上了解，而是要深究任务流程和需求。之后，需要把所有了解到的东西转化为JTBD语言。

需要注意的是，尽管任务访谈通常能够获得对参与者的同理心，但其本身的目的并非如此。有负面评论认为，任务访谈可能缺少完整体验中的细节。尽管任务访谈涉及情感和社交问题，但并未完全触及心理状态。JTBD方法假设人们的首要动机是完成某项任务以取得某种进展。访谈更像是一种获取用户目标与需求的"外科手术"（对应于"心理策略"）。

3.1.1 招募访谈参与者

任务访谈研究的不是产品或现有客户。事实上，甚至不需要找到认识自己品牌或产品的人进行交流，因为那样可能会让他们的回答有些偏见。因为这时候还不需要关心客户的购买决策以及品牌感知，只需找到执行主要任务的人——任务执行者。就这么简单。

避免访谈那些自认为能代表所有任务执行者的人。例如，IT采购经理可能最终成为购买者，但他们通常不会亲自执行任务。所以，任务访谈应该找到那些潜在的终端用户。

根据参与者标准制定一份招募筛选脚本，以便招募人员找到合适的参与者。在研究过程中设定合适的中止点来取消某些人的研究资格。换句话说，不仅需要决定与哪些人交流，还要确定不研究哪些人。参与者应避免与自己的特定产品、服务或品牌有关联。

招募筛选脚本主要有三部分。

- 第一部分"引言"：包括几句话，招募人员仔细阅读可树立正确的预期，做好准备。
- 第二部分"问卷调查"：提出一系列问题判断参与者是否为任务执行者。

- 第三部分"时间安排":确定访谈日程。访谈通常持续一两个小时。能够实地访谈最好,电话访谈也行。

建议通过招募机构招募访谈对象并简要介绍研究和访谈的性质。如果他们主要以市场的角度通过人口统计学数据来招募,那就应该培训,教他们如何找到真正的任务执行者,包括详细说明招募初期的筛选如何进行,以确保招募人员清楚具体的人员要求。

另一种方式是挖掘现有渠道,自行招募任务执行者。使用线上的表单从网站上招募,或者通过社交媒体招募。避免只从现有的客户群中招募,因为这是为了强化对任务的关注,而不是关注自己的解决方案。

请注意,基于现有客户进行访谈时,他们可能对您的解决方案存有偏见。需要明确引导他们不谈论您的产品或解决方案。以这种方式对现有客户进行访谈虽然很困难,但也不是不可能。

进行5到6次访谈,即可观察到一些趋势。建议将这个数字增加一倍,10到12人最好。参与者更多的话,可以研究得更透彻。我进行过一次研究完成20人次的访谈,极大增加了我对结论的信心。

奖励设置需要根据领域和目标参与者的差异进行调整。普通消费者愿意为一张面值为25美元的礼品卡参与访谈,而高素质的专业人士的1到2小时可能需要数百美元。要为此做好相应的预算。

若无奖励预算,招募将变得更加困难。尽量找一些其他奖励,例如免费使用现有的产品或抽奖等。

3.1.2 准备访谈

任务访谈采用开放式提问。它不是那种问卷式的问答,而是通过特定的话题来引导谈话。为此,可以制作一份一两页的讨论提纲作为以便在访谈中的参考。把它视为访谈者的提示列表,而不是面向受访者的调查表。

讨论提纲通常以标准的问候开始，要设定访谈预期结果。提纲的主体包括围绕相关主题的问题列表。这些问题应能填补自己认知中的疑问、假设和遗漏。谈话过程中，很难按提纲顺序讨论这些主题。这是可以的，顺其自然，必要时再通过提纲将谈话引到正题上。

访谈最好由多人执行。一位是主要的采访者，另一位是观察者。各司其职。这样的分工可以让访谈主持者与受访者建立融洽的关系，专心地引导谈话。观察员可在访谈结束阶段或根据要求提出问题。

3.1.3 进行访谈

人们通常并不清楚如何创造有效方案来解决问题，因此不要这样询问他们。他们只知道自己的目标与需求。专注于从他们的角度了解需要完成的任务。让对话自然展开，特定情况下根据讨论提纲让受访者回到正题上。

1. 了解受访者的背景及其需要完成的任务

构建融洽的氛围，让受访者放松地表达。
- 请对方简单做个自我介绍以及工作内容？
- 上一次执行（某项核心任务）是什么时候？
- 完成那项任务时，总体感受如何？

2. 了解核心任务和相关任务

请受访者谈谈他们需要完成的任务，并向他们提出以下问题：
- 您想要完成什么目标？需要进行哪些事项？
- 您想规避或解决哪些问题？
- 什么事情会帮助您达成目标？
- 什么合适的服务能够帮助您完成任务？
- 您还希望完成什么目标？

3. 了解任务执行流程

探讨任务完成过程的不同阶段
- 您是如何开始的？

发现价值

- 上一个步骤是什么？下一个步骤是什么？
- 在那之后您做了什么？
- 过程中您是如何做决定的？
- 在任务进行中的不同阶段，您有哪些感受？
- 您是如何意识到任务已经正确完成的？
- 您的任务是如何收尾的？

4. 挖掘需求

挖掘人们在执行任务时所追求的理想结果。

- 在任务流程中有哪些变通方法？
- 您害怕做什么？您会避免做什么？为什么？
- 怎么做会更简单？为什么？
- 为什么您会避开任务过程中的某些事？
- 什么是最让您烦恼的？为什么您认为它让您有挫败感？
- 一旦任务完成，您会有什么感受？

5. 探索场景

明确任务执行的时间与地点很重要。试着找到圈定任务的关键因素。

- 在什么情况下您会有不同的行为方式？
- 哪些条件会影响您的决定？
- 在您完成任务的过程中，环境是如何影响您的态度与感受的？

访谈时，引导对方，使其回答能够详略得当。询问**为什么**，让受访者的回答更宽泛并走向结果。询问**如何**，鼓励受访者的回答更具体化，以便对流程进行深挖。

访谈过程中，可尝试与受访者共同绘制流程图。将具体步骤区分开以明确流程。然后深入挖掘，了解他们在每个步骤中的目标、感受以及任务的场景。

在回答开放式问题时，人们往往以偏概全，可能笼统地谈论他们的想法和行为。如果想要更具体地了解并贴近他们的体验，可以使用关键事件技巧。它有三个简单的步骤可以遵循。

- 回想一个具体的事件。让他们回忆一下过去执行任务过程中出现重大错误的时间点。
- 描述这段经历。让他们描述一下当时发生了什么：是什么出了问题？为什么会出错？他们当下的感受如何？
- 讨论理想状态。最后，询问他们的预期结果是什么以及理想状态又是什么。这有助于揭示他们的深层次需求。

在访谈过程中，要注意时间，尊重参与者的个人时间。结束时，做一个简短的总结并向他们表示感谢。如有必要，请让他们知道下一步需要采取什么行动。

请遵循以下通用访谈技巧。

- 建立融洽的氛围，通过眼神接触、点头以及表示认同来完成。（例如，*是的，我知道这令人万分沮丧*。）
- 倾听。让他们多说，而不是自己滔滔不绝。
- 避免询问封闭式问题。多问开放性问题的话，可以让受访者尽可能多地表达。
- 深入挖掘。关注有趣的想法（例如，*请描述一下细节*。）
- 尽可能减少干扰。避免打断受访者或离题万里。保持专注。
- 顺其自然。充分把握好过程中的插曲。
- 避免审讯式的询问。创造一种令人舒心的互动，就像朋友聊天一样。
- 适当运用停顿。不说话，留机会给受访者思考与回应。
- 两人一组进行研究。指定一人为访谈者，另一人做笔记。

3.1.4 数据分析

每场或每两场访谈结束后，安排时间快速复盘并与同伴回顾笔记。花些时间相互补充彼此对受访者所说内容的理解。如果过了好长时间才回顾笔记，可能会忘记细节或丢失语境信息。

通常，虽然笔记已经足以帮助我们捕捉数据，但仍然应该录下访谈过程作为备份。理想的情况是在分析的时候听录音，但这往往需要耗费大量的时间。如果想更进一步，可以将所有录音转为文字稿。值得注意的是，60分钟的访谈会产生大约30页的文字。

在我做的一个项目中，团队实时解读了JTBD洞见。当时有一位访谈者与一位做笔记的人配合，做笔记的人在访谈过程中就同时记录并提炼出了受访者期望的结果。每次访谈，我们都能快速得到直接可用的数据，不需要再分析笔记或录音。

创建电子表格提炼相关观察结果。将直接的观察结果与受访者原话放在第一列。再创建四个列做解读：细节任务、情感与社交任务、需求、场景。按照描述规则将观察结果转化为JTBD语言，如图3.1所示。

观察	解读	
引用与笔记	任务步骤	情感/社交因素
受访者1		
"最近会议非常多，很难选择要参加哪一场。我甚至不了解这些会议，怎么决定应该参加哪一场？"	决定出席哪一场会议	为选择太多而感到不知所措
受访者提到公司每年只为员工报销一场会议。她需要想办法说服老板。	说服老板允许自己参与会议	
"我希望去之前参加过的会议，因为我认识那个圈子里的人，了解会议内容与流程。我不需要像参与新的会议那样重新了解具体事宜。"	适应一场会议	感到熟悉
我们观察到这个受访者会拍照记录重要的演讲内容，而不是记笔记。	记录会议内容	
这个受访者表示，期望在会议期间能够与获得有效的人脉连接。	他人会面；与其他参会人员交流	
"我很喜欢这种社区属性。"		被视为专业社区的一员
受访者抱怨会议的WiFi，信号时好时坏，速度慢，甚至完全没法用。	与会场外的人联系	

图3.1
将观察结果转化为JTBD框架下的具体任务，以此来分析原始笔记中的数据

尽可能从受访者的原话出发。第2章讨论的JTBD元素可以帮助过滤和整理见解。

- **任务步骤**：指出完成任务所需要的步骤及访谈中发现的细节任务。记得以动词开头并且避免牵涉任何技巧或解决方案。
- **情感与社会因素**：记录情感因素，从*感觉*或*避免某种感受*开始。社会因素则是"被认为"或"避免被认为"。
- **需求**：留意用户对"**为什么**"这类问题的回答，关注用户期望的变通方法、想避免的事项、拖延问题等。记录需求时，确保以动词开头，表明用户期望改变的方向。
- **场景**：请注意用"当……"开头的限定情境。

还可以与受访者共同验证所获得的见解。例如，安排第二轮访谈以获取他们对记录需求的反馈。不必直接展示需求描述，而是通过访谈了

解读		评论	
需求		场景	
尽量减少选择会议所耗费的时间与精力			
		当参与资格有限的情况下	
尽量减少会议内容中的不确定性；尽可能熟悉会议		当它是一场持续举办的会议	
尽量减少做笔记所耗费的时间			查看会议过程中拍摄的照片
在会议中尽量多建立人脉			

发现价值 47

> **延伸阅读**
>
> 执行任务访谈
>
> Steve Portigal, *Interviewing Users* (NY: Rosenfeld Media, 2013).
>
> 这是最好的访谈主题书籍之一。它非常实用，提供了一系列线上示例文件和材料。作者详细介绍了整个访谈过程，涵盖目标设定、招募、访谈及分析等方面的内容。
>
> Giff Constable, *Talking to Humans* (自出版于2014).
>
> 这本只有75页的小书很好地概括了如何与其他人面对面进行交流。书中的信息丰富、实用，有助于快速开始访谈。
>
> Mike Boysen, "A Framework of Questions for Jobs to Be Done Interviews," *Medium* (博客), 2018.
>
> 作者是 Strategyn 的 ODI（以结果为导向的创新）实践者，他的这篇文章是针对 JTBD 的最全面的任务访谈指南，全面介绍了任务访谈和用于分析访谈数据的工作表。尽管有许多相似之处，但本章介绍的方法与 Strategyn 在实际应用上有所不同。
>
> Hugh Beyer and Karen Holtzblatt, *Contextual Design* (San Francisco: Morgan Kaufmann, 1998).
>
> 在软件设计领域具有里程碑意义的这部著作介绍了实境调研，即在用户的工作环境中进行研究。针对探索和提炼见解，作者提出一个完整的流程，可以直接用于软件规划与设计。书中讨论的**关注用户任务**概念与 JTBD 极为相似。

解他们的任务及其与需求相关的主题。关注需求描述是否能引起共鸣和关心。有关验证任务描述的详细信息，请参阅本章后续的案例研究。

3.2 战术 2 ➤ 进行切换访谈法

有一种访谈法（即切换访谈法）可以替代任务访谈。这两种访谈法是 JTBD 常用的研究手段。混合使用两种方法也是可以的。

切换技巧由鲍勃·莫斯塔和克里斯·斯皮克创造并推广。它试图回答*为什么客户想要"花钱用"一款特定产品来完成自己的任务*。这一想法通过逆向思维探寻人们为何切换行为方式，揭示其潜在的意图。

该方法从具体产品出发重构购买旅程。在购买者即任务执行者的情况下（一般消费领域），可以由此洞察任务执行的原因。但在面向企业客户的情况下，购买者与任务执行者可能是分开的。从购买者的言语中捕捉任务执行者需求虽难，却并非不可能。

3.2.1 切换的时间轴

这种访谈方法使用的是简单的时间轴，而不是讨论提纲。因为受访者可能很难记住最初的想法或原始需求。技巧通过时间轴节点回溯，让参与者呈现购买旅程。

时间轴呈现解决方案的寻求过程，由特定时间的事件或时刻组成。如图3.2所示，6个阶段由关键事件来衔接。

- *初始想法*：改变想法的最初萌芽，非常隐匿。
- *被动寻找*：购买者未主动搜寻，而是注意到某些选择。第一个事件使搜寻方向更明确。
- *主动寻找*：购买者主动搜寻解决方案。第二个事件明确购买意愿。
- *决定*：购买者下意识地对比不同的方案，最后做出购买决定。
- *消费阶段*：购买后使用产品或服务，完成产品体验或持续使用。
- *满意度*：解决方案是否有助于用户推进任务？

使用图3.2所示的时间轴引导讨论和笔记结构。必要时退一步深挖。询问*之前发生了什么*，以及*为什么做出决定*，从中找到动机。真相隐藏在由旧至新的背后。

切换访谈法在很多角度上与JTBD方法中的关键事件技巧相似。这里事件是*购买*。访谈应围绕这个过去的特定事件进行。

切换访谈法旨在揭示购买与使用产品的潜在动机，了解*切换*行为。在访谈中，Intercom创始人兼首席战略官特雷诺与莫斯塔讨论了JTBD

发现价值　49

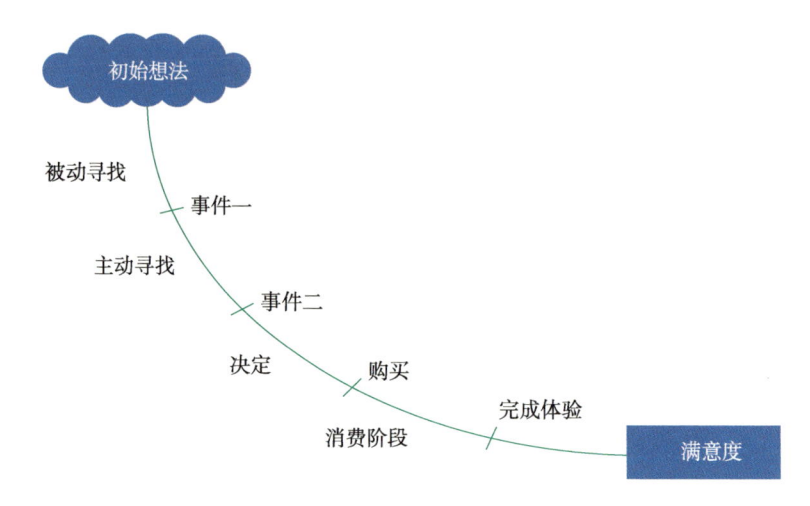

图 3.2
使用一个标准时间轴作为切换访谈法的讨论提纲

中探寻到的动机[①]：

> 一旦带着设想进入访谈室，人们就因某种原因而做事情和购买东西，然而，产品和服务只是解决方案的一部分，需要从更高的视角观察和看到结果。我们关注的不只是人们说了什么，还有他们的行动以及贯穿其中的能量。

从这个角度看，切换不仅是同类产品的不同行为，还意味着从原有行为方式转向新的方式。

3.2.2 切换访谈法的变种

切换访谈法源于市场营销的视角，主要关注实物产品的购买。如果面向企业客户，那么购买者和任务执行者往往是不同的人，且可能不存在直接的情感联系。

西恩·汤森德就职于 Intercom，她根据企业采购软件的特点，对切换访谈法进行了微调。因为她发现，为企业采购软件与购买实物产品（如床垫）有极大的不同。

---

① "Bob Moesta on Jobs-to-be-Done," *Inside Intercom* (播客), May 12, 2016, https://www.intercom.com/blog/podcasts/podcast-bob-moesta-on-jobs-to-be-done/

以切换访谈法为基础框架来构想不同的方法。为了使访谈更适用于B2B解决方案，我们调整了问题，重点关注从原有产品切换到新产品的过程，而不只是简单的一个购买决策。同时，我们将视角从情感触发转向实际动机。

她和团队会提出以下问题：

- 过去企业是如何完成此任务的？
- 使用新的软件前用过什么工具？
- 是否参与了新软件采购过程？
- 谁来决定换用新的软件？
- 谁来决定做切换？
- 他们是否还在公司内？
- 新的软件对工作有哪些影响？

重点是让受访者回忆事情的发展过程以及公司决定更换解决方案的原因，重点关注切换方案所带来的影响。

3.2.3 客户案例研究

切换访谈从客户案例研究发展而来，由营销专家丹妮丝·尼特豪斯首次记录于1997年[2]。她与其团队在10年前开始实践该方法，其历史可以追溯至20世纪80年代末。

客户案例研究以深入定性访谈为核心，挖掘其他研究手段可能忽略的洞察。数以千计访谈实践结果表明，机会通常出现在以下7个常见类别中。

- 意料之外的空白：客户的某种行为出乎意料，未被问卷调查和焦点小组等方法发现。
- 潜在细分：通过客户案例研究来反映购买同款产品的多种方式。
- 意料之外的决策标准：通常出现在定性实地访谈中。
- 潜在的决策者：通过客户案例研究来定义这个角色，挑战传统方

---

[2] Gerald Berstell and Denise Nitterhouse, "Looking 'Outside the Box': Customer Cases Help Researchers Predict the Unpredictable," *Marketing Research* 9 (1997): 5.

法中一人独掌大权的猜想。

- *产品的非预期用途*：通过客户案例研究来发现典型的信息，指明完成某任务的替代方法。
- *未曾料想的客户接受度阻碍*：了解产品的市场接受度，但通常被传统营销方法忽略。
- *未明确表达的需求*：也常见于客户案例研究访谈中，为产品和服务酝酿新的想法。

客户案例研究与JTBD在思想上大体一致，相较于只做切换访谈，它更为全面。切换访谈关注的范围相对有限，其主要访谈对象是近期更换过解决方案的客户（作者称其为切换者）。而客户案例研究则考虑了其他角度和不同客户类型，如多元买主、新手、中途退出者、坚守者等。

客户案例研究根植于营销领域，主要用于提高销售业绩。虽然实施过程中获取的见解也能应用于开发新的产品和服务，但目前尚未被实际应用于产品与服务的创新领域中。

总的来说，选择使用哪种研究手段——任务访谈、切换访谈还是客户案例研究——取决于个人的目标。如果想为一个全新的解决方案应用JTBD思想，那么任务访谈更适合。如果已经有一款产品并且有成熟的市场，那么应该从产品着手。这需要选择从头开始（更抽象地将任务从现有市场中剥离出来）了解，还是直接以现有解决方案为起点来推导新的任务。

> **延伸阅读**
> 执行切换访谈法
>
> Chris Spiek and Bob Moesta, Jobs-to-Be-Done: The Handbook (Re-Wired Group, 2014).
>
> 这本薄薄的小书关注的是围绕时间轴进行的访谈。书中提供了一些访谈与提炼关键信息的实用技巧。特别是，作者重点介绍了人们切换到新的行为这个过程中受到的影响：什么是新选择的幕后推手？什么阻碍了人们的行为改变。这本实用指南包含大量实地访谈技巧与建议。关于切换访谈的例子，可参见 JTBD Radio 网站上热门的"床垫访谈"：http://jobstobedone.org/radio/the-mattress-interview-part-one/。
>
> Gerald Berstell and Denise Nitterhouse, "Looking 'Outside the Box': Customer Cases Help Researchers Predict the Unpredictable," Marketing Research 9 (1997): 5.
>
> 客户案例研究（CCR）是切换访谈的前身，采用探索性研究手段来发现购买行为的关键动机。与切换访谈类似，客户案例研究通过深入访谈追溯人们初次决定切换解决方案的时刻。客户案例研究并不预设客户购买条件，而是揭示意外用途和决策标准。

3.3 战术3 ➤ 分析影响进展的4种力

鲍勃·萨德及其 Re-Wired 团队的实践表明，有四种力驱动人们从一款产品切换至另一款产品。为了更好地分析访谈和提炼洞见，他们制作了一张四力图，如图3.3所示。

图3.3
通过四力模型来了解人们切换与保持原样的原因③

中心是影响改变的四种力：

- 问题（推力）：促使人们考虑新的解决方案；
- 吸引力（拉力）：将人们从现有工作方式拉开；
- 不确定性（焦虑）：使人们考虑保持原样；
- 习惯（熟悉感）：使消费者不愿改变。

第一行从左至右显示了推动和吸引客户的动态因素。

第二行呈现阻碍改变的力，即改变的阻碍者。简而言之，当现有问题的推力和新方案的吸引力之和大于*改变面临的*不确定性和习惯阻力之和，客户就会选择切换行为。反之，习惯一旦形成，改变就很难发生。

四力分析表明，创新需求产生于拉力和推力的共同作用。例如，艾伦·克莱门特认为，客户推动着产品要满足更多愿望层级的目标。在题为 The Forces of Progress 的文章中④，克莱门特指出，**人们购买产品不只是为了拥有或使用，而是为了使生活变得更好**（即取得进展）。

进一步细化，我们可以更具体地看待推动因素和拉动因素。推动因素方面，需要考虑内因和外因。有时外部环境条件将人们从现有方案中推开，如公司重组、新的法规或生活变化（如结婚生子）。内因反映

---

③ 感谢布莱恩·丽娅允许使用这一版四力图。
④ Alan Klement, "The Forces of Progress," *JTBD.info* (博客), May 17, 2017, https://jtbd.info/the-forces-of-progress-4408bf995153

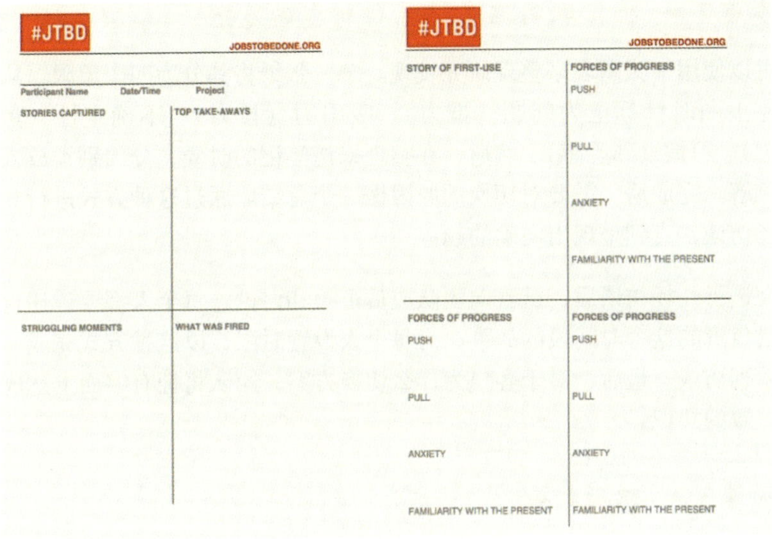

图 3.4
一个简单的表格有助于切换访谈时进行数据分析

了人们态度或信念的转变。例如，一个人一旦意识到自己健康状态不佳，可能就会尝试注重饮食或建立新的锻炼计划。

解决方案本身就具有吸引消费者的力量，有时甚至还能创造需求。例如，智能手机问世前，人们并不认为自己需要它。

3.4 四力分析法实操

完成四力分析的步骤简单明了。

步骤1 ▶ 进行调研

使用四力模型也就意味着可以遵循切换访谈的技巧。一定要让访谈问题涵盖对这四种力的探究。例如，一旦有了初步想法，就可以探究人们有哪些值得解决的问题、什么在吸引他们寻求新的解决方案、什么时候会出现不确定性，以及他们需要克服哪些习惯问题。

发现价值   55

步骤2 ▶ 将获取的洞察提炼到对应的力中

可以使用一张图表来整理研究发现。拿一张纸将其分为四个象限，从左上顺时针标记为问题（推力）、吸引力（拉力）、不确定性（焦虑）、习惯（熟悉感）。然后，在整理采访笔记的时候，分门别类放入见解。完成后，需要对切换的原因做一个总结。通过这种方式进行几场访谈，直到呈现出明确的趋势[5]。

在进行几场访谈后，试着向团队成员汇报和讨论。每个人都要讲述自己负责的这个时间段的故事。为每个人设置时限，以这种方式完成一系列访谈。最后，对于客户为什么切换方案，团队将拥有字面上达成一致的共识。

步骤3 ▶ 识别机会

归根结底，访谈的目的是探寻人们开始产生挣扎的那个时刻。在那个节点，通常会出现一项需要完成的任务。一旦明确了任务，就可以通过第2章讨论的描述规则将其记录下来。同时注意情感任务、社交任务和关联性任务。另外，试着把任务绘制成地图。

找到有效的方法来解决人们觉得棘手的问题，就是创新的星星之火。通过图表可以将问题展开，从而指明机会点。属于推动因素还是拉动因素？原有方式相比新的方式能不能留住他们？

值得注意的是，我们很少看到分析过程中只有一种力的情况，通常都是多种力同时作用。完成四力分析后，行动计划中还需要包含面向不同维度需要采取的行动。

例如，线上差旅费用工具的供应商可能会发现目前方案的问题：收集、整理、提交收据非常浪费时间。一个明确的步骤是标记解决方案需要解决的痛点（问题），以及在途中可以通过手机提交收据的便利（吸引力）。

软件一旦被采用，财务经理就需要适应新的流程。他们会疑虑员工是否能正确提交数据，以及新的系统是否能像承诺的那样有效扫描收据。通过四力分析，可以明确地呈现财务经理可能抱有的不确定性与习惯，这些可以通过培训或指导材料来解决。

---

[5] www.jobstobedone.org

3.5 四力图扩展应用

四力图作为一种方法，对定性访谈结果进行合并与总结，通常被用于创造新的解决方案或改进现有方案。但它也可以进一步扩展以满足其他需要。

凯文·库皮拉斯是 HubSpot 的设计主管，他讲解了四力图如何运用于其他的情境，其中还包括一些扩展应用技巧[6]。

1. 面试求职者

通过四力法则了解求职者在当前工作中的困境，以及如何吸引他们加入您的团队。围绕这四种力量来构建面试问题：

- 问题（推力），现在的工作有什么问题？有什么地方不理想？
- 吸引力（拉力），对于新的角色和新公司，您会因为什么而感到兴奋？试着想象自己的生活会有怎样的提升？
- 不确定性（焦虑），对于新的角色或新公司，您有什么担忧？
- 习惯（熟悉感），上一份工作有哪些是您希望延续到下一份工作的？

2. 在公司中推行变革

当深入了解四力分析法后，您会发现它最终涉及的是**改变**。通过这个技巧可以找到最大的阻碍。例如，如果一家公司期望产品开发团队转向敏捷开发，就可以用四力图来诊断潜在的风险：

- 问题（推力），现有问题是什么？是什么在促使团队必须转变？
- 吸引力（拉力），对于新的工作模式，人们有怎样的期待？
- 不确定性（焦虑），对于改变，人们最担心的不确定性是什么？
- 习惯(熟悉感),需要对哪些习以为常的东西做出改变？

当一个组织决定采用敏捷开发时，说明他们面临着项目周期长、预算高等问题，以至于现有解决方案可能无法满足用户的需求。敏捷开发

---

[6] Kevin C. Kupillas, "May the Forces Diagram Be with You, Always," *JTBD.info* (博客), September 21, 2017, https://jtbd.info/may-the-forces-diagram-be-with-you-always-applying-jtbd-everywhere-b1b325b50df3

之所以有吸引力，是因为它提供了灵活性和中途调整的可能性。但如果多数人都难以适应这种改变，那么在采用该策略时必然会产生一些焦虑。例如，在软件开发过程中可能需要学习新的工具和方法。即便完成了最好的培训，人们仍可能退回到以往的工作方式中。

3. 个人做出改变

我们都在努力改变坏习惯，目标可能是坚持健康饮食，或与家人、朋友保持联系。对于库皮拉斯来说，他的目标是说服朋友在 Medium 博客平台上多写文章。

- 问题（推力）：改变习惯时，会有哪些痛苦？
- 吸引力（拉力）：改变习惯后，会有什么好处？您会从中获得什么？
- 不确定性（焦虑）：可能产生哪些不好的结果？人们会因此产生怎样的焦虑？
- 习惯（熟悉感）：导致人们缺乏行动而原地踏步的是什么？

显然，四力模型的概念不仅适用于产品切换，还涉及从某种状态或工作方式转向另一种。对于业务，四力模型最终体现的是产品与市场的契合度，或者产品如何满足特定市场的需求。使用这个技巧来判断解决方案需要在哪些关键点来满足更多需求。

延伸阅读

分析任务进程中的四种力

Alan Klement, *When Coffee and Kale Compete*(2016)。

作者自出版的这本书。包含了大量与切换技巧应用有关的实用信息以及四力分析。作者倾向于关注需求是如何产生的并将产品开发与营销结合起来思考。书中体现了他对 JTBD 中"任务即用户进展"这个观点的支持。可以在 JTBD.info 网站上阅读他的另一篇文章 The Forces of Progress(2017)。

Chris Spiek and Bob Moesta, "Unpacking the Progress Making Forces Diagram," *JTBD Radio* (博客), February 23, 2012, http://jobstobe-done.org/radio/unpacking-the-progress-making-forces-diagram/

> 在这期播客中，**四力图**的创造者详细讨论了它的意义与用途。可以听听播客，也可以阅读文字稿。这些内容采用了对话的形式，很容易理解。在说明观点的过程中，斯皮克和莫斯塔还给出了很多示例供大家参考。

3.6　战术 4 ➤ 为核心任务绘制地图

核心任务是一种流程，可以按时间顺序将它绘制成地图。基于访谈结果，以视觉化的方式创建一系列步骤以呈现一些潜在的客户意图模式。当某人在执行某项任务时有哪些子目标？任务完成时，客户意图中有哪些阶段得以显露？

目的是以系统化的方式进行研究，探索流程是如何展开的。请注意，重点不是将任务或具体活动画出来，而是把构成核心任务的一系列小目标画出来。理想情况下，任务地图并不包括与任务含义相关的信息。

任务地图与客户旅程、服务蓝图和工作流程图不一样。它不能反映用户是如何发现、了解、选择、购买和使用一款产品或服务的。这些活动与客户的购买流程相关，会留在后续另外分析。然而，任务地图是从执行者的角度揭示任务完成过程，而不是从购买者或客户的角度。

托尼·乌尔维克在他的结果驱动创新方法中介绍了任务地图的概念。其作用是解读任务执行者在任务过程中的各个阶段需要完成的事。与其同事兰斯·贝当古一起，团队提出了一种通用的结构：8 个标准阶段，该结构适用于所有不同类型的任务。如图 3.5 所示。[7]

1. 定义：确立目标并计划如何完成任务。
2. 定位：收集任务执行过程所需要的材料与信息。
3. 准备：整理材料并创建正确的配置。
4. 确认：确保一切就绪，可以开始执行任务。
5. 执行：按照计划执行任务。
6. 监测：评估任务是否被有效执行。

---

[7] Lance Bettencourt and Anthony W. Ulwick, "The Customer-Centered Innovation Map," *Harvard Business Review* (May 2008).

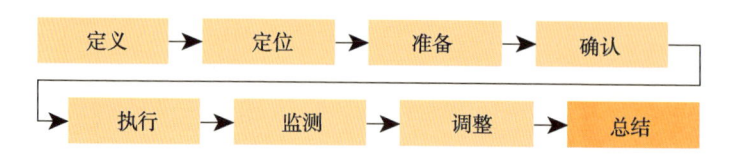

图3.5
核心任务的 **8** 个阶段，一种通用结构

7. 调整：根据需要进行调整与迭代。
8. 总结：结束任务与后续跟进。

试着将这些阶段视为检查表而不是必须照搬的模型。重点是记住覆盖核心任务中所有不同类型的阶段，包括前期、中期、后期。需要根据具体情况调整标签名称以更好地表达核心任务。确保标签简短，最好用一个动词来表示。下面列出一些常见的动词，可以在通用任务地图中用它们来代表阶段的类型。

1. 定义，计划，选择，决定
2. 定位，汇总，通过，恢复
3. 准备，部署，组织，检查
4. 确认，验证，优先，决定
5. 执行，履行，交易，实施
6. 监测，核实，跟踪，检查
7. 修改，更新，调整，维护
8. 总结，储存，完成，关闭

每个阶段都应该是一个具有明确目的的功能性任务。避免在阶段标签上包含情感或社会因素。也避免使用那些指向需求的形容词或限定词，例如"快速的""准确的"。确保定义的阶段有共性、稳定不变且与执行手段没有关联。任务要独立于任何解决方案。

步骤1 ▶ 创建任务地图

任务地图是按时间顺序排列的，因而我们可以从将其划分为三大阶段：开始、过程、结束。为不同阶段命名（设置标签），然后将访谈中了解到的细节任务合理地放到对应的类目下。

为了进行更好的说明,我们假设您关注的核心任务是**研讨会的引导**,任务执行者是研讨会的主持人。图3.6展示了如何将研究结果分门别类地放入三大类别中。

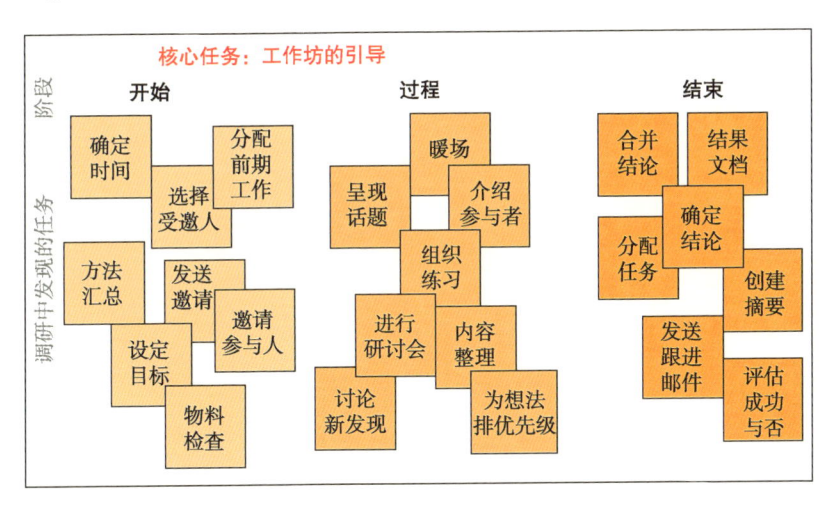

图3.6
访谈中发现的小任务归入三大类别:开始、过程、结束

接下来,我们可以将任务进一步细分为8个阶段(图3.7)。以通用阶段作为起点,然后根据需要再做调整。措辞很重要,花点时间完善标签与划分方式。至关重要的是站在任务执行者的角度,包含整个任务过程。地图的目的不是表现产品购买过程或与品牌的互动过程,而是反映任务执行者是如何完成任务的。

最终定义的阶段数量可能有所不同。也可以在流程中加入循环或分支。图表的最终结果应该是一个可以描述整个任务过程的清晰的模型,组织内的每个人都能有效理解。

理想情况下,可以再向任务执行者验证整体模型。在完成初稿后,可以与几位访谈参与者讨论。如果标签和阶段之间的划分需要大量的解释或者容易令人误解,就应该简化,直到不言自明。

步骤2 ▶ 任务地图实操

一旦任务地图在手,组织就能创造出人们真正需要的好的产品与好的服务。贝当古和乌尔维克引导团队基于任务地图来展开协作并从中发

发现价值   61

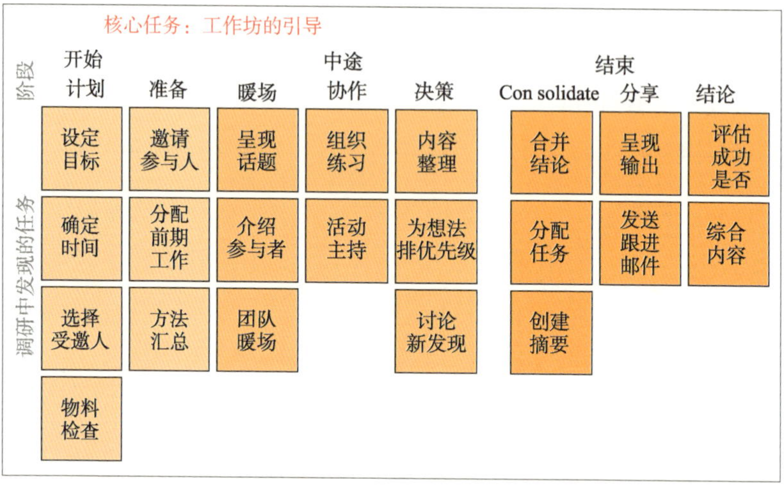

阶段	开始			中途		结束		
	计划	准备	暖场	协作	决策	Con solidate	分享	结论
调研中发现的任务	设定目标	邀请参与人	呈现话题	组织练习	内容整理	合并结论	呈现输出	评估成功是否
	确定时间	分配前期工作	介绍参与者	活动主持	为想法排优先级	分配任务	发送跟进邮件	综合内容
	选择受邀人	方法汇总	团队暖场		讨论新发现	创建摘要		
		物料检查						

核心任务：工作坊的引导

图 3.7
对研究过程中发现的微观工作进行聚类分析，以此来确定主要的工作阶段。

现机会。他们如此描述：

> 从此，开始以系统方式发现创造价值的机会。一种绝佳的方式是考虑目前解决方案在地图的各个步骤中缺失了什么。特别是一些缺点（如任务执行速度、变化性、输出质量等）。为了提高这种方法的有效性，可以邀请市场、设计、研发团队的专家及代表性客户参与讨论。

创新机会可以出现在任务地图中的任何阶段，试想下面这几个例子。

- 慧俪轻体（Weight Watchers）[8]提高了**定义**阶段的效率，系统不需要计算卡路里。
- 需要搬家时，针对**定位**阶段的物品收集环节，U-Haul 租车公司[9]为客户提供了包含不同类型的纸箱。
- 为了在**监测**阶段帮助慢跑者分析任务完成情况，耐克在运动鞋中内置了一个传感器，每次跑完步给予用户反馈，连接 iPod 即可

---

[8] 译注：这家体重管理公司又名"慧优体"，股东中有知名主持人奥普拉。成立于 1963 年，由吉恩·奈德奇创立，倡导不吃药，不打针，不借助外力。2023 年，该公司收购了远程医疗公司 Sequence，后者主要提供肥胖药物处方。

[9] 译注：成立于 1945 年，北美最大的搬运和仓储租赁公司，提供不同体量的货车以及搬家用的工具，总部位于美国亚利桑那州凤凰城。

显示时间、距离、步频、燃烧的卡路里等信息。
- 基于浏览器的 SaaS 软件实现自动更新，避免了用户操作更新的需要，从而为用户减少了**调整**阶段的复杂度。

任务地图可以系统方式帮助企业找到机会以及创造新的价值。地图完成后，从考虑下列问题开始：

- 任务的执行是否有更高效的阶段排序？
- 人们完成任务时感觉最难受的点在哪里？
- 是什么导致任务偏离了正轨？
- 是否可能去掉某些阶段？
- 在现在的趋势下，未来执行这项任务是否有其他的方式？
- 如何帮助客户完成更多任务？
- 有哪些关联性任务可以通过产品一并解决？

延伸阅读

为核心任务绘制地图

Lance Bettencourt and Anthony W. Ulwick, "The Customer-Centered Innovation Map," *Harvard Business Reiew* (May 2008).

文中详细讨论了任务地图的建立过程，对阶段的定义提供了详细的指导。两位作者描述了任务地图背后的原则以及如何从中挖掘机会。

Jim Kalbach, "Experience Maps," Chap. 11 in *Mapping Experiences* (Sebastopol, CA: O'Reilly, 2016).

在这本书的第 11 章中，吉姆·卡尔巴赫在体验地图的语境下简要探讨了任务地图。书中也涵盖了类似图表方法的一些重点内容。

发现价值　63

结合使用 JTBD 切换访谈法与概念测试

作者：斯蒂芬·特洛斯，用户体验策略师/研究员

信任问题

我在 Clearleft 担任研究主管时，曾经接受大伦敦市政府数字化团队的委托，设计并开展一个研究项目。我们的目标是确保 London.gov.uk 能够持续满足伦敦市民的需求，其中一个更急于进行用户研究的项目是 Talk London，一个让伦敦市民可以参与城市决策的线上社区平台。

这个数字化团队已经着手实施一项计划，将一些小型网站整合到伦敦市政府的大平台上。然而，在那之前，Talk London 一直是一个供公民参与政策的安全且独立的空间。重点是判断这个网站与 London.gov.uk 主网站整合后，是否会影响用户对网站目的与价值的理解。因为这个主网站与市长有着紧密的联系。我们希望确保用户的信任不减，使其有足够的信心为政府的咨询、调研和讨论做出贡献。

方法论

我们在论坛上招募了 5 名活跃的用户与 5 名从未听过 Talk London 但在其他方面表现出对伦敦市政问题有参与意向的人。我们对他们分别进行了长达一小时的访谈。

我认为这是一个应用 JTBD 切换访谈的机会，因为以往的经验告诉我，切换访谈尤其适用于探索情感与社交任务。我们准备了解用户期望通过 Talk London 完成的任务，以更好地判断我们是否应该进行整合。

鉴于平台的整合也意味着信息架构和导航的改变，所以我们必须确保新的设计容易理解和使用。在原版网站中，无法清晰呈现哪些调研或论坛主题是活跃的。与团队一起，我们决定也可以趁此机会探

索一下如何更好地让用户参与 Talk London，为此我们设计了两套不同的网站原型。

我个人采用了切换访谈，因为研究的重点是对概念进行评估，而非直接针对目标受众的任务。但在通过开放式访谈挖掘情感与社交任务的过程中，我希望能够得到用户对设计提案的更真实的评价。

JTBD 切换访谈

通常，启用切换访谈是从*初始想法*开始，或者从承诺或购买的节点开始。至于 Talk London 的用户，我们从他们注册的承诺点开始，然后向前倒推，深入了解他们如何使用论坛及其参与模式。我们希望了解他们的核心任务以及围绕这些需求的细微差异。对于非 London Talk 用户，我们首先尽可能贴近他们的*初始想法*，关注他们目前是如何参与特定问题的、他们的核心任务是否与 London Talk 现有的用户相似。我们对此特别感兴趣的是哪些因素可能阻碍他们参与其中。然后，我们向他们展示当前的网站以及新的设计概念。

有趣的是，我们发现每个人最看重的事情（也可以说是任务）是他们通过贡献而产生了某种影响的那种感觉。尽管不确定自己的行动是否能产生实质的影响，但他们仍然愿意花时间做出贡献，以期自己能产生影响，如图 3.8 所示。参与者很精明，他们知道政府政策问题很复杂，可能需要花费很长的时间。他们相信 London Talk 可以产生实质的影响或者只是意味着自己的声音能被听见。这给我们提供了强有力的指导性意见，在社区管理中，政府与民众对话的及时性、频率和质量很重要。

明确进程系统

结合使用 JTBD 切换访谈法与更传统的用户体验研究方法之后，我们能够获取用户对新的设计更清晰、更详细的反馈，包括对具体交互与功能的反馈。更重要的是，我们从用户核心任务*产生影响*出

发现价值　65

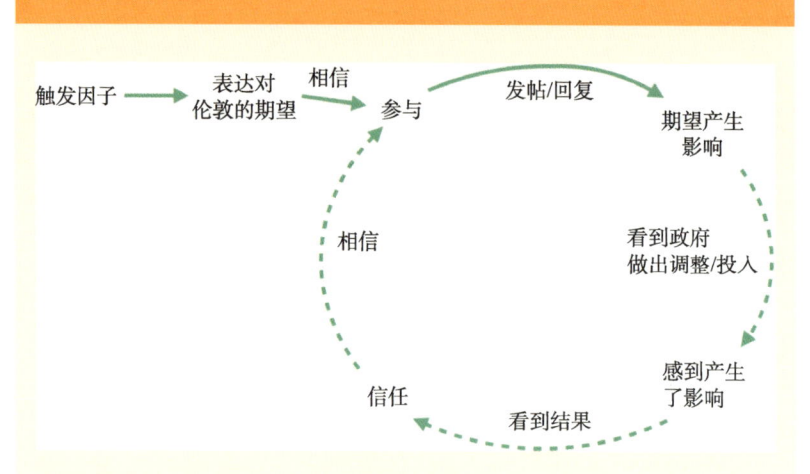

图 3.8
这个信任链呈现了任务完成并产生影响的步骤

发,明确了什么可以构建信任以及什么在侵蚀信任。这为我们的设计提供了明确的方向,帮助我们认识到如何才能将*期望产生影响*转化为切实的影响,从而为用户建立进一步的信任和持续参与的动力。

斯蒂芬·特洛斯,独立用户体验策略师与研究员,从2013年开始用JTBD。此前,她在MailChimp负责欧洲的客户研究,在Telegraph主导设计研究,在英国布莱顿的数字化机构Clearleft担任研究主管。目前,她就职于谷歌英国,担任高级用户体验研究员。

任务地图有助于确定业务范围。将您的解决方案与其比对，从中发现缺失与机会。与其他可替代产品以及对应的完成任务的方式做比较，以此获取产品竞争力的洞察。重点关注在任务流程上，以此驱动产品路标。找到机会点，将其应用在营销活动与销售宣传中。

3.7 要点回顾

用户任务不是凭空构想出来的，而是通过研究发现的。访谈是JTBD的基石。传统的研究方法，如问卷调查、焦点小组和市场研究，往往很难揭示用户的深层次目标与需求。取而代之的是，应该通过直接触达用户的定性访谈，提出问题，让用户说出自己的目标与任务过程。

挖掘任务的另一个技巧是切换访谈。这项技巧由鲍勃·莫斯塔和克里斯·斯皮克提出，专注于重构用户最近一次购买体验的时间轴。切换访谈并不关注用户的产品偏好或满意度，而是聚焦于购买决策，以及用户通过完成任务来寻求进展的潜在动机。

在完成时间轴后，通过以下四力分析法来了解切换工作方式的原因：

- 问题，推动人们摒弃原有方案；
- 吸引力，新的方案吸引他们转向另一种工作方式；
- 焦虑，让人们对新方案思索再三；
- 习惯，让人们固守在原有的工作方式上。

绘制地图有助于洞察任务的开展过程和梳理研究结果。任务地图按时间顺序绘制出任务的主要阶段与细分目标。通过它可以发现机会点、对比竞品方案并据此规划长期性的路标。

第 4 章

定义价值

- 如何找到未被满足的需求
- 如何创建基于用户目标的人物画像
- 与竞品方案做比较的全新方式
- 如何定义价值主张

我之前在一家公司工作时，有位产品营销经理在会议上介绍战略，强调我们的解决方案应满足客户的关键需求。看到他在践行**以客户为中心**的模式，我感到很兴奋。

但问题在于，用户其实并不关心他说的那些**记录系统**。我也认为他那个模型中的分类看起来比较奇怪。我们的客户并不需要像他设想的那样做出区分，或者我是这么认为的。所以我问："**这个模型是怎么来的？**"这位产品营销经理的回答是："**我们昨天通过头脑风暴想出来的。**"

瞧，客户需求理论是他和团队凭空想出来的。当然，他们过去与客户接触过，大致是了解现实情况的。但他们设计了一种拼凑式的行为模型，并在此基础上制定了策略。

要避免这种在战略上的即兴发挥，应该努力以系统化的模式将外部世界与内部决策连接起来。完成初步研究后，接着需要思考如何通过已被证实可行的方法来定义与创造价值。最终定义出来的模型不仅是一种战略方针，还能形成一种共同的视角与起点，影响下游价值创造周期中的各种活动。

4.1 战术 5 ➤ 找到未被有效满足的需求

那些针对未满足需求的解决方案，更有机会被市场认可并取得成功。但是，每个核心任务都可能蕴藏着几十上百个需求，确定优先级是关键。原则上很简单：寻找那些很重要但目前尚未得到有效满足的需求。

图 4.1 是一个简单的模型，展示了未被满足的需求之基本概念。横轴呈现任务执行者对每项需求的满意度；纵轴呈现需求的重要程度。

4.1.1 以结果为导向的创新

托尼·乌尔维克花费大量精力开发了一种方法来量化与定位未被满足的需求。他的公司 Strategyn 开创了一种方法：以结果为导向的创新

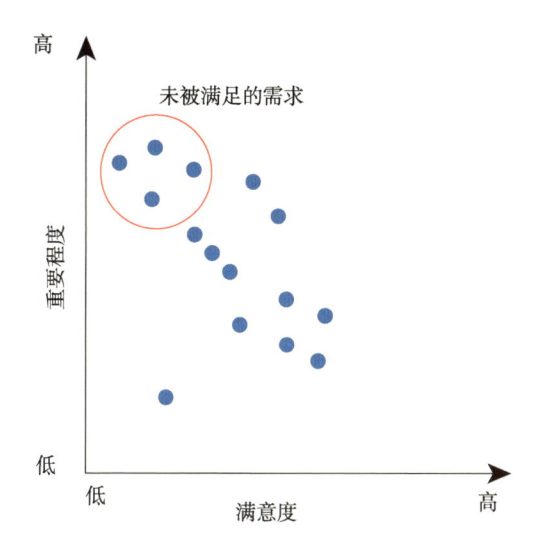

图 4.1
那些重要且未被满足的客户需求蕴藏着巨大的机会

（ODI），这是一个寻找战略机会的完整流程。他们相信，如果了解客户是如何衡量价值的，就能够更好地度量并了解产品是否符合客户的期望，从而判断产品的成功与否。

在ODI方法中，**需求**等同于**期望结果**，其表述是具体且准确的。[1]每句表述包含4个元素。

- **改变的方向**：任务执行者期望如何改善现状？对每个期望结果的描述都从动词开始，展现对改变与进步的期望。动词如**最小化**、**减少**或**降低**，表示度量上的减少；而**最大化**、**增加**或**提升**则表示向上的变化。（注意：最小化这个词更为精准，因为人们可以想象什么是归零。然而，最大化这个词就比较模糊，没有边界。）

- **度量单位**：成功的度量标准是什么？期望结果中的第二个元素展现了人们想要增加或减少的度量单位。时间、精力、技能、可能性，这些都是典型的例子。请注意，度量可能是主观的、相对

---

[1] 更多详细内容，请参阅托尼·乌尔维克和兰斯·贝当古的文章"Giving Customers a Fair Hearing"，发表于麻省理工学院《斯隆管理学院评论》，2008年4月。请注意，乌尔维克在发表这篇文章后，对自己的方法进行了改进。例如，在ODI方法中，期望结果的描述现在主要关注消极方向，以提供更准确的客户反馈。

定义价值

的，但应尽可能确保具体。
- 需求的对象：需求与什么相关？指出任务中会受到影响的对象。
- 澄清：还有哪些信息是理解需求必不可少的呢？要包含背景线索，以明确并提供任务的情境描述。

以下是一些示例。
- 最小化总结会议纪要花费的时间。其他还有笔记、演讲、报告等。
- 减少准备一餐饭所需食材的时间。
- 最小化报税时整理文档所花费的时间，其他还有工资单、开销、收据等。

将预期结果进行标准化有助于量化它们的优先级。进行宽泛的定性研究并确定预期结果后，可以发布一个调查问卷，从任务执行者的视角定位机会点。请注意，通过ODI方法来寻找未被满足的需求，是一个严谨的流程，需要细致调查。我建议通过本书后续引用的资料来进一步了解Strategyn公司的实践。接下来，要对这个基本方法进行概述。

步骤1 ▶ 收集所有的期望结果

从自己对任务执行者的定性研究中明确提出一套完整的需求。一旦开始听到相同的需求重复出现，就说明差不多挖掘到所有的需求了。这可能需要十几或者二十场访谈，在某些复杂情况下甚至更多。为了让这个过程有效进行，需要尽可能地全面和细化。

步骤2 ▶ 对期望结果进行描述

检查每段描述的格式以确保一致性。让团队中的其他成员共同评审和完善描述语句，以准确地反映任务执行者在访谈中想表达的意思。删繁就简，查漏补缺。

步骤3 ▶ 面向任务执行者进行问卷调研

创建一份问卷，主要列出对以期望结果的描述。每一项对应两种衡量方式：重要程度与满意度。图 4.2 呈现了基于报税这个任务列举的基本事项。

```
1. 最小化整理文档所花的时间

                                非常低              非常高
                                1 2 3 4 5 6 7 8 9 10
 A.这对您来说有多重要？          ○ ○ ○ ○ ○ ○ ○ ○ ○ ○
 B.对于您完成的这件事，目前的满意度如何？ ○ ○ ○ ○ ○ ○ ○ ○ ○ ○


2. 最大化退税的可能性

                                非常低              非常高
                                1 2 3 4 5 6 7 8 9 10
 A.这对您来说多重要？            ○ ○ ○ ○ ○ ○ ○ ○ ○ ○
 B.对于您完成的这件事，目前的满意度如何？ ○ ○ ○ ○ ○ ○ ○ ○ ○ ○
```

图 4.2
用户通过问卷为期望结果描述的重要性与满意度打分，量化未被满足的需求

接着，面向任务执行者进行问卷调查，核心任务所处的领域越宽泛，需要的参与者越多。样本数不得少于150，可以扩展到上千份。一个有效的经验法则是，有效答卷数至少需要是预期结果数的两倍。

步骤 4 ▶ 寻找机会

基于ODI方法计算机会。首先，找出满意度缺口，或者说用重要程度减去满意度。然后将满意度与重要程度的差值再加上重要程度分值得到机会值，如图4.3所示。获得的计算结果落在0到20的区间内。数字越高，机会越大。

您可能发现，通过将需求描述的分数绘制在图4.3所示的图中，可以直观地显示排名分布情况。

大体上看，通过ODI方法来寻找未被满足的需求看似简单，但实际执行起来却困难重重。首先，ODI要求必须收集完任务的所有期望结果。其次，问卷调查需要大量样本才能获得有效的结果。最后，让受访者专注于回答所有问题是一项挑战，而且必须想方设法地激励他们，这就导致了整个过程的成本较高。

重要程度　　　　满意度

9

满意度缺口
6

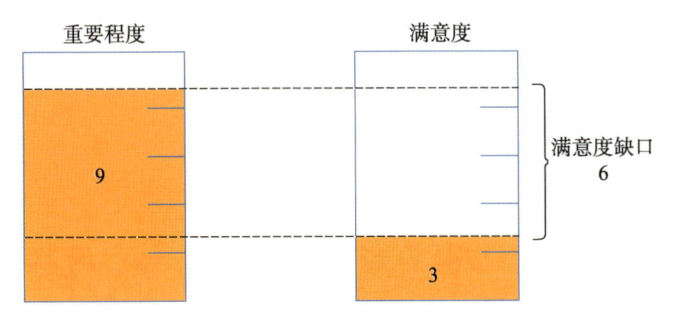

3

重要程度 + 满意度缺口 = 机会值
9 + 6 = 15

图4.3
ODI 方法通过计算机会分值来定位未被满足的需求

如果不持续有效地定义一套完整的需求，或没有面向有效的样本人群进行调研，结果就不可靠，甚至可能具有误导性。

另一种为需求定义优先级的方式是，对任务流程中的步骤进行优先级排序。从任务地图中抓取这些步骤并有针对性地进行调研，让用户为每个步骤的重要程度与满意度进行评分。然后，根据每个人的评分结果将各个步骤划分到一个 2×2 的矩阵里。这样一来，就可以看到未被有效满足的任务步骤，而不是未被有效满足的需求。这个矩阵图有助于洞察任务流程中最具有战略机会的部分。

4.1.2 相关方法

丹·奥尔森是一名咨询师，也是《精益产品开发实战手册》的作者，他独自开发了一种十分相似的方法，也运用了重要程度与满意度矩阵。举个例子，假如您试图为打车服务优步（Uber）寻找机会。奥尔森建议首先需要找到人们可能需要的所有服务类型，例如洗车、及时提货等。

与ODI方法类似，下一步将基于重要程度与满意度对用过优步的人进行问卷调查。不过，奥尔森建议使用不同的评分体系，不再是10分，而是重要程度1~5的分值范围，满意度1~7的分值范围。重要程度最好能两极分化，1~5分代表由低到高，偏向消极的概念并无实际的意义。满意度则不同，消极的一面是有意义的。所以，奥尔森采用了李克特量表，中间的分值指代中立状态。

奥尔森以矩阵形式来代表评分体系，如图4.4所示。

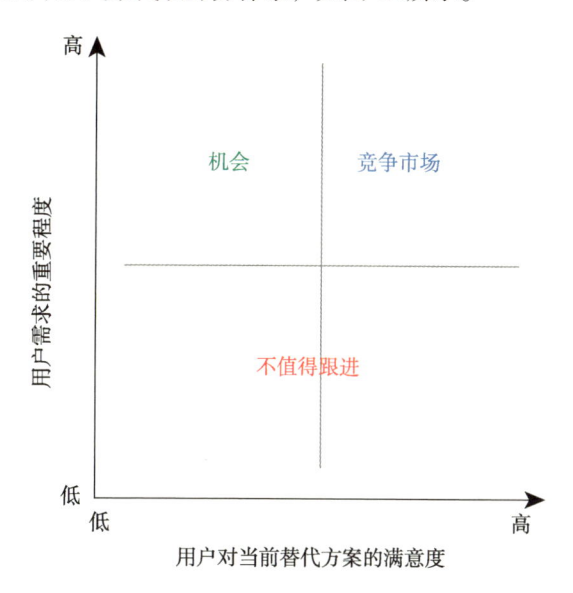

图4.4
丹·奥尔森通过重要程度与满意度为产品需求定义优先级

从现有的解决方案出发，奥尔森的方法属于JTBD（基于任务的创新）的范畴。其重要程度与满意度基于产品功能或服务来衡量。从这个角度看，这种方法更接近客户反馈调研，而不是典型的JTBD方法。它主要考虑客户对某一产品或服务的意见。不过，它们还是有一个共同点：试图对产品需求的重要程度与满意度进行排序，以此来寻找机会。

有趣的是，奥尔森认为重要程度与满意度的关系矩阵可以不需要任何样本。换句话说，在面向任务执行者进行调研以及收集需求后，团队很容易为每个需求假定一个相对位置。经过分析，可以构想出可行的解决方案，然后实验测试。JTBD可以与精益方法结合使用。总的来说，市场反馈来源于客户对原型的实际反应，而不只是理论上基于对预期结果描述的反应。

定义价值　75

举个例子，试想您在一家初创公司，尝试帮助人们在一天中的特定时间服药。在通过定性研究挖掘需求后，可以将需求按照优先级放在重要程度与满意度的矩阵内，并基于此做出假设。接着，提出一个最有机会的设想，通过实验来验证设想及其对应的方案。例如，您也许想验证移动设备上的电子提醒应用是否能够解决这个需求。

在《创新者增长指南》一书中，斯科特·安东尼（Scott Anthony）与其合著者指出，市场机会源自于对客户任务的理解：**想发现创造新增长的机会，首先关注那些未被妥善完成的任务。**

JTBD不仅适用于创造新的产品，也可以用于重振现有的业务。作者在书中如此描述：**以任务为本的思维方式可以帮助企业重启增长，通过帮助企业撼动商品化市场以及探明市场机会，哪怕是濒死的产品也有重振的机会。**

任务评分表是以任务为基础、从市场角度来评估机会的一种特定方法。安东尼与其同事建议，完成初期的调研挖掘任务后（包括访谈与观察等），按照不同维度对任务进行优先级排序。针对每个任务，提出下面三个问题并按 1~5 打分。

- 这个任务对客户而言是否重要？（1=不重要，5=非常重要）
- 这个任务是否相对高频？（1=低频，5=高频）
- 对于现有方案，客户是否因为无法完成任务而感到困扰？（1= 困扰，5=不会困扰）

然后用这个等式为每个任务描述生成一个分数：（重要程度）+（频次）×（困扰程度）。最后，通过这个得分对任务描述进行排序，分数越高，意味着机会越大。

表4.1呈现了一个基于该方法的简单表格。最好填入任务执行者的真实调研数据，但也可以直接让团队根据他们现有的认知和对客户任务的理解填入机会并进行深入思考。

表 4.1
任务评分表

待办任务 (结果或步骤)	重要程度	频次	困扰程度	分数	排名
1.					
2.					
3.					
4.					
5.					
6.					
7.					

最后我想说，对于本章所描述的思想，还有更多非正式的用法。例如，我使用过重要程度与满意度处理未被满足的需求。在我组织的一个工作坊上，首先要求小组基于之前的调研生成需求描述。然后，我们只基于需求的重要程度来排列它们的优先级。在那些被认为比较重要的需求中，我让每个小组决定哪个需求让人最不满意。然后，各小组选择一个需求并围绕它来构想解决方案。

延伸阅读
寻找未被有效解决的需求

Anthony Ulwick, "Turn Customer Input into Innovation," *Harvard Business Review* (January 2002).

这篇具有里程碑意义的文章中，作者概述了寻找未被满足的需求之整个流程。他提供了方法背后的原理和详细的步骤。他的方法虽然很难复制，但代表了对问题领域需求的准确理解。*

Dan Olsen, *The Lean Product Playbook* (Hoboken: Wiley, 2015).

这本书的第4章专门介绍了未被满足的需求之定位技巧。作者详细描述了重要程度与满意度框架并提供了许多示例。他虽然没有特别提及 JTBD 方法或技巧，但其思路与方法是相似的。

Scott Anthony et al., *The Innovator's Guide to Growth* (Boston: Harvard Business Review Press, 2008).

这本书包含大量关于创立成功创新项目的战略与实用信息，汇聚了作者几十年的经验。JTBD方法在其中扮演了极为重要的角色，特别是在前期的问题定义以及确定战略目标的阶段。

*译注：问题领域指的是问题定义了市场，应该从问题中确定需求。与之相对的是解决方案领域，即解决方案定义了市场。

先有需求，还是先有科技？

在唐·诺曼 2009 年发布了一篇文章"科技先行，需求在后"*，他的论断引发了设计行业的激烈争论。

我得出了一个令人不安的结论：设计研究只适用于改进现有产品，并不适用于新的、创新性的突破。新的概念性突破总是由科技发展所驱动的。

作为以用户为中心的设计开创者，诺曼的这个观点似乎与自己的学派背道而驰。但他说的也有道理：历史表明，一旦涉及革命性的创新，科技往往是首要因素。

同年，爱迪生的孙女萨拉·米勒·考迪科特撰文讲述了自己的工作。通过研究爱迪生多年的创新方法并仔细阅读他的笔记和文件后，她如此总结道：+

> 爱迪生意识到，通过事先了解客户需求，可以更有效地发明满足其需要的产品。爱迪生的团队训练有素，他们走入家庭，观察人们当时是如何使用照明产品的。

这就引出了一个问题：技巧与需求，究竟谁为先？

---

* Don Norman, "Technology First, Needs Last," jnd.org December 5, 2009.
+ Sarah Miller Caldicott, "Ideas- First or Needs- First: What Would Edison Say?" (white paper, Strategyn, 2009).

创新采用理论的开创者埃弗雷特·罗杰斯在这个问题上提出过一些见解。在他开创性的著作《创新的扩散》中，罗杰斯指出："当一个人了解到某种创新存在时，可能就会产生相应的需求。因此，创新可以引导需求，反之亦然。"*

和罗杰斯一样，我相信这个问题的答案是"两者皆有之"。换句话说，创新的驱动力源自技术和需求之间的持续迭代。如果灵感来自新的发现或发明，它就可以引领创新。另一方面，人们的需求也可能指向新的机会。

不过，牢记一点：创新的终点永远是采用了创新的人。是否接受创新，由他们说了算。

归根结底，问题不是创新的灵感源自哪里，而是创新的终点：人们的欲望和需要。JTBD 基于任务来创新，试图帮助我们关注能真正满足人们需要的解决方案，从而减少创新不被采用的可能。任务思维旨在明确什么样的结果才是人们所期望的，进而将它们与发明创造联系起来。更重要的是，JTBD 为我们提供了一种一致的语言和方法，让团队可以围绕客户需求进行调整，进而提高解决方案被采用的机会。

* Everett Rogers, *Diffusion of Innovations*, 5th ed. (New York: Simon & Schuster, 2003). 中译本《创新的扩散》

4.2 战术 6 ➤ 创建基于目标的用户画像

用户画像针对的是典型的用户代表，被应用于商业的不同领域（市场、销售、产品设计），以支持以客户为中心的决策。用户画像本质上是一种沟通工具，以团队所有成员都能理解的方式总结客户的相关信息。

JTBD 社区中，一些相关从业者呼吁放弃用户画像。他们指出，基于人口统计学、心理学、行为学和态度的用户画像是存在缺陷的。这些因素虽然是传统营销方法的核心，但可能无法为创新与设计提供有效的指引。

然而，认为 JTBD 方法可以完全取代用户画像，这是一种误解。事实上，任何一个 JTBD 生态系统都存在多个角色，用户画像可以代表这些不同的角色。而且，因为并非所有的任务执行者都一样，所以可以用画像来说明不同类型的执行者。

为了更好地理解如何基于人们的目标创建用户画像，可以从艾伦·库珀的方法入手。在《软件创新之路：冲破高技术营造的牢笼》一书中，他介绍了这种方法。画像不是基于人口统计学数据，而是基于用户的预期结果。"*画像是由人们的目标定义出来的*。"他如此定义。

在他后续的著作 About Face 2.0 中，库珀介绍了创建用户画像的完整指导，这是他*以目标为导向的设计*（GDD）方法的一部分。虽然 GDD 与 JTBD 是各自独立发展的，但也有部分重叠。不过，GDD 是一种专为软件界面设计而创造的方法，因此更适用于某个既定系统的用户，应用于解决方案领域。

尽管如此，库珀的方法可以作为基础，用于创建基于目标的用户画像。总结步骤如下。

步骤 1 ➤ 用户访谈

用户画像是基于定性访谈创建的，其形式类似于第 3 章提到的访谈技巧。事实上，我们可以在一场访谈中同时实现任务与画像这两个目标。与其询问用户的偏好或期望，不如关注他们的意图以及使其感到困扰的是什么，他们对任务成功的定义是什么。

通常，十几小时的访谈总时长就足够了。但在更复杂的情况下，可能需要两倍或更长时间。目的是从足够多的人那里获取足够多的反馈，从中找到规律。一旦可以开始预测人们会做出怎样的回应，我们就知道差不多完成足够多的访谈了。

步骤2 ➤ 将访谈结果转化为变量并绘制出来

按照库珀的方法，下一步是将访谈结果转化为行为变量。可以将这个变量想象为一个需求，它有两个端点，两点之间形成一个范围。变量大致对应于JTBD中的场景，但也可能包含其他因素。例如，变量可能是网购的频率、过程的享受程度、价格取向与服务。

将每次访谈放到网购行为的变量图上，使其相互关联。图4.5展示了如何将5次访谈映射到研究过程中发现的两个变量上。

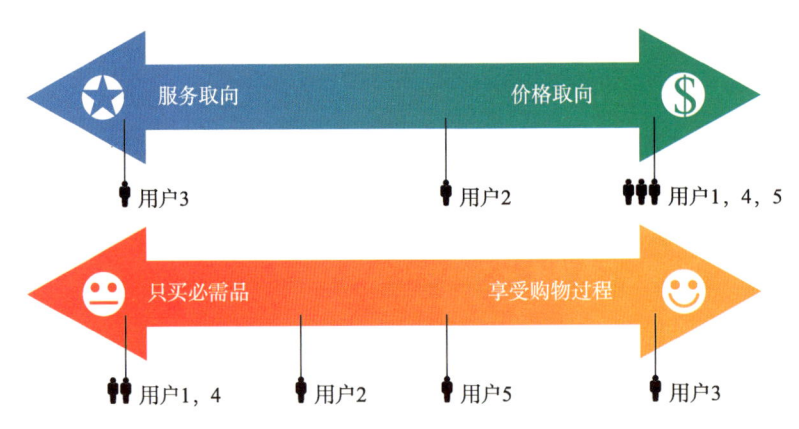

服务取向 ←——————————————→ 价格取向
　　用户3　　　　　　　用户2　　　　　用户1，4，5

只买必需品 ←——————————————→ 享受购物过程
　用户1，4　　　用户2　　用户5　　　　　用户3

图 4.5
调研结束后，在图中定位所有参与者的行为变量

步骤3 ➤ 在目标中发现规律

将访谈参与者映射到变量图后，即可开始寻找存在类似行为的群体。一群参与者聚在6到8种变量上就代表一种重要的行为模式。

这不是统计练习，而是寻找变量之间因果关系的过程。在图4.5所示的例子中，参与者1和4的目的是购买生活必需品，并且都具有价格意识。这表明这些目标是相互影响的。

步骤4 ➤ 创建最终的画像

针对每个群组单独创建一个类似图4.6的画像。基本描述中应该包含他们最重要的目标及其相关的场景，反映他们典型的工作日或达成目标的情境，以及他们在任务中的变通方式和困扰。一两个方面的个人信息就足以让画像显得真实，避免添加不相关的细节。主要关注行为模式。最终，画像可以用于明确优先级，并帮助我们集中精力创造合理的解决方案。

托马斯·布劳尔

建筑师，合伙人

「我力图通过专业的建筑学知识带领客户项目走向成功。」

痛点
- 维护一个大型的专家社群
- 差旅繁多
- 同时管理多个项目
- 面临新业务
- 需遵守各类规章

背景与技能
- 42岁，已婚，有两个孩子
- 15年专业经验
- 认证的建筑监理

动机
- 建立成功的事业
- 在客户面前形象佳
- 在行业内被认可为专家
- 为员工创造有吸引力的办公场所
- 从公司内部培养人才

公司与角色
- 中型规模企业：16位建筑师，6位支持人员
- 位于纽约和明尼阿波利斯
- 专长于商业地产
- 同时管理3~5个项目
- 为公司协调宣传活动

工作事项
- 管理项目与团队 (40%)
- 为客户提供咨询服务，交流与演讲 (35%)
- 新业务开发 (15%)
- 管理公司的营销活动 (5%)
- 调研与关注行业 (5%)

工具与用途
- 专业的制图与建筑设计软件
- 日常会在路途中用手机工作
- 常用绘图机和打印机
- 维护电子设备、纸质文件、日程
- 发现学习新软件和工具很麻烦

图4.6
基于目标的用户画像包含极少的人口统计学信息，主要关注在人群的目标与困扰上

总的来说，库珀的方法提供了一个标准，用于创建基于目标的用户画像。不过，由于该方法主要关注既定系统的用户群体，因此它更多应用于解决方案领域。更重要的是，作为一种特定领域的软件界面设计方法，GDD在设计界以外鲜为人知。

不是基于行为变量进行区分，而是利用调研中挖掘到的场景。将每种场景设定为一个范围区间，然后将访谈结果映射到这个区间。接着找出不同的任务执行者群组。这个过程与前面介绍的流程类似。

定义价值

- 访谈任务执行者。访谈的不是所有用户，而是任务执行者。一旦挖掘出他们的任务与需求，就可以判断哪种场景是最重要的。
- 将访谈结果转化为场景。无须像 GDD 那样设定一个范围区间，将每个访谈对应到某个场景即可。
- 找到规律。寻找有逻辑性且能呈现因果关系的场景类别。
- 描绘用户画像。使用前面那样的用户画像格式。

对于场景，再补充一点。斯蒂芬·旺克、杰西卡·沃特曼和大卫·法伯在其著作 *Jobs to Be Done* 中建议额外增加两种被称为驱动因素的变量。这些变量包括态度、与完成任务相关联的人格特质、人物的背景以及影响决策的长期背景。所有这些驱动因素（场景、态度、背景）使得不同个体可以根据目标进行分类。

为任务执行者以外的其他角色创建画像也是可行的，其中最重要的是购买者。可能还需要为审批人、技术人员或其他任务结果的受益者创建画像。

为了加快这一过程，可以在小组练习中尝试创建原型人物画像，这是一种简单的画像形式，也被称为设想性用户画像，基于目前对任务执行者的了解来描绘。

如图 4.7 所示，可以在一个包含 4 个矩形的简易网格上创建原型画像。原型画像包含 4 个主要元素：

- 名字与手绘形象，选一个好记的名字并配上手绘形象；
- 人口统计学详情，包含与核心任务相关的因素；
- 行为，表明该对象在任务执行过程中的关键行动；
- 需求，表明该对象的需要及其面临的困难。

总的来说，用户画像的成功定义各不相同。关键是以目标为基础，并使其具备可见性与互动性。让团队参与画像创建过程中，以获得认可。否则，画像可能会被搁置一旁，长时间无人问津。千万不要落入这个陷阱，要努力让用户画像关联性强且具备实操性。

姓名与手绘形象	行为与动作
玛丽	每天看报纸 订阅每周新闻杂志 每周在电视上看1到2次的新闻 邮件接收新闻摘要 (例如Daily Beast)
人口统计学与心理因素细节	需求与痛点
大学学历 32岁，单身 全职市场经理	需要简短易读的新闻故事 在移动设备上不方便阅读新闻 新闻源过载 需要一个可信赖的新闻来源

JOBS TO BE DONE

图 4.7
在小组协作环节使用简易的原型画像

> **延伸阅读**
>
> 创建基于目标的用户画像
>
> Alan Cooper and Robert Reimann, *About Face 2.0: The Essentials of Interaction Design* (Indianapolis: Wiley, 2003).
>
> 这本厚实的书是专门针对UI设计师的,包含大量交互设计的内容。第1章详细叙述了作者的方法,用于创建基于目标的用户画像。基于软件产品展开描述因而限制了它与其他学科以及其他类型产品或服务的联系。
>
> Kim Goodwin, *Designing for the Digital Age: How to Create Human-Centered Products and Services* (Indianapolis: Wiley, 2009).
>
> 作者无疑是用户体验设计中的思想领袖,她在画像方法上取得的成就也深化了以目标为导向的设计,使其成为一种标准。这本巨著详细介绍了数字产品从头到尾的设计方法,其中有大量内容涉及用户研究、模型设计和用户画像。作者在网上也有大量介绍用户画像的资料,最多的是文章与博客。
>
> John Pruitt and Tamara Adlin, *The Persona Lifecycle: Keeping People in Mind Throughout Product Design* (San Francisco: Morgan Kaufmann, 2006).
>
> 如何创建用户画像的范本。作者虽然没有遵照JTBD方法来创建画像,但也讨论了需求与目标应该作为创建画像的基础。

4.3 战术7 ➤ 对比竞争方案

传统的竞争分析不外乎对产品的规格和功能特性进行技术性比较,在分析时却忽略了两个问题:客户如何衡量价值?竞品功能给客户带来了多少价值?这就是误入歧途的症结所在与迷思:一家公司不是在与其他公司的产品做竞争,而是竞争客户,他们唯一的目标是为客户创造价值。然而,方法只有一个:提供产品或服务来帮助人们更好地完成任务。

还有一部分问题是对竞争的短视。考虑一下财捷创始人斯科特·库克说的这段话：

> 对于税务软件，我们看到的最大的竞争对手不是同行。而是铅笔，它是靠谱且灵活的替代品。整个行业都忽视了这一点。

试想一下：税务软件不只是与其他税务软件解决方案存在竞争，客户用于完成任务的任何方式都是竞争者。在准备税务时，需要数不清的计算和汇总，然而，拿起铅笔往往却是最简单的解决方案，所以从JTBD的角度来看，税务软件与铅笔是竞争关系。

由于JTBD并没有一种既定的解决方案，因此我们可以通过它以一种全新的方式看待竞争。不只是考虑特定行业内的方案提供商，还可以跨品类与其他产品进行比较。

通常，企业进行竞争分析是为了确保自己的产品和服务比其他竞品更好。然而，仅仅对比功能并不能保证成功。从JTBD的角度看，竞争分析不只是简单的一对一较量，而是评估产品在帮助客户完成任务上是好是坏。

例如，在克莱顿·克里斯坦森著名的奶昔故事中，他讨论了人们在通勤路上不同形式的早餐，说明奶昔相比其他食物（如百吉饼、香蕉和士力架）表现更佳。

通常情况下，奶昔供应商会拿自己的产品与其他供应商的进行比较。他们只看到奶昔本身，通过调整奶昔的浓稠度来做出差异化，但浓稠度并不适用于香蕉、士力架和百吉饼。

通过JTBD，可以将产品和服务与用户需求相比较，由此重新定义竞争，跳出既定产品类目的圈子。如表4.2所示，看看通勤路上获取早餐的一些需求示例，很容易看出每个产品的表现。

虽然这种方法表面上看似很简单，但实操起来却比较困难。首先，确定应该基于哪些需求来比较就很不容易。理想的情况下，可以比较所有挖掘到的需求。或者只关注那些未被有效满足的需求，精简一下列表。其次，很多情况下都会有无穷无尽的解决方案可以用于比较。需要有策略性地挑选。

定义价值

表 4.2
基于需求来对比不同的解决方案

	奶昔	香蕉	士力架	百吉饼
饱腹感最强	●	○	◐	●
提高食用的便利性	●	○	●	○
最小化路途上导致意外风险的可能性	●	◐	●	○
减少食用时被弄脏的可能性	●	◐	●	○
增加消化时长	●	○	○	◐
避免食用后产生内疚感	◐	●	○	●
(在这里补充其他需求)	⋮	⋮	⋮	⋮

从解决方案与其所在的产品类别中退一步,从市场的角度来比较竞争对手,也就是通过完成一项任务。具体步骤如下。

步骤1 ▶ 确定需要对比的替代方案

着眼于核心任务与任务地图,然后列出人们在任务流程的各个阶段应用的手段。在这个列表中,选出那些关联性最高的解决方案用于比较,将它们列在表格首行。值得注意的是,即便产品或服务尚未进入市场,也可以这样做。

步骤2 ▶ 确定需要对比的需求

使用全量的预期结果来进行竞争者分析也是可行的,但通常需要把关注点放在一个子类上,如重要且未被满足的需求。将这些需求列在表格的左侧。

步骤3 ▶ 为每个解决方案的需求满足程度打分

最理想的是可以面向任务执行者进行调研,了解选出来进行比较的这些需求。创建一份问卷,类似于前面的问卷(用于寻找未被满足的需求),为每项需求收集重要性与满意度的评分。然后为每条需求计算机会值并将其填入表格。

如果无法对任务执行者进行调研，就可以在团队练习中评估方案的需求满足程度。按低、中、高对需求进行评级与排序，然后一起商讨这些需求如何处理。请注意，由于缺乏任务执行者的反馈，所以这个排序是根据推测而来的。

步骤4 ▶ 在竞争格局中找到自己的甜区

确定哪些需求是其他人没有注意到的，哪些是自己做得更好的。目标不是找到还没有被做出来的新功能，而是找到那些未被满足的需求。在设计一新的方案或改进现有方案时，利用这个洞察来明确哪些机会点应该得到优先处理。

相对于比较需求，另一种方式是对比任务流程中的步骤。这个过程与前面概述的对比方式相同，只是以任务流程中的步骤作为比较的基本单位。

表4.3以**准备一顿饭**这个任务为例，呈现了一系列步骤的对比情况。这里比较了三种方式：自主从头准备一餐、使用预处理食材（如切碎的蔬菜）、精准配比的成套食材服务。每个步骤的相对满足程度简单地用低、中、高来表示。

从这个简单的对比可以看出，预处理食材和成套食材服务相比从头准备一顿饭，都能帮助客户在前面几个步骤中更好地完成任务。

表4.3
对比不同解决方案在各任务步骤的表现

	自主从头准备一餐饭	使用预处理食材(如切碎的蔬菜)	精准配比的成套食材服务
决定做什么菜	低	中	高
汇总食材	低	中	高
准备食材	低	高	高
做饭	中	中	高
端菜上桌	低	低	低
整理清扫	低	低	低
储存余料	低	低	低

定义价值

也可以通过图的方式进行对比，从而更清晰地呈现优势与劣势。例如，我之前为一家线上内容提供商工作，当时我们试着了解人们为什么更喜欢印刷纸本资源而不是数字资源。从对几十个人的访谈中，我们发现了一组反映差异的关键需求。如图4.8所示。

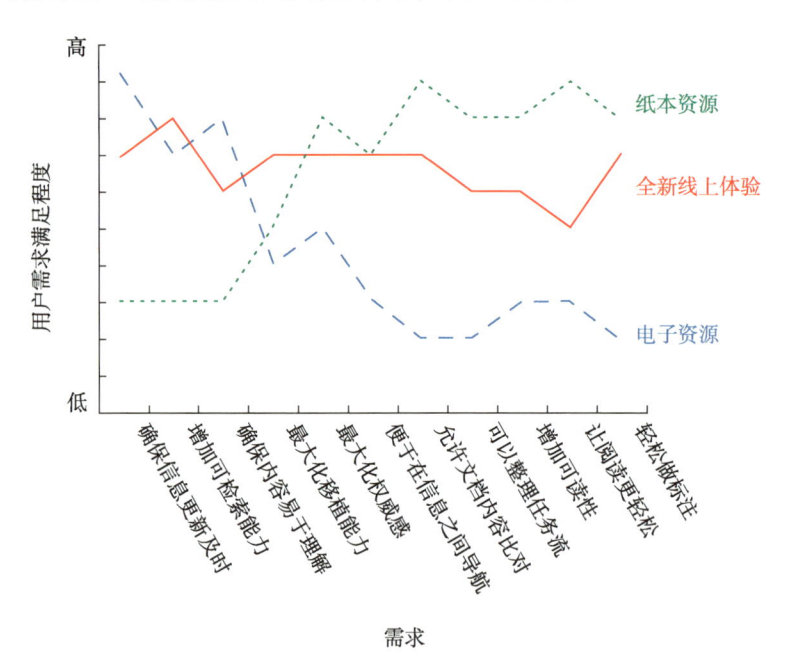

图4.8
借助于图，基于需求来对比优势

> **延伸阅读**
>
> 对比竞争方案
>
> Stephen Wunker, Jessica Wattman, and David Farber, "Competition," Chap. 7 in *Jobs to Be Done: A Roadmap for Customer-Centered Innovation* (New York: AMACON, 2016).
>
> 这本书第7章概述了从JTBD视角来看待竞争关系的优劣。作者认为,企业在挑战行业内的陋习与偏见方面往往做得不够。他们指出,在竞争评估过程中要考虑三个因素:对需要完成的任务所提供的优势、可满足不同客户需求的灵活性、竞争对手对市场认知的影响。
>
> Des Traynor, "Understanding Your Real Competitors," Chap. 2 in *Intercom on Jobs-to-Be-Done* (自出版于2016).
>
> 这本书简明扼要地阐述了如何依托于JTBD以全新的方式看待竞争对手。以传统视角看待竞争关系时,会只见树木(只关注产品的类别)。书中详细介绍了三种类型的竞争:**直接竞争、从属竞争以及间接竞争。一旦被蒙蔽双眼并认为竞争对手只存在于同一个产品类别时,纷扰与毁灭将不可避免。**

4.4 战术8 ➤ 定义一种以任务为本的价值主张

价值主张是一个组织对顾客做出的承诺。尽管它通常让人联想到一句特定的陈述,但它远远不只是一种营销手段。归根结底,它解释的是为客户提供的价值。

在这个语境下,价值是一种可被感知的属性。企业认为极有价值的东西,用户可能并不买账。JTBD能够帮助我们定位人们最看重的东西,进而迎合他们的需求。

4.5 价值主张画布

亚历山大·奥斯特瓦德与其Strategyzer团队开发了一种系统方法来实现价值主张。价值主张画布（VPC）被设计用于促进围绕价值主张的讨论以及促使团队目标与客户目标保持一致。总的来说，其目的是将您的价值创造意图与用户所看重的价值相匹配，所以价值主张画布包含两部分，如图4.9所示。

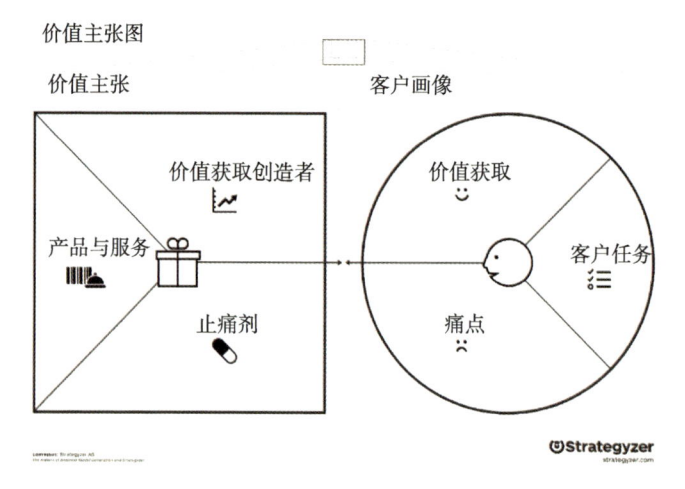

图4.9
价值主张画布，由亚历山大·奥斯特瓦德与其Strategyzer团队共同创作

图例右侧是客户档案，由三个部分组成：客户的任务、痛点、价值获取。这三个元素合并为客户画像。

价值主张画布的左半部分详细描述了价值主张具有的特性。主要有三个要素：产品与服务、止痛剂和价值获取创造者。这三个方面共同体现您对自身产品的认识。

需要注意的是，奥斯特瓦德并没有针对如何发现和定义需要完成的任务（包括如何为任务确定优先级）给出指导。他的流程更依赖直觉。不过，通过使用本书介绍的一些技巧，可以在应用价值主张画布之前先确定关键任务与需求。

通过将左侧映射到右侧（解决方案领域中的一种的认知），可以搞清楚如何为客户创造价值。一旦**止痛剂**、**价值获取创造者**与客户的痛点、价值获取有了联系，就具备了潜在的高契合度。这个过程需要团队相互协作，看起来简单明了。

步骤1 ➤ 确定客户画像

首先对客户及其需要完成的任务展开讨论。然后列出核心任务及其关键的社交和情感因素。最后形成一个数量有限（平均2到5个）的任务列表。

列出并讨论更重要的痛点，即人们在完成任务时遇到的阻力，通过调研发现这些挫折、挑战、风险和挣扎。避免谈论具体的解决方案，而是关注那些普遍存在的痛点，通常是前十几项。

价值获取不能简单理解为痛点的对立面。它们是人们希望通过完成某项任务而获取的正面价值，包括积极情绪、惊喜，甚至是野心。列举出人们在进行某项任务时最期望得到的结果，这与任何具体解决方案无关。

通常，可以根据先前的研究直接填写价值主张画布的右半部分。然而，团队可能会发现需要更多访谈，以更细致地了解价值获取与痛点。通过进一步的调查填补所有缺失的认知。

步骤2 ➤ 确定方案雏形

从已经提供或将要提供的产品和服务着手，考虑完成任务的整个过程，明确产品和服务可以如何减轻哪些痛点。下一步，考虑产品和服务如何创造客户价值，将它们列在**价值获取创造者**一栏中。

步骤3 ➤ 确保解决方案与客户需求相契合

将止痛剂与价值创造者分别映射到痛点与用户价值上以呈现在解决什么痛点和创造什么用户价值。团队在讨论每个点时，用线把它们相应地连起来。

根据奥斯特瓦德的说法，如果价值主张（图左侧）与客户画像相匹配时，就意味着能实现解决方案与问题的契合。换句话说，在价值主张画布上从左侧映射到右侧，意味着解决方案与问题是匹配的。

如果做过切换访谈，就可以通过**四力分析法**明确痛点与价值。推动用户使用新解决方案的因素可以很好地转化为用户的价值获取，而把用户拉回现有方案的因素则代表痛点。

画布的另一半用于衡量潜在的产品市场契合度。向市场验证这个匹配度。假设通常并不真实，只有真实的市场反馈可以呈现出您所提议和创造的价值还有哪些缺失。为了确保达到产品市场的契合，要通过实验来验证自己对价值的猜想。

步骤4 ➤ 形成价值主张

在验证价值与市场的契合度后，将重点提炼为一句话。常见形式如下：

- 为了（目标任务执行者）；
- 哪些人不满足于（当前的解决方案）；
- 我们的解决方案是（产品或服务）；
- 它提供了（解决关键问题的能力）；
- 有别于（其他同类产品）。

总的来说，价值主张画布明确了一个组织以JTBD为出发点所要提供的价值。归根结底，人们看重的是有效完成任务。确保一开始就与用户任务对齐，有助于确定这就是人们真正需要的价值。

延伸阅读

定义一种以任务为本的价值主张

Alexander Osterwalder et al., *Value Proposition Design* (Hoboken: Wiley, 2014). 中译本《价值主张设计》

书中详细介绍了基于价值主张画布的一种实践方法。作者深入浅出，设计了许多示例和技巧供大家参考。也可以查阅作者的另一本著作《商业模式新生代》。

依托 JTBD，让产品策略向用户需求看齐

作者：维托·洛孔特，Trulia 用户体验研究经理

Trulia*当前的使命是通过帮助您发现喜爱的住处来构建一个无边界的世界。但这不总是品牌的关注点。在 2016 年，我们试图寻找下一个重要的机会以及一种能够帮助我们与其他房地产企业区分开的办法。于是，我们采取了以用户为中心的方法来探寻这一问题，关注并了解用户他们目前喜欢 Trulia 什么，以及他们在购买房产时未被满足的需求中，哪一个排在第一。

用户喜爱我们什么

我们有一个倾听用户声音的帖子，我们在查看客户的评论时，了解到许多购房者成为 Trulia 回头客的原因是我们提供的本地信息。Trulia 已经提供了房屋之外的一些信息，例如犯罪记录统计、通勤数据、分配的学校。我们从中看到一个机会，于是计划将这种本地化信息打造成为我们的撒手锏。Trulia 的总裁和产品负责人都认可这个方向。现在，我们需要想清楚应该把精力集中在哪里。

像以前的许多项目一样，我们首先组织了一系列公司范围的头脑风暴会议，为如何收集并向购房者提供更多本地信息出谋划策。我们提出了 30 多个概念，基本上都是我们假设购房者现有的与地理位置相关的需求及其对应的解决方案。我们的下一步是将这些概念放在调查问卷中，从消费者那里获取反馈。

从概念到任务

由于过去做过类似基于调研的概念试验，所以我担心大多数概念都会获得正面的评价，以至于不会更进一步了解那些可以迅速帮助用

---

* 译注：成立于 2005 年，最初只提供美国加州的房屋信息。收入分两块：市场收入（经纪人、资产管理者、施工方和贷贷方的会员订阅费）和媒体收入（广告）。2014 年被 Zillow 以 35 亿美元收购，当年 6 月的月访问量有 3 200 万。

定义价值　　95

户解决的问题。在这个节点，我们决定后退一步，思考我们试图通过这些概念解决的需求。我们不再只是通过获取反馈来了解哪些概念是可行的，而是希望更好地了解这些概念会被用户用来解决哪些任务。

于是，我们回顾团队构想的所有概念，并针对每个概念生成了一系列的任务，这些任务是我们试图帮助购房者解决的。在此之后，我们需要了解哪些任务最重要，或者是当前工具与服务还无法有效处理的那些购房者任务。我们将那些任务描述放入问卷中，让一些购房者基于重要程度与满意度为任务排序。我们囊括了一些与地理位置相关的任务描述，例如**探索已查看社区的类似相邻社区；可以实地查看之前大致了解过的社区；可以从现在住户那里了解生活在那个社区的感觉**。

我们通过重要程度与满意度矩阵来定位未被满足的需求，如图4.10所示。

向用户看齐

根据此次调研结果，我们决定将第一个重点定为**从原住户那里了解**

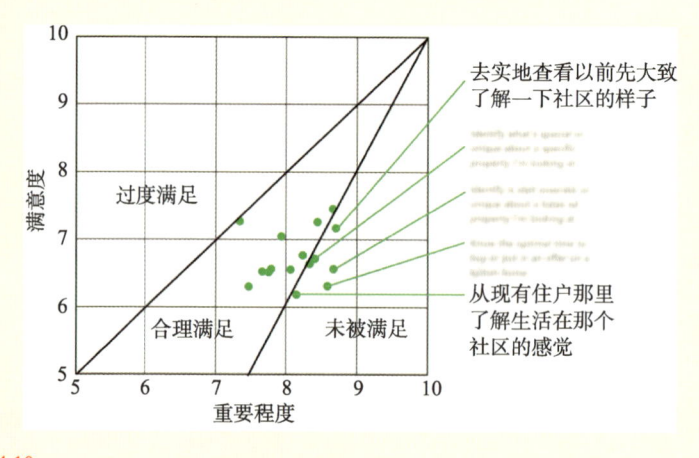

图4.10
Trulia调研用户完成一系列任务的重要程度与满意度，从中找到未被有效满足的需求

生活在那个社区的感觉。我们制定了一个策略，第一步是从现有用户那里收集他们自生产的内容（UGC）。通过专注于这个任务，我们清楚自己正在解决用户未满足的需求，同时，我们也没有将自己限制在某一特定的概念或解决方案上。更重要的是，我们知道独特的用户内容对 SEO 排名是有好处的，所以关注于这个需求最终必然可以同时满足用户需求和商业需求。

经验教训

从这次的经验中，我得到的最大的一个教训是：使用 JTBD 之前，不需要说服整个公司转向 JTBD 思维。一旦能够有效瞄准一个产品方向，而这个方向根植于用户需求，那么我们也会对业务产生帮助。这是将关注点转向用户任务的结果。

总的来说，这个项目取得了巨大的成功。我们从 2017 年起开始收集用户对社区的真实信息与评论，现在我们单日就可以获取 10 万条用户反馈，人们分享着自己在社区中生活的感受。产品推出后，我们甚至还将关注点转移到调查中发现的另一个重要任务上：可以在实地查看前先大致了解社区的样子。我们近期改进了社区页面，通过定制化影像和无人机画面来帮助人们感知到不同的社区，甚至不需要他们亲临现场。

维托·洛孔特，居住于旧金山的用户研究员，拥有人因工程硕士学位。他是各种研究方法的专家，包括可用性测试、人种学与 JTBD 研究。关于 Trulia 的更多信息，请查看马克·威尔的文章 Trulia Is Building the Netflix for Neighborhoods, *Fast Company* (2018)。

定义价值

4.6 要点回顾

JTBD 提供了一个框架和共同语言，将获取自任务执行者的见解转化为一种可供行动的模型。这个过程从实地研究开始，然后将信息更精确地模型化，包括定性的方式和定量的方式。在创造解决方案之前，先确定自己要追求的价值。可以通过下面几种方法做到。

可以采取的第一步是找到未被有效满足的需求。这些需求对任务执行者固然重要，但现有可行的方案在他们看来满意度如何呢？**重要程度与满意度矩阵**有助于明确这个问题。

也可以在 JTBD 生态中定义用户画像。首先，根据不同需求的吸引力来区分任务执行者的类别。也可以考虑定义其他一些角色的画像。这些画像代表不同的需求，是即将设计和开发的解决方案计划要满足的。

通过对比不同竞品解决方案的需求满意度，可以跳出思维的条条框框。不只是对比特定行业或产品类目中不同的解决方案，还可以关注人们完成任务的所有手段。由此获取重要的洞察，了解自己的优势与劣势以及需要着重关注的点。

最后，根据 JTBD 定义一个价值主张。通过使用价值主张画布，可以确保现有服务或将要提供的服务与人们的关键任务相匹配。

在组织内，无论创新的出发点是技术或者是需求，都要聚焦于价值创造。然后，可以让团队参与其中，共同定义大家想要追求的价值。如此，就形成了统一战线。

第 5 章

设计价值

- 如何创建一个任务驱动下的路线图
- 运用任务故事来解决特定的设计问题
- 如何设计解决方案的架构
- 运用JTBD来检验假设

我以前在一家软件公司工作时，公司每个季度都要举行所谓的"黑客周"。正如它创建的初衷，开发者可以在这段时间里做"他们想做的任何事情"。如果给工程师留出一些时间去随意发挥和尝试新的技巧，他们一定会发现下一个创新点，至少理论上是这样的。

"黑客周"对我们来说是件大事。几十个人参与组织这个活动，每个开发人员都停下手中的工作来贡献自己的一份力。虽然代价很高，但我们仍然致力于做到最好。毕竟，新的软件产品来源于新的开发思路，对吗？

事情是这样进行的：小团队组成项目团队，尝试应用一些新的技巧。到周末，评审小组会评判涌现出的几十个概念，最终获胜的解决方案将赢得奖励。

但在我们这里，"黑客周"就像是蒙着眼睛向着错误的方向开枪，还天真地企图射中靶心。结果，不可避免地产生了一堆还不知道要解决什么问题的伪概念，勉强算是一个创新表演。

平心而论，并不是所有的"黑客周"活动都不行。一些组织会根据战略目标或客户需求来组织"黑客周"。的确，灵活运用创意并练习团队合作也是好事。但考虑到它的成本和不确定性，"黑客周"通常不太适用于产生实际可行、可用的概念。

问题不是缺少创意，而是更常见的"创意泛滥"。就像我们公司一样，许多组织对创新持有达尔文式观点：尽可能多地产出创意，使得最好的创意自然地通过优胜劣汰脱颖而出。换句话说，如果要大海捞针，最好的办法肯定不是加更多的海水。

关键问题在于如何确定对哪些创意进行深耕。创新活动的目标不应该只停留在尽可能多地收集创意，而是要找到正确的创意——也就是那些对客户最重要的创意。

更重要的是，真正的挑战在于克服组织内部那些抑制好创意的自然力量。最主要的因素是"不确定性"，这是创新的主要障碍。新的创意对风险规避型管理者来说就是一场赌博，即使它们在高保真原型中表达得很清晰。

JTBD 提供了一种方法：先识别正确的、待解决的问题，以帮助提高成功概率。接着，JTBD还提供了一个前进的决策标准：选择那些能够解决未满足需求的解决方案，创造以盈利为前提的差异化。

首先，专注于帮助个人完成主要任务并满足他们与任务相关的需求。从这个角度来看，JTBD可以将"黑客周"和其他创意生成活动定义为概念评估方式的输入和输出。

在了解任务场景并定义所追求的价值之后，我们可以继续使用JTBD思维来帮助团队对齐解决方案的设计方向。根据JTBD场景来创建路线图以帮助团队对齐解决方案的设计方向。接着，使用任务故事让所有人达成共识，并将局部设计工作与全局联系起来，构建一个解决方案的总体架构。JTBD还可以指导您进行试验，来测试团队的假设。

5.1　战术 9 ➤ 制定一个开发路线图

在最高层次上，路线图是一系列开发事件（构建功能和特性）的相对时间顺序。它是团队对齐工作的核心参考点，展示了推进的路径，并不定义具体的任务。在敏捷精益时代，路线图的声誉并不好。人们很容易指出——并且这是正确的——长期计划最终会失败：优先级发生变化、不可预见的挑战出现以及总是延期。他们可能会说，解决之道是放弃长期计划，采用小步迭代并保留灵活性根据需要进行调整。

尽管给予局部开发团队决策权是合理的，但整体的一致规划仍然是必要的。另一种看待路线图的方式是，不是把它们当作固定的项目计划，而是将它们视为一种愿景，用于展现如何创造客户重视的产品。路线图不是针对未来活动的一成不变的规划，而是提供透明度，展示团队将要采取怎样的步骤顺序来设计解决方案。

路线图中的信息可以帮助整个组织达成一致，而不只是针对开发者。它是一个战略性的沟通工具，可以反映意图和走向。更重要的是，路线图不只是一个工具，更是让团队达成共识的途径。从这个意义上来说，路线图处于愿景和细节规划之间。

JTBD可以帮助创建聚焦于组织为客户创造和交付价值而制定的路线图，是为了解决正确的问题。依托于JTBD调研，可以利用得到的见解来制定一个贴近实际用户需求的路线图。

5.2 展望未来

关于具体怎么制作路线图，我推荐 *Product Roadmaps Relaunched*，几位作者在书中阐明了创建一个有意义的产品路线图的步骤。

JTBD在对齐客户需求中发挥了关键作用，正如作者所写："我们建议从自己打算提供的价值出发，这些价值随着时间的推移逐步积累，直到最终实现愿景。通常这是一组高层次的客户需求、问题或待办任务。"

通过他们的方法，一个好的产品路线图可以分解为以下4个关键要素。

- 产品愿景：愿景概括了客户将如何从产品中获益。解决方案将如何帮助任务执行者？解决方案实施后，完成任务的结果是什么样的？
- 商业目标：路线图必须与组织的战略和目标保持一致。企业的目标对于衡量进度至关重要。
- 时间表：好的路线图会按顺序排列任务，并设置宽泛的完成时间表，而不是承诺特定的日期。
- 主题：这是客户在完成任务时面临的关键问题或与整体解决方案相关联的一组需求。JTBD特别有助于规划路线图的主题。

图5.1展示了他们在书中提到的虚构公司 The Wombatter Hose 的基本路线图概述，以说明这些主要的组成部分。请注意免责声明，表示路线图可能会有所变动。

综上所述，创建一个JTBD主导的路线图需要4个阶段。

The Wombatter Hose

① **产品愿景**
通过完善供水来完善美国草坪和景观

②	H1'17	H2'17	2018	未来
③	坚不可摧的软管目标： • 增加单位销售 • 减少退货量 • 减少整体缺陷	精致的花艺管理目标： • 双倍ASP	草坪绿化	无限的可扩展性
④		恶劣天气处理目标： • NE扩展	扩大覆盖面	施肥

⑤ 更新于3/30/17，如有变更，恕不另行通知

① **产品愿景**
我们的花园软管可以帮助美国消费者追求他们渴望的完美景观。产品愿景以概括的形式直接反映了这一点，为后续的所有任务提供了有效的框架。

② **时间框架**
我们的花园软管路线图提供了半年的时间表，以确保团队有时间探索解决客户问题的最佳方法。

③ **主题**
客户在浇水时面临的关键问题是路线图中时间表的主题。

④ **商业目标**
每个花园软管主题都有一个或几个目标，每个目标都衡量了解决该主题中表达的客户问题所希望实现的业务改进。

⑤ **免责声明**
对于该路线图的有限受众，时间表的底部有一个简单的日期和"可能更改"的通知。

图 5.1
重新发行的产品路线图中路线图主要组成部分的示例

步骤1 ▶ 为解决方案定义方向

定义整体产品策略中的各种要素，并就其用法达成一致。除了解决方案愿景，还要与团队共同定义以下内容。

- 使命：您的业务意图是什么？使命描述的是组织最终想要实现的目标。

设计价值　103

- 价值观：您的信念和理想是什么？组织和解决方案的理念是什么？价值观定义了团队的哲学及其信仰。
- 商业目标：您的产品将为组织实现哪些具体目标？将这些目标整理为"结果框架"，而非"输出框架"。

步骤2 ▶ 确定要解决的客户需求

下一步，决定要解决的客户需求。在这个阶段，*Product Roadmaps Relaunched* 一书的作者强调了将路线图扎根于实际客户需求的重要性。JTBD 是这一步的核心。他们如此描述：

> 确定客户需求是路线图创建中最重要的一个环节。路线图应该表达出客户的需求。因此，路线图中的大多数内容应该从客户需要完成的任务或需要解决的问题中得来。

如第 2 章所述，我们知道需求是分层次的——从高层次的愿景到主要任务，从次级任务到微任务。先搞清楚最顶层的任务，然后再深入挖掘一些具体的主题。

所谓的"价值主题"，可能来自任务地图。找到服务不到位的需求领域，然后将这些区域用作路线图主题的类别。或者，将需求进行聚类，形成不一定遵循任务图时间顺序的主题。重要的一点是，基于对客户工作任务的实际观察来划分路线图，并将时间轴与之对齐。

步骤3 ▶ 设置时间线

下一步，建立一系列团队锁定的价值主题。时间线可以是绝对的、相对的或者是两者的结合。带有具体日期的绝对时间线可能有更改的风险，最终可能造成一些混乱或达不到预期。

相对的时间线会更加灵活，但仍可洞悉即将发生的事情及其原因。有很多术语可以使用，但时间线一般分为近期、中期和长期三个阶段。例如，我们会使用这些词语："现在，稍后，未来"，或"进行中，接下来，以后"等类似的表达方式。找到最合适的措辞。

步骤4 ▶ 将开发工作与路线图对齐

最后，构思具体的解决方案来进行设计和创建。使用任务故事将总体项目意图与客户需求联系起来，详情参见 5.3 节。然后，围绕完成整个任务或确定对业务战略最相关的部分来构思解决方案。制定好路线图之后，您可能需要一些具体的项目计划来跟踪进度。一个简单的看板可以在很多情况下足以应用这个需求。或者，对于一些更复杂的软件开发项目，可能需要使用专门的跟踪软件。在敏捷开发中，宏大计划以及冲刺计划是在有了总体路线图之后才有的。

将总体计划与客户需求联系起来，会让设计和开发团队感受到他们正在创建对客户很重要的东西。始终专注于客户需求有助于避免创建客户不想要的产品。即使功能可能发生变化，任务的性质都始终保持不变。基于JTBD来制定路线图可以确保其适应性和可持续性。

延伸阅读

创建开发路线图

C. Todd Lombardo, Bruce McCarthy, Evan Ryan, and Michael Connors. *Product Roadmaps Relaunched* (Sebastopol, CA: O'Reilly, 2017).

书中将大量实用信息浓缩为一个简练的路线图指南。作者们不遗余力地提供了大量真实的案例和故事。他们使用一种务实的、现代的方法来制定一个在某种程度上由JTBD驱动的路线图。特别感谢作者授权我使用这本书中的图片。

5.3 战术10 ➤ 将团队与任务故事对齐

敏捷开发使团队和组织能够灵活地工作。这个方法始于软件开发，但已经广泛扩展到其他领域，包括政府和军方。敏捷开发的原理几乎适用于任何领域。

敏捷开发的一个关键部分是将任务分解为一个个单独的任务单元。用户故事是从终端用户的角度对功能和特性进行的简短描述。团队可以只专注于整体的一小部分，并以可控的方式取得进展。

用户故事通常以三要素的形式来写。第一是描述用户在系统中的角

设计价值   105

色，第二是描述实现任务所需的能力，第三通常是说明使用该能力的好处或原因。

虽然具体的格式有所不同，但一个典型的用户故事大致如下：

> 作为一个<角色>，我可以<能力>，以便<好处>。

使用这种格式编写的用户故事如下：

- 作为一个系统管理员，我可以根据文件大小、创建日期和修改日期指定需要备份的文件或文件夹；
- 作为一个用户，我可以指定不需要备份的文件夹，以便我的硬盘不会被不需要保存的文件占满；
- 作为一个用户，我想要更新文件名，以便我可以对其进行分类。

任何一个系统都可能有数百个用户故事。有些案例可能有非常多的细节，例如描述一个按钮并说明用户为什么会点击它。然后将这些故事整理到待办任务列表或功能库中，由团队根据这些故事开展工作，划分到冲刺或2~4周的工作周期内完成。

5.3.1 任务故事

虽然用户故事可以很好地分解任务，但通常不能将创建的方案和用户需求联系起来。它们不能说明为什么有人会以某种方式表达或者他们需要什么来完成一个任务。事实上，用户故事通常来自构建的功能，而不是源自观察到的实际行为。

任务故事是用户故事的替代，它们延续了将任务细分成更小部分的传统，但采用的是JTBD的视角。该技巧最早由领先的营销传播解决方案提供商Intercom的产品开发团队提出。该团队希望避免以先入为主的预设方案来引导设计师，同时也希望避免将开发与公司的愿景和战略挂钩。

Intercom的产品经理保罗·亚当斯首次提到任务故事时表示："我们将任务中的每个设计问题圈定为一项工作，重点关注触发事件或情境、动机和目标以及预期的结果。"

因此，任务故事的格式也分为三部分。但与用户故事不同，任务故事并不侧重于通用角色，如"用户"或"管理员"，它强调的是整体情境和上下文，而不是聚焦于单独的个体：

当……【情况】时，我希望……【动机】，以便……【预期结果】。

任务故事的示例如下：

- 当一个重要的新顾客注册时，我希望得到通知，以便我可以和该客户开始对话；
- 当我访问了某人的个人资料页时，我希望看到他们在每个话题中发表了多少帖子，以便我了解他们最擅长的领域；
- 当我在多次使用这个应用程序时，我希望能收到提醒，以便我可以受到鼓励而参与其中。

JTBD的作者和专家艾伦·克莱门特在完善任务故事格式方面做出了大量贡献。他认为，添加更有关情境的信息可以更好地展示因果关系。专注于上下文可以将注意力从人物角色转移到情境上。克莱门特建议情境应该尽可能具体，避免写得模糊。

例如，以下三个可能的情境用于任务故事的第一部分：

a. 当我饿了的时候……
b. 当我迷路的时候……
c. 当我想查看电子邮件的时候……

克莱门特建议将情境描述得更加丰富和详细，如下所示：

- 当我又饿又不得不赶到某个地方、不确定什么时候才能吃东西，同时又担心自己很快就会因饥饿而感到疲惫和烦躁的时候……
- 当我在陌生的城市里迷了路、不懂当地语言，同时又担心自己会在不想待的地方浪费时间的时候……
- 当我想查看电子邮件但又不想让周围的人知道我在查看邮件，而让他们觉得我很不礼貌的时候……

这些示例情境都为设计合适的解决方案提供了更多背景信息。

设计价值

5.3.2 使用任务故事

任务故事是模块化的，使设计师和开发人员能够灵活地解决问题。任务故事基于对真实世界的洞察，且相比用户故事，更适合用于指导解决方案的制定。然而，创建任务故事相比 JTBD 的其他技巧更为灵活。尽管如此，仍然可以遵循一些模式。根据第 2 章中的要素，我建议使用以下结构来创建任务故事：

当我……【情境+任务阶段/步骤】时，我希望……【微任务】，以便……【需求】。

示例：

- 当我每天更新社交媒体，且成为顶级发布者之一时，我希望把这个信息展示在我的档案页中，以便我可以增加作为特定主题专家的认知度；
- 当我做一个艺术项目而用完了材料时，我希望能找到替代材料，以便我可以最大化当前材料的使用次数；
- 当我在准备上班通勤且快要迟到时，我希望知道当前的天气，以便我可以尽可能减少被雨淋湿的可能性。

考虑最后一个例子。其中的第一部分结合了关于情境的信息（赶时间）以及完成主要工作（通勤）的一个阶段（准备通勤）。

第二部分指出了一个更小的步骤或微任务（查看天气预报）。它应该不涉及特定技巧，但应足够具体，以便设计师和开发人员能够创建一个具体的功能。

最后一个部分可以直接从需求列表中提取。在这个例子中，任务执行者（上班通勤的人）希望避免在上班路上被雨淋湿。可以直接利用 JTBD 研究中已经发现的元素构建任务故事的陈述。

在研究和撰写这本书的过程中，我遇到了各种构建任务故事的方法。奥黛丽·希尔，一位在社交媒体上积极倡导 JTBD 的专家，提出了一种略有不同的方法。她将中间部分直接指向某种特性或解决方案，从而明确地将问题空间与解决方案空间联系起来。她的基础格式如下：

> 当……【情境】时，我希望……【解决方案的功能】，以便……【需求】。

还是以前面的上班通勤为例，任务故事可能是这样的：

> 当我在准备上班通勤的时候，我希望天气预报能推送到我的手机上，以便我可以最小化到达办公室时被雨淋湿的可能性。

英国的研究人员及 JTBD 讲师斯蒂芬·特罗夫提出了另一种方式来看待任务故事。她使用以下公式来思考：

> 当……【情境】时，我希望……【任务】，以便……【解决方案所提供的好处】。

不管选择哪种方式，关键都是找到一个一致的结构并坚持使用它。最终的格式必须适合团队的具体情况。

5.3.3 任务故事的实践

最终，任务故事将局部设计和开发工作与更广泛的 JTBD 框架联系在一起。由于任务故事的格式包含上下文细节，因此它们具有可转移性。换句话说，即便不了解更大的 JTBD 情形或任务地图，任务故事也是有意义的。结论是，任务故事更具有"即插即用"的灵活性，这通常是敏捷设计和开发团队正好需要的。

例如，敏捷计划负责人可以像管理用户故事一样管理任务故事的待办任务。如果某个冲刺速度变慢或改变方向，则未解决的案例可以转移到下一个冲刺。在设计和开发阶段，拥有一个较小的、独立的工作描述有诸多好处。

但需要明确一点：任务故事通常不能完全在开发中代替用户故事。相反，任务故事可以指导和构建解决方案的概念，而不是用于跟踪实现过程。它们最适合用作一种设计工具，用于创建或确定概念的方向和设计。开发者和工程师可能仍然需要用户故事来衡量燃尽率和整体进度。

任务地图为 JTBD 提供了总体的定位，让团队专注于设计和开发的特定领域。路线图可以提供一个大致的开发顺序以及规划活动的依据。

任务故事则更加具体，用于指导功能和能力的局部设计与开发。

根据JTBD研究来创建任务故事需要执行以下步骤。

步骤1 ➤ 理解任务阶段和情境

根据以往的访谈和观察结果来理解相关的任务和情境。对于解决方案中的每个开发领域，考虑主要任务中的步骤。然后遵循JTBD的规则深入挖掘并列出越来越小的步骤作为微任务。同时，确定特别适用于主要任务中特定部分的情境。根据事先研究的深度以及自己和团队对任务的理解，可能不需要进行更多研究来创建和验证任务故事。然而，再次与人们交谈并深入探讨他们遇到的具体问题和目标，永远都是必要的。在额外的访谈中，可以通过不断询问"如何"更一步理解子目标和目标。

步骤2 ➤ 构建任务故事

作为团队，编写与设计和开发工作相关的具体任务故事。确定任务故事的统一格式并坚持使用。

努力创建针对特定任务和情境的独特且互不重合的案例故事，避免冗余。例如，在前面的例子中，可能不需要为乘火车通勤和开车通勤分别编写故事。编写最重要的任务故事并专注于有限的几个故事。每个项目或冲刺中，可能有3~8个任务故事。

步骤3 ➤ 为任务故事提出解决方案

让整个团队看到任务故事，以解决其中的根本需求。例如，可以在头脑风暴会议上张贴相关的任务故事清单，供所有人查看；或者在设计评审开始时列出任务故事，以便团队能结合情境进行评估，运用JTBD来指导设计和开发决策。

此外，也可以用任务故事来检查方案的适用性。首先，设计团队可以使用与项目相关的任务故事进行启发式评估，持续检查设计是否满足任务故事中设定的用户目标。

然后，可以通过与用户对比任务故事来测试解决方案。向用户展示解决方案（例如，作为模型或原型），并询问每个解决方案如何应对任务故事。这可以通过访谈或问卷调查来完成。最终，任务故事将在初始阶段成为衡量设计成功与否的标准。

任务故事让人能在设计一个产品或服务时退一步审视任务的情境。在这方面，任务故事填补了客户观察与解决方案开发之间的重要空白，将客户需求的洞察与单个功能和开发工作联系起来。

5.4 相关方法：需求陈述

设计思维是一个广泛的框架，它根植于以人为本的方法，旨在培养对用户的同理心，从而设计出能满足他们需求的解决方案。在设计思维中，在形成方案选项之前定义要解决的问题至关重要。

一种封装研究洞察的技巧是生成需求陈述，它与任务故事在形式上非常相似。然而，这些陈述与第2章中定义的"需求"不同，因为设计思维中的需求陈述并不局限于完成主要任务的结果，其本质可以是理想化的。

设计思维中的需求陈述通常更关注人物角色或个体，而非情境。例如，尼尔森诺曼集团（Nielsen Norman Group）的莎拉·吉本斯在她的文章中提到，需求陈述代表系统用户的视角，她认为："需求陈述是一种可操作的问题陈述，用于总结特定用户的身份、他们的需求是什么以及为什么这个需求对他们重要。"

与任务故事类似，需求陈述也包含三部分内容：用户、需求和目标。用户是基于研究的目标驱动型人物角色（如第4章所述），需求独立于功能或技巧。目标是满足需求后得到的结果。

她给出了一个例子：阿莱达，一个多任务处理、技术娴熟的两孩母亲，需要在不离开自己舒适区的前提下，快速且自信地比较选项，以便能有更多时间做那些真正重要的事情。

注意陈述末尾的洞察"做真正重要的事情"，这一点非常宽泛且难以衡量。任务故事倾向于关注更具体的情境和结果。例如，将上述例子用任务故事重新表述，可能会变成下面这样：

> 当我忙于多任务处理时，我需要一种熟悉的方式来快速且自信地比较选项，以最大程度地减少寻找解决方案所花费的时间。

与设计思维中的需求陈述类似，任务故事也会避免提及功能或技巧。然而，任务故事更加具体，针对特定的工作及其情境。尽管设计思维中的需求陈述和任务故事都可以为创造解决方案提供灵感，但任务故事会在不预设解决方案的情况下提供更直接的指导。不过，设计思维中的需求定义可以有很大的差别。例如，IBM的企业设计思维方法也包括生成需求陈述的指南。不出所料，它也有三部分：用户、需求和利益。以下例子来自IBM的：

> 开发人员需要一种方法来理解简约设计，以便他们可以更快地进行原型制作。

这个例子比吉本斯的方法更具体，但仍然避免提及具体的解决方案。没有类似"追求终生梦想"这样具有愿景性质的元素，这在设计思维的其他地方可能出现。IBM的需求陈述方法更接近任务故事的方法，但在描述使用情境方面稍显不足。从某种意义上说，任务故事（尽管格式上有差异）与需求陈述之间的区别也指出JTBD与设计思维之间的一个关键不同：前者更关注情境，而非个人情感或心理状态。设计思维以个体为起点，通过同理心了解他们的需求，而JTBD则在纳入情感和个人因素之前，试图先理解实现目标的情境。

> **延伸阅读**
>
> 将团队与任务故事对齐
>
> Alan Klement, "Replacing the User Story with the Job Story," JTBD.info (blog), November 12, 2013; "5 Tips for Writing a Job Story," *JTBD.info* (博客), November 12, 2013; "Designing Features Using Job Stories," *Inside Intercom* (博客), 2013.
>
> 这三篇文章作者在开发任务故事技巧方面做了大量的工作。文章概述了创建任务故事的基础。尽管这项技巧已经略有发展,但作者明确指出了自己是如何更新其方法的。作者和其他人已经广泛发布了他们在开发工作中的应用,但从这些资源开始学习是一个很好的起点。
>
> Maxim van de Keuken, "Using Job Stories and Jobs-to-be-Done in Software Requirements Engineering," (thesis, Utrecht University, 2017).
>
> 详细研究了任务故事的应用现状。作者在阐述了任务故事的历史之后,展示了自己的原创研究结果,讨论了任务故事在实际应用中的各种变异。这项研究极大地帮助了任务故事被正式纳入软件需求工程。

5.5 战术11 ➤ 构建解决方案架构

JTBD不仅可以指导前期的战略决策,还可以指导给定方案的设计。具体而言,是产品架构可以从JTBD研究中得出。

从这个意义上讲,"架构"指的是解决方案的各个组件在概念上如何组合在一起。这不是一个技巧架构,也不是界面组件的组织方式。相反,它关注的是解决方案的基本组成——各部分的组织方式。理想情况下,这种组织方式来源于待完成任务中已经被识别出来的模式。将系统的模型与任务的模型匹配起来,可以确保更好的理解力、更好的可用性以及产品最终更好的市场适应性。

设计解决方案架构让人想起杰西·詹姆斯·贾瑞特关于用户体验设计的著名模型，该模型有 5 个层次（图 5.2）。最中间的是"结构"，即产品或服务的各个部分在概念上如何组合在一起。在此之前，产品提供者需要确定策略和范围。确定结构之后，再创建界面的骨架和表面。总体而言，设计在这些层次上从抽象逐渐变得具体。

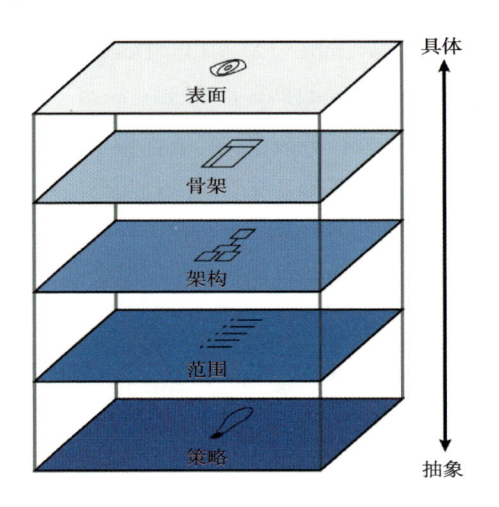

图 5.2
贾瑞特的体验设计模型展示了表面下方的一些概念层面

Intercom 产品负责人保罗·亚当斯在他的文章（题为 The Dribbblisation of Design）中介绍了正确结构的重要性，并阐述了"任务故事"的概念。解决方案的架构不应该基于技术，而要基于需要完成的任务。他如此描述：

> 使命和愿景之后是产品架构，不是技术架构，而是产品的各个组件以及它们之间的相互关系。
>
> 这使我们更加清晰。我们可以将任务映射到相应的使命上，并适当地设定优先级。这确保我们可以持续思考设计的所有层次。我们可以看到系统中哪些组件是任务的一部分，以及促进该任务所需要的必要的关系和互动。

例如，亚当斯提出了如图 5.3 所示的 Facebook 的体系结构。对于系统中的每个组件，都有相对应的任务步骤，例如编写信息、发送消息和创建画像。这些成为独立于技术或界面的方案组织的基础。

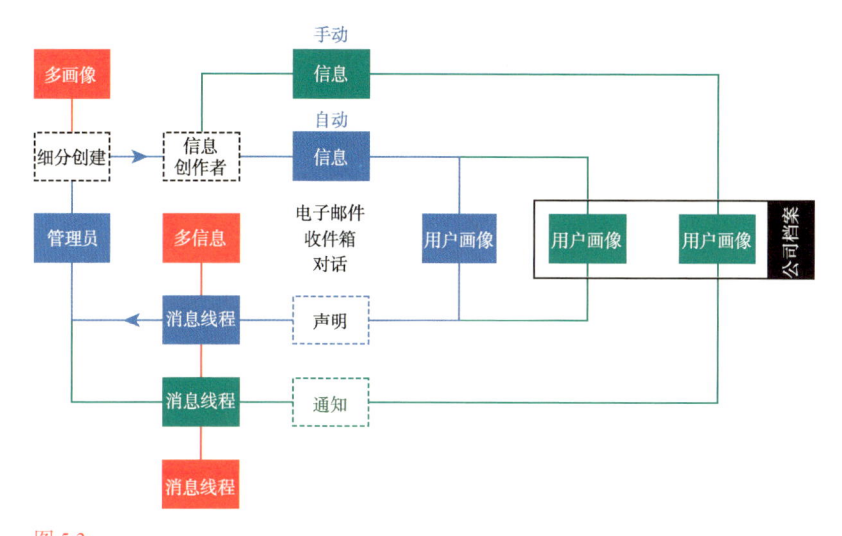

图 5.3
一个产品架构的示例

5.6 系统建模

解决方案的架构是抽象的。创建模型可以使其变得更形象。创建解决方案的结构模型可以让人将自己对客户的理解和总体概念设计联系起来。哪怕只是一个简单的图，也可以帮助团队达成共识，就像之前展示的图 5.3 那样。

把系统模型想象成一个建筑物的平面图。当您走进一个建筑物或房间时，虽然不能直接看到它，但它就在那里，并且当您在里面四处走动时，它还能为您营造体验。不同于墙和地板这种分割物理空间的元素，在一个解决方案架构中，类别用于构建模型的分区。这些类别最好来自待办任务。模型的基础要与任务对齐，以帮助确保方案与最终用户的心理模型相匹配。

在设计之初，利用 JTBD 来指导解决方案的架构。关键是用真实观察来为设计打好基础。好的方案在其结构上具有内在的逻辑，可以反映用户待完成任务的心理模型，如图 5.4 所示。

设计价值　115

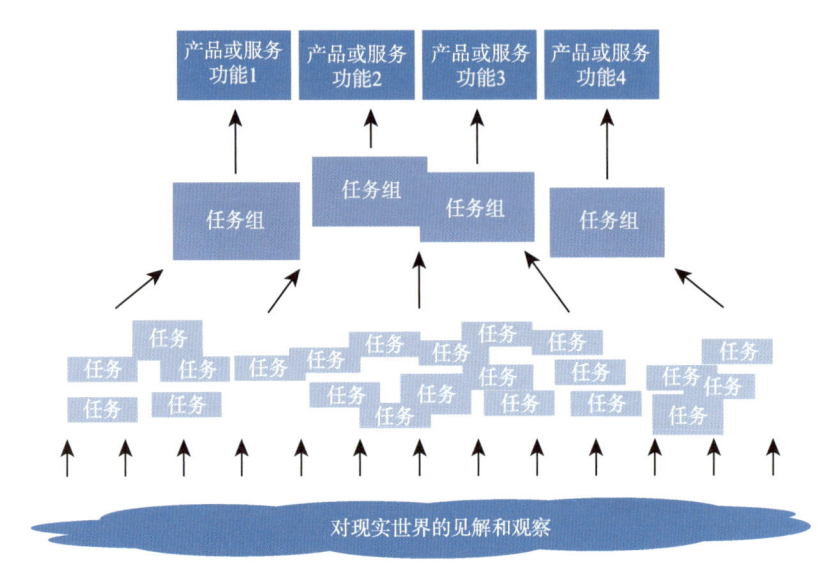

图 5.4
通过JTBD来设计解决方案是一个自下而上的过程

5.7 用户环境设计（UED）

拜尔和霍尔茨布拉特在其具有里程碑意义的著作《情境化设计》中提出了一种用于构建产品的特定技术，称为"用户环境设计"（UED）。尽管UED是专门针对软件设计的，但它也可以应用于构建任何解决方案，包括服务设计，甚至是工业设计。

UED基于对作者称之为用户试图完成的"任务"的理解。虽然他们没有直接使用这样的说法，但这个概念与要完成的任务是重合的。拜尔和霍尔茨布拉特指出，产品或服务的结构应该反映用户的任务，而不是技术。如果您倾力支持用户的任务，那么您将有最大的机会得到市场的认可。

拜尔和霍尔茨布拉特用一个管理邮件的应用作为UED的例子，如图5.5所示。中间绿色文字框展示的是核心消息传递系统，而上方则是该产品的独特区域，用于管理设置和首选项。在核心下方的是一些支持创建和发送消息的功能。

JOBS TO BE DONE

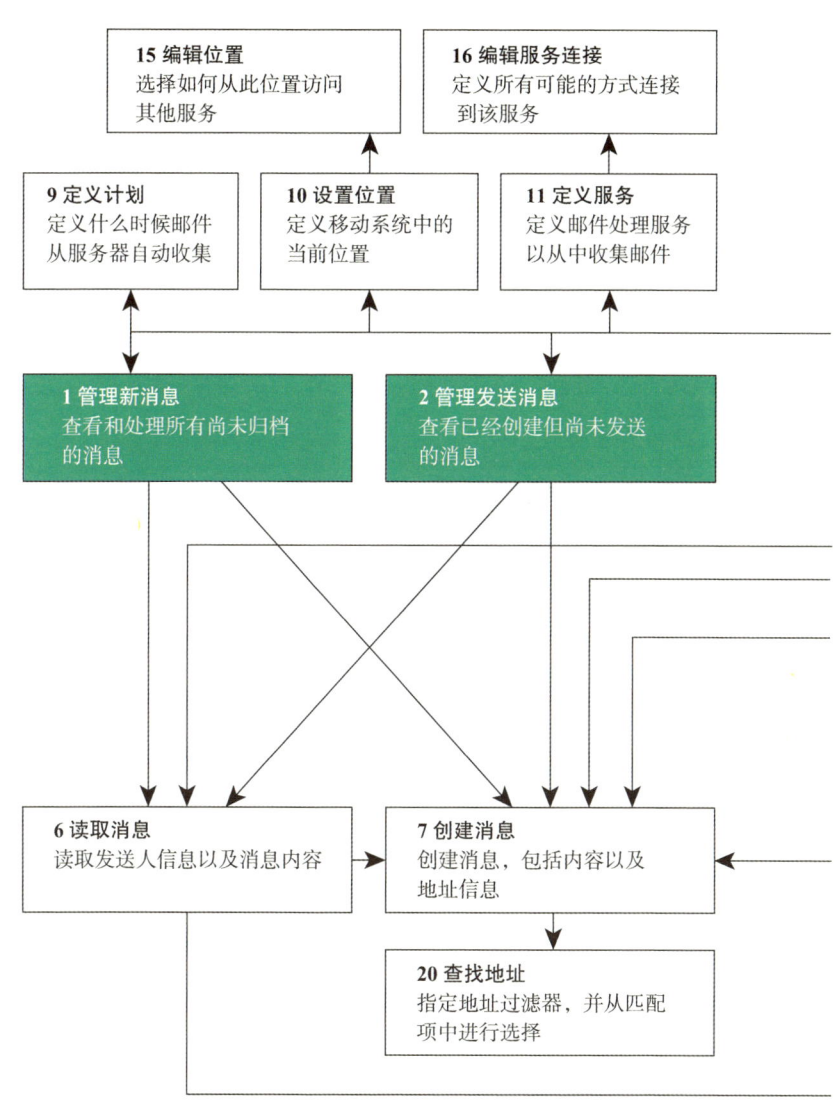

	15 编辑位置 选择如何从此位置访问其他服务	**16 编辑服务连接** 定义所有可能的方式连接到该服务
9 定义计划 定义什么时候邮件从服务器自动收集	**10 设置位置** 定义移动系统中的当前位置	**11 定义服务** 定义邮件处理服务以从中收集邮件

1 管理新消息
查看和处理所有尚未归档的消息

2 管理发送消息
查看已经创建但尚未发送的消息

6 读取消息
读取发送人信息以及消息内容

7 创建消息
创建消息，包括内容以及地址信息

20 查找地址
指定地址过滤器，并从匹配项中进行选择

图 5.5
电子邮件系统解决方案架构的示例

设计价值　117

JOBS TO BE DONE

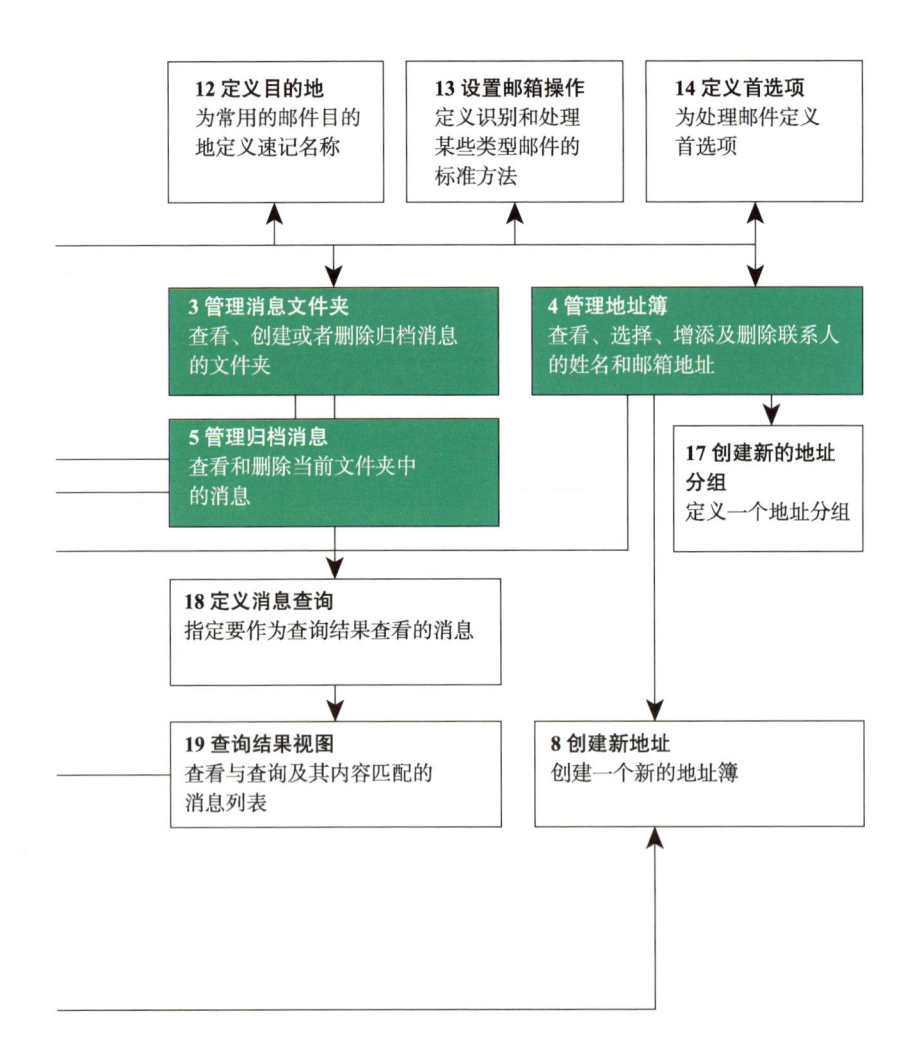

12 定义目的地
为常用的邮件目的地定义速记名称

13 设置邮箱操作
定义识别和处理某些类型邮件的标准方法

14 定义首选项
为处理邮件定义首选项

3 管理消息文件夹
查看、创建或者删除归档消息的文件夹

4 管理地址簿
查看、选择、增添及删除联系人的姓名和邮箱地址

5 管理归档消息
查看和删除当前文件夹中的消息

17 创建新的地址分组
定义一个地址分组

18 定义消息查询
指定要作为查询结果查看的消息

19 查询结果视图
查看与查询及其内容匹配的消息列表

8 创建新地址
创建一个新的地址簿

这些分区是结构性的问题，不是界面设计的问题。在后续的设计阶段，UI 可能会反映出这些分类和标签，但界面可以包含更多细节。因此，此时的系统结构设计是抽象的，并不针对界面上的具体设计选择。关键是架构与待完成任务要相互匹配，这有助于确保整体解决方案更加有用且易用。

在观察用户如何完成一项任务之后，基于需求来确定关键模式。然后将这些模式整合到解决方案范围内的逻辑模型中。在这之后，团队可以设计技术架构以及用户界面。

步骤1 ▶ 了解用户及其任务

和平常一样，首先要对用户及其要完成的任务有深刻的了解。任务访谈为用户环境建模提供基础。如果已经进行过研究，就提取出尽可能多的微任务，并将它们写在单独的卡片或框中。

步骤2 ▶ 确定重点区域

不同于按时间顺序排列的任务地图，解决方案的模型通常没有时间的成分。首先可以将微任务聚类到逻辑组，这些组被称为"重点区域"。由于现在是以一个具体的解决方案为目标，因此请考虑最终用户在完成任务时的心理模型。哪些类别与完成主要任务相关？最终用户如何将他们的任务概念化？

尽可能遵循 JTBD 的规则，用一个简单的标题作为每个分组的标签。解决方案可能也需要一些超出纯粹 JTBD 研究模型的元素。例如，解决方案可能需要一个管理区域来代表一项消费任务。记住，目的是管理用户目标系统的成分。

步骤3 ▶ 对解决方案结构进行建模

最后，将重点区域整理到一个网络图中。用箭头和线条来展示它们之间的关系。网络图如同一个房子的平面图，可以反映主要的房间及其之间的关键通道。在每个关键区域内列出具体的功能。

如《情景化设计》所述，在用户环境建模中关注用户的"任务"与 JTBD 的思维非常相似。之前讨论的其他一些建模方法与 JTBD 也有重叠。无论选择遵循哪种特定方法，产品和服务的解决方案结构体系建模都是一种自上而下的方法。首先观察用户要完成的任务并理解它。

5.8 相关方法：网站导航设计

心理模型是指一个人是如何思考这个世界如何运转的，即他们的现实框架。心理模型使我们能够预测事情是如何运作的。它们是基于信念、假设以及以往的经验的认知结构。

系统构建了人们的心理模型。如果独立于解决方案来探索这些心理模型，那么就可以跳出系统的框架。我们可以发现，人的思考方式与系统无关，而是与其如何实现个人意图有关。

茵迪·杨是一名作家，同时也是一名用户体验研究员，她开发了一种映射心理模型的具体方法。她的图示技巧旨在于一个给定的领域中理解人们的意图和目的，并将其可视化。这些模型可以直接用于推导最匹配用户对网站的理解的网站导航。

心理模型图的层级性质使其特别适用于信息架构的实践。这个过程可以被描述为一个方法：从总结人们如何描述他们的推理、反应和指导原则开始，是一种自下而上的方法。然后，需要将信息依次分组到更高层次的类别中。

图 5.6 展示了心理模型图的一部分，展示的是在电影院看电影的任务。它反映了目标和意图的层次结构。

最终结果是一个分类，该分类与服务对象的实际心理模型相匹配，并反映了人们在访谈中使用的词汇。例如，网页设计师可以将这个方案作为导航设计的基础。这不仅大大提高了导航的可用性，还保证了它的使用寿命。

茵迪·杨详细描述了结构的推导以及将其映射到导航的过程，这与先前 UED 中的步骤类似。图 5.7 展示了心理空间是如何被分为不同类别并作为网页的主要导航的。建议精简类别和标签，然后开始通过线框图表示导航的布局和交互。

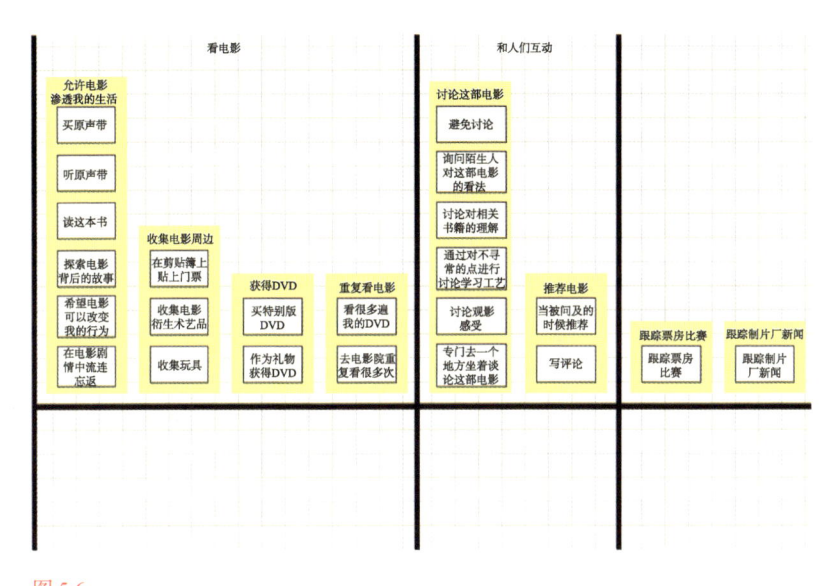

```
          看电影                        和人们互动
允许电影
渗透我的生活        讨论这部电影
 买原声带           避免讨论
 听原声带           询问陌生人
                   对这部电影
                   的看法
 读这本书   收集电影周边
                   讨论对相关
 探索电影   在剪贴簿上         书籍的理解
 背后的故事  贴上门票   获得DVD  重复看电影
                              通过对不寻
 希望电影   收集电影   买特别版  看很多遍   常的点进行  推荐电影
 可以改变   衍生术艺品 DVD      我的DVD   讨论学习工艺           跟踪票房比赛
 我的行为                              讨论观影   当被同及的
                                       感受     时候推荐    跟踪票房   跟踪制片厂新闻
 在电影剧    收集玩具   作为礼物  去电影院重  专门去一个            比赛    跟踪制片
 情中流连             获得DVD  复看很多次  地方坐看谈            写评论   厂新闻
 忘返                                   论这部电影
```

图 5.6
心理模型图为导航设计提供了基础

从JTBD的角度来看，有两种相关领域的分类方法。首先，可以观察任务地图中的各个步骤以找到逻辑分组。但由于任务地图本质上是按时间顺序排列的，所以我们最终可能得到反映流程各阶段的类别。

例如，如果将退休投资组合进行的任务地图中的阶段进行分组，最终可能会得到"开始""制订计划""监控增长"和"进行调整"这样的类别。

在网站导航方面，这些可能都是可行的导航选项。但这样的标签系统可能无法覆盖网站上所有的内容主题。可能还涉及如何将家庭成员纳入决策过程，或者涉及财务主题，如购房或助学贷款等内容。

另一种选择是对主要任务的需求陈述进行分类。这个过程与图5.7中展示的技巧类似。自下而上，创建需求陈述的逻辑分类并给它们加上标签。如果需要的话，还可以将这些分类聚到更大的类别中，并将其作为主导航的灵感来源。可能需要调整标签和选项，但至少可以基于JTBD方法来为建立网站导航提供基础。

JOBS TO BE DONE

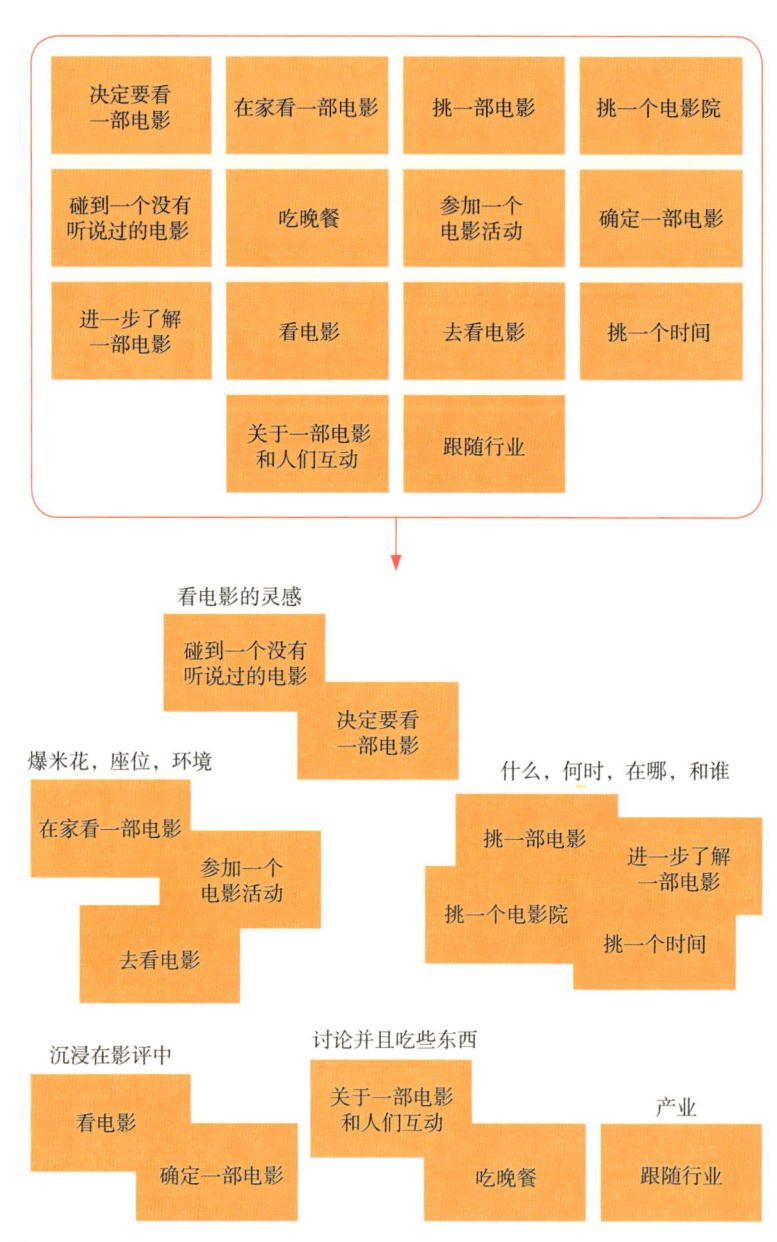

决定要看一部电影	在家看一部电影	挑一部电影	挑一个电影院
碰到一个没有听说过的电影	吃晚餐	参加一个电影活动	确定一部电影
进一步了解一部电影	看电影	去看电影	挑一个时间
	关于一部电影和人们互动	跟随行业	

看电影的灵感
- 碰到一个没有听说过的电影
- 决定要看一部电影

爆米花，座位，环境
- 在家看一部电影
- 参加一个电影活动
- 去看电影

什么，何时，在哪，和谁
- 挑一部电影
- 进一步了解一部电影
- 挑一个电影院
- 挑一个时间

沉浸在影评中
- 看电影
- 确定一部电影

讨论并且吃些东西
- 关于一部电影和人们互动
- 吃晚餐

产业
- 跟随行业

图 5.7
聚类用户目标，提出网站导航的类别

122　第 5 章

> **延伸阅读**
> 构建解决方案架构
>
> Hugh Beyer and Karen Holtzblatt, *Contextual Design* (San Francisco: Morgan Kaufmann, 1988). 中译本《场景化设计》
>
> 《情境化设计》提供了一个从观察真实世界到设计软件界面的完整方法，它关注的是用户"任务"这个概念，与 JTBD 非常相似。尽管它的方法专门针对软件设计，但这种方法可以为几乎任何类型的解决方案创建提供指导。
>
> Indi Young, "Structure Derivation," Chap. 13 in *Mental Models* (New York: Rosenfeld Media, 2008). 中译本《贴心的设计心智模型与产品设计策略》。
>
> 书中第 13 章针对研究洞察与产品架构的联系提供了最佳的解释。这是一个自下而上的过程：可以对观察结果进行多次聚类，从而得到更高层次的类别。书中还讨论了如何对生成的架构模型中各个部分进行标记。

5.9　战术 12 ➤ 用 JTBD 来检验假设

创新会带来不确定性。没有一个发明者可以预测市场是否会成功。不管方案是否有优势，将新产品推上市都是有风险的，因为最终用户决定着是否采纳创新。

我们来看看著名的自驱型单人滑板车 Segway。这个发明本身非常好，并且对投资者很有吸引力。但最终，市场不认可，并不觉得它可以作为日常的交通工具。仅仅完成功能性的任务是不够的，在设计真正满足人们需求的解决方案时，情感、社会以及环境因素都会发挥作用。

然而，如果厂商事先做一些简单的测试，可能就会看到这种市场反应，并及时调整。等到一个产品或服务已经开发出来之后再进行测试，不仅耗时，而且还浪费资源。相反，完全可以在创建任何东西之前就开始进行实验。我们的目标是尽早了解产品在市场中的适应性，并据此在设计和开发阶段进行相应的调整。

5.10 在测试中应用JTBD

在《客户驱动手册》这本书中,作者展示了如何在整个产品设计和开发的生命周期中,使用JTBD制定可检验的假设。JTBD通过提供一个通用的线索和语言,直接将对潜在问题的理解与解决方案联系起来。

作者的方法称为"假设进展框架"(HPF),分为4个阶段。前两个阶段属于"客户开发"范畴——了解客户和问题。这大致相当于对问题空间的理解。"产品开发"阶段包括概念开发和功能开发。总体而言,框架的划分类似于本书中使用的"4D原则"(discover发现、define定义、design设计、deliver交付),但也有不同。

HPF允许我们在开发的任意阶段检验自己的假设。在每个阶段,作者建议提出并检验假设。

特别是在创建解决方案时,作者推荐了一个结合JTBD来提出假设的公式。在功能层面上,他们提出了以下格式:

> 我们相信……【用户类型】,在做……【需要完成的任务】的时候,运用……【功能】会成功地解决……【问题】。

为未被满足之需求创建解决方案并进行测试。

步骤1 ▶ 提出假设

识别在每个阶段的假设,并提出可检验的假设。两位作者针对每个阶段都有一个假设的格式,如表5.1所示。

顾名思义,目标不仅是在某一个阶段进行实验,而是贯穿整个产品和服务的开发过程。对于4种不同的假设,保持JTBD的一致性有助于确保团队基于相关研究结果来进行研究。目标是减少风险并提高被采用的可能性。

表 5.1

假设进展框架（HPF）

用户 谁会成为我们的用户?	我们相信因为【动机】,【用户类型】在做【需要完成的任务】时会被吸引
问题 他们现在有什么问题?	我们相信因为【问题】,【用户类型】会对【需要完成的任务】感到沮丧
概念 这个概念可以解决他们的问题吗?	• 我们相信【概念】会解决【问题】,并且对【用户】做【需要完成的任务】时会很有价值 • 当我们看到【条件】的时候就会知道这是真的
功能 他们可以使用这个功能吗?	• 我们相信【用户类型】在做【需要完成的任务】的时候,可以用【功能】成功的解决【问题】 • 当我们看到【条件】的时候就会知道他们成功了

步骤 2 ▶ 用实验来验证假设

在 HPF 的早期阶段，访谈和客户拜访是验证假设的妙招，而调查和分析也有助于证实我们的观点。

找到解决方案后，可以对概念和功能进行更具体的实验。所谓的"最小可行产品"（MVP）可以在不构建或启动任何项目的情况下提供丰富的商业洞察。将 MVP 视为学习的捷径，而非创造一个完整的产品。《精益创业》这本书描述了一种模仿创业公司实验行为的整个业务方法，作者埃里克·莱斯在书中如此解释：

> 最小可行产品是一个新的产品版本，能让团队在付出最少努力的情况下收集到最大量经过验证之用户知识的……尽管它的名字是"最小可行产品"，但并不意味要创造一个最简化的产品。

在精益思想流派中，商业实验的具体方法包括以下内容。

- 说明性视频：制作一个视频来解释自己要提供的服务，并在互联网上传播，通过其流量和响应率来衡量人们的兴趣。
- 登录页：有时被称为"虚假店面"，可以通过测量一个简单的登录页面的流量和响应率来评估市场的兴趣。在该登录页面上宣布自己计划提供的服务。

设计价值

- 原型测试：模拟一个功能性的概念版本，邀请潜在的客户进行测试并衡量一些具体细节，例如，任务完成度和满意度。
- 产品内测：从手动版本的服务开始，邀请一组少量的潜在客户进行注册，然后手动提供服务。
- 限量发行：创建一个只包含服务中一两个功能的版本，衡量这些功能的成功度和吸引力。

例如，精益运动的创始人之一史蒂夫·布兰克在一篇博客文章中描述了以前的咨询经历。布兰克建议他的团队租用硬件并手动处理数据，而不是开发硬件和软件产品来测试想法。然后，将结果展示给潜在的最终用户，看看他们是否觉得这个服务有用。这种方法不需要任何开发，而且建立原型也只需要几天时间，而不是几周或几个月。

步骤3 ▶ 善于学习并向前推进

在每个阶段提出并检验假设后，反思已经学到的知识。针对测试的每一个部分，决定是否需要保持、改变或放弃。

收集并储存实验数据，并从中提取证明或否定某个阶段假设的证据。使用假设陈述中的参数标记特别相关的发现，例如【问题】或【动机】。然后创建一个引人入胜的故事来描述调查是如何影响企业行动方案的。

目标是学习，而不是开发。如果团队不是很愿意学习，并且认为自己已经知道正确的方向，那么假设检验可能不太奏效。

JTBD理论对此有帮助，因为它为人们想要完成的任务提供了一致的基础。该理论预测人们首先是有动力完成任务的。HPF为我们提供了一个清晰、结构化的方法，可以在开发的任何阶段检验自己的假设。

延伸阅读

用 JTBD 来检验假设

Travis Lowdermilk and Jessica Rich, *The Customer-Driven Playbook* (Sebastopol, CA: O'Reilly, 2017)

书中包含可用于整个产品开发的技术和建议，从了解市场到创建合适的解决方案。他们的方法更偏向于方案空间的 JTBD，或者揭示人们为什么会选用这个方案（类似于克莱顿·克里斯坦森的观点）。他们提供了一个丰富且完整的架构，通过检验假设，JTBD 贯穿其整个开发阶段。

Ash Maurya, *Running Lean* (Sebastopol, CA: O'Reilly, 2012). 中译本《精益创业实践》。

本书针对如何进行精益实验提供了大量实用的细节，还为验证商业概念和产品创意提供了清晰的路径。尽管他在本书中只是简要提及 JTBD，但他在培训和讲座中运用了任务导向的思维。

想要进一步了解商业实验的内容，可以参考《精益创业》《四步创业法》和《创新者的假设》。

案例分析：CarMax

作者：杰克·米切尔，CarMax首席产品设计师

"可以再看看另外一张图片吗？"

研究参与者单击"下一张"按钮后，一张待售汽车的图片出现在他们面前的屏幕上。房间里陷入了一阵沉默。

"这张照片，嗯，很不错，"参与者说，"我挺喜欢的。您看它的座椅多干净，这……挺好的。"参与者又单击了几次箭头，每次都停顿几秒钟，努力想多说几句。

从这次研究以及许多类似的调研中，我们可以明显看出自己遇到了瓶颈。我曾是CarMax负责线上展示二手车团队的一员，我们的目标是用最佳的摄影技术来展示汽车。然而，我们已经没有更多可以改进照片质量的切实办法。

在当今这个技术快速发展的时代，我们一直在做所谓正确的事情：持续与用户沟通，不断实验以优化产品，始终保持快速迭代。但无论多么努力地遵循这些原则，我们采用的方法似乎都无法产生有意义的结果。我们会招募那些声称对二手车市场感兴趣的人，尝试根据他们的反馈来学习如何改善照片体验。然后我们对体验进行更改，但这些更改对我们业务指标的影响非常小，甚至没有影响。

直到我接触到JTBD，或者说"待办任务"理论之后，我们的团队才开始有所突破。深入学习相关的资料之后，我意识到我们并没有足够关注客户需求，而这些需求才是顾客查看照片的真

正原因。我们的关注点完全着眼于如何提高照片的外观属性——例如照片的质量、角度或者是在室内还是室外拍摄。相反，我意识到我们应该关注如何让这些照片帮助解决人们生活中的任务。我们之前所做的就像是一个工程团队讨论飞机尾翼应该是什么颜色，而不是弄清楚如何设计出更具空气动力学的结构。

我把这个思路带回团队并向他们提出了这个问题："也许我们看问题的角度不对。人们需要照片时想要完成什么任务呢？当人们看照片的时候，他们在想什么呢？"

我们不再问人们他们想要什么，而是观察他们如何使用我们的产品并分析其行为动机。我们不再询问那些声称近期可能有买车计划的人，而是选择访问那些最近买了车的人。这样，研究参与者可以反思他们在购买过程中所做的选择，并向我们展示他们的想法，而不是在假设的场景下给我们做演示。

一旦开始关注人们看汽车照片的原因，我们的研究就开始产生更多富有价值的见解。现在，我们已经习惯于寻找那些推动行为的动机，而且我们很快就发现了一些规律。

其中一个让我们感到困惑的规律是，购车者在浏览车辆照片时，很多人会在一张照片上停留较长时间——车辆方向盘的特写。他们会仔细研究这张图片，有些人甚至会放大照片，或者把头靠近屏幕试图看得更清楚。当我们询问他们在做什么时，他们回答说他们想确认汽车是否装备了蓝牙功能——一个可以实现免提通话的功能。对他们来说，查看方向盘的照片是判断这辆车是否有蓝牙的最佳方式，因为配有蓝牙功能的汽车在方向盘上会有一个接电话的按键。

我们的团队对此感到非常惊讶，因为车辆详情页上有个部分专门列出了车辆的配置和功能。但经过多次采访之后，我们了解到购车者并不只是想要一个功能和配置列表，为了确定这辆车值得购买，他们需要通过照片亲眼看到这些功能。换句话说，购车者心里有一项任务——找到一辆有蓝牙功能的车，而对他们来说，查看方向盘的照片就是最好的解决方案。

我们团队一发现这个任务与其背后的动机，就开始思考如何设计一种更好的体验来满足这个需求。我从丹尼尔·西尔弗斯坦的 *Innovator's Toolkit* 一书中的一段话汲取了灵感，创建了一个"待办任务"画布，如图 5.8 所示。这个画布在顶部清楚地定义了任务，并将方案的需求分为两部分：功能性的和情感性的。

图 5.8
CarMax 设计师和开发者使用简洁的画布来理解"待办任务"

我们把核心团队聚集到一个会议室，根据我们在采访用户时的收获填写画布。在画布顶部，我们定义了任务："当我在买车的时候，我想要明确了解它具备哪些功能。"

在"功能性"要求的框中，我们列出了完成这个任务需要实现的具体目标。团队成员在便签纸上写下他们的创意，然后把它们贴到画布上，例如"把功能展示出来，而不只是列出来"或者"易于被找到"。在画布的另一侧，我们列出了"情感性"要求，或者说是用户在使用方案时和使用方案后的感受。在访谈中，参与者告诉我们，他们想要完全确定这辆车有某个功能，所以我们把一些诸如"自信"或者"有保障"的词语填入框里。

在这个会议最后，我们会产出一张画布来帮助我们理解任务以及解决方案的要求。这张画布成为一个动态文档来实时捕捉我们的发现。在与新客户进行访谈后，我们会聚在JTBD画布前进行讨论，并根据新的发现继续补充功能性要求和情感性要求。

理解这项任务之后，我们虽然只是对汽车页面进行了一项小的改动，但产生的效果却是巨大的。我们不再只是在页面上提供汽车功能的文字列表，而是展示一系列有关功能的缩略图。这样可以避免顾客为了寻找某个特定的功能而去翻遍汽车所有的图片，同时也可以让他们眼见为实并获得更大的信心。

通过帮助购车者完成访问CarMax网站的一个任务，我们能够更好地满足他们的需求，从而增加他们购买汽车的可能性。我们在A/B测试中比较了用图片展示功能和以前用文字展示的方式，对比显示我们的业务指标有显著提高。

看到为"待办任务"进行设计的潜力后，我们备受鼓舞，继续使用这个框架以及JTBD画布来挖掘更多的客户洞察。在我们发布改善展示车辆功能的版本之后，团队在用户调研中发现了一个新的任务：了解汽车的尺寸。

通过分析我们的数据，我们注意到前排座位和后排座位的内饰照片非常吸引人，于是决定更深入地探究其中的原因。我们发现，这些照片对于试图了解汽车内部空间大小的购车者非常有价值。购车者告诉我们，相比其他方法（如查看车辆规格或具体数据），图片更能帮助他们感知汽车的大小和布局。尽管与其他方法相比，这已经是一个很好的解决方案，但仍然不是很完美。

现在，基于我们第一次对于汽车页面上未被满足的任务的发现，我们意识到这是为任务进行设计的另一个机会点。我们集思广益，提出了一个新的解决方案：提供汽车内部的360度照片如图5.9所示。这个解决方案在测试中很受欢迎，于是团队迅速将其推广到所有的门店。

图5.9
内部的360度照片

事实证明，JTBD让我们团队的工作方式有了根本性的转变。我们不再试图对界面进行表面的改进，而是更深入地挖掘购车者行为背后的动机。多亏有了JTBD，我们的团队能够专注于解决CarMax.com网站上顾客体验中最大的痛点，并因此对产品产生了很有意义的影响。

杰克·米切尔是CarMax的首席产品设计师，他致力于重塑客户找寻并爱上其下一辆车的方式。除了用户体验设计和研究外，杰克在网站开发和数据科学方面也很专业。这篇案例分析总结了他在2017年科罗拉多州博尔德市UX STRAT大会上的演讲（题为Using Jobs to Be Done at CarMax to Guide Product Innovation）。

5.11 要点回顾

JTBD 不仅可以帮助理解用户的问题，还可以指导解决方案的开发。具体而言，可以通过多种方式利用 JTBD 将产品和服务的设计与人们待办任务联系起来。这有助于确保解决方案是以用户需求为基础的，因而更有可能被采用。

JTBD 有助于指导建立产品路线图，C.托德·隆巴多、布鲁斯·麦卡锡、伊万·瑞安和迈克尔·康诺尔斯合著的《产品设计蓝图》展示了如何让任务成为流程的核心。

任务故事是简短的、概括性的陈述，它反映了一个待办任务，并提供了一些额外的背景信息。它们以待办任务为关键指导思想来指导设计创意解决方案。

就像建筑有蓝图一样，产品和服务也有其底层架构，这个可能不需要向终端用户展示，但决定着他们的很多体验。JTBD 通过提供有意义的划分和类别来指导方案基础架构，以组织各种功能。拜尔和霍尔茨布拉特开发的用户环境设计（UED），就是一种类似于任务思维的技术。

最后，通过检验假设来降低不被用户采用的风险。洛德米尔克和里奇展示了如何将 JTBD 纳入检验假设中。关键在于将任务和帮助完成该任务的功能匹配起来。

最终，在 JTBD 的指导下，从了解客户转变为提供客户真正想要的解决方案。专注于"需要完成的工作"，这个简单的方法推动着从规划到设计、开发，再到假设验证的核心决策。

第 6 章

传递价值

- 如何创建客户旅程地图
- 设计新手入门引导
- 如何减少客户流失
- 如何提供更好的客户支持

2001年12月3日，赛格威（Segway）在ABC新闻早间节目《早安美国》中首次亮相，首款平衡车于2002年初交付。

在这款平衡车发布之前，它的宣传热度非常高。例如，其发明人迪恩·卡门预计在2002年底之前销量可以达到每周10 000辆，即一年50多万辆。风险投资人约翰·杜尔也预测其销售额可以比历史上任何一家公司更快达到10亿美元，还预测赛格威这款平衡车可以超过互联网，甚至乔布斯也评论说它和个人电脑一样重要。

这样看来，我们现在都应该在用它了。然而，市场并不认可这项发明。尽管平衡车能按预期工作，却因为诸多原因未能成功。

首先，它的售价为5 000美元一台，其目标市场偏高端，排除了大量潜在买家。其次，它无法融入现有的基础设施。骑行者是在人行道上快速穿梭，还是以比汽车慢得多的速度在机动车道上行驶？交警也不知道该如何处理它。法律上也不清楚它归属于哪种类型的交通工具。

最后，也可能是最重要的，平衡车还有一个主要的社会问题：骑行者在人群中显得格格不入，甚至有些滑稽——就像骑着滑板车的怪人。这种尴尬的局面更容易引发嘲笑，而非惊叹。

尽管如此，这款平衡车还是发现了新的应用场景。例如旅游团使用它穿越城市，可以在观光时到达更多地方；公园管理员使用它巡逻，可以更方便地与游客互动。最近，更小的版本甚至单轮版本也重新流行，但事实上，这款平衡车并没有像预期的那样改变城市中的交通方式。

最终，由市场来决定是否接受一项创新。这里的教训是，如何向客户介绍和展示产品与获得正确的方案同样重要。JTBD也可以帮助这一点——从了解消费任务到提供更好的支持以减少客户流失，再到提供更好的支持。

6.1 战术13 ➤ 绘制消费旅程地图

我们生活在服务型经济时代，但大多数组织仍然无法提供优质的服务。目前，这仍然是一个挑战，部分原因是与客户的接触点会随着时间而变化，且可能无形。因此，许多团队转向各种路线图绘制技巧来捕获和诊断机会，以提供客户认可的解决方案。特别是，旅程地图显示了客户与公司及其产品或服务之间的互动。

人们经常把旅程地图与第 3 章中介绍的任务地图混为一谈，但两者代表不同的视角。任务地图展示任务执行者在没有给定解决方案的情况下试图完成的任务，目的是理解其需求，以提高被采用的概率。

不关注主要任务及其过程，旅程地图反映的是消费任务，或者说人们在寻找、决定购买产品或服务以及从中获得价值时所设定的目标。因此，购买者在绘制消费旅程地图时扮演核心角色。他们可能与任务执行者相同，但也可能不同。

绘制消费旅程地图有许多不同的方法。在许多案例中，简单的步骤图就足以说明获得解决方案的过程。图 6.1 展示了 JTBD 思想领袖迈克·博伊森创建的一个高层级消费地图示例。

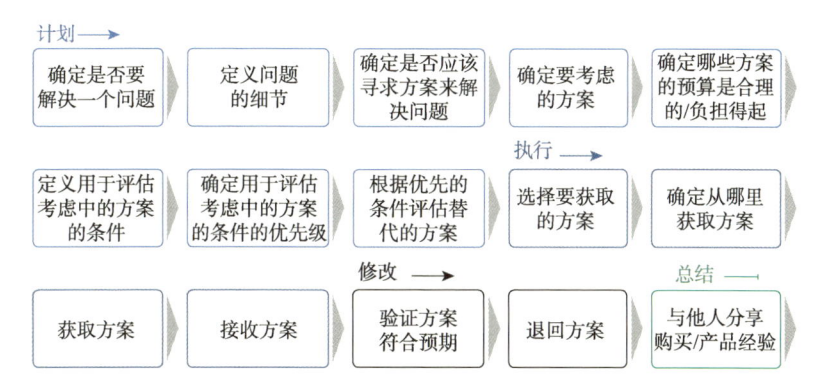

图 6.1
简单的消费地图展示了寻找和获取一个方案的步骤

客户旅程地图（CJM）也将消费旅程可视化，但它更加详细地展示了购买过程中的其他因素，例如动机、情绪以及与公司或品牌的具体互动。图 6.2 展示了一个典型的旅程地图示例，它是一张购买健康保险的客户旅程地图，由 Heart of the Customer 咨询公司的创始人兼 CEO 吉姆·丁彻创建。该公司专注于旅程地图的绘制。在标有"目标"的这一行，可以看到消费任务，例如了解选项、提出问题、研究计划、确定决策标准、减少选择并做出最终决策。

传递价值　　137

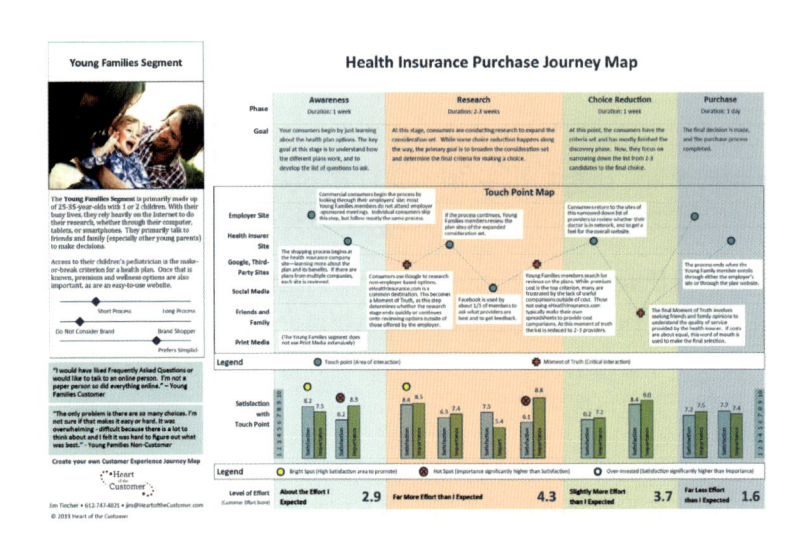

图6.2
消费旅程地图反映了消费任务的时间顺序以及购买过程中的其他详细信息

CJMs通常包含与某个特定公司或品牌与客户的接触点信息。例如，在图6.2中，可以看到某种类型的买家如何通过浏览不同渠道来完成他们的消费任务，这个过程展示在图的中央部分。这个例子还包括有关满意度和费力度的具体指标和数据，对消费过程提供了深入的诊断。

6.2 行动中的旅程地图实战

无论采用哪种方式来绘制消费任务地图，整个过程都可以分为4个步骤。

步骤1 ▶ 启动旅程绘制项目

从解决下面三个关键问题开始。

- 您在绘制谁的旅程？根据定义，旅程地图着眼于买家的体验。但您可能还需要考虑安装人员、技术人员和其他决策者。
- 旅程的哪些方面最有价值？从定义消费任务开始，但也要考虑其他方面，例如渠道、情绪、满意度等。如果需要更广泛的购买情境，还可以包括更多内容。

- 旅程的边界在哪里，即体验何时开始，何时结束？力求覆盖整个消费过程，从认识问题，到选择解决方案，再到客户保持忠诚的原因。

步骤2 ▶ 调研消费过程的各个步骤

让旅程地图基于现实。从回顾现有研究开始，然后走出去直接与买家交流。通常，与6个买家进行访谈就足以完善初步的旅程地图，当然，样本越大越好。

尝试揭示消费任务的顺序，首先定义旅程地图的核心流程，然后研究其他方面，如情绪、痛点和消费障碍。考虑其他能够为产品消费旅程提供信息的数据来源，例如营销指标、调研数据和使用分析等。

步骤3 ▶ 在图中展示旅程

从调查中提炼出关键要素，完成旅程地图。专注于个人在整个过程中的目标。是什么促使他们做出购买行为的？他们希望在购买决策中优化什么？是什么让他们保持忠诚？

首先，确定消费任务的主要顺序并依赖一些常见的阶段：

- 计划；
- 发现；
- 学习；
- 决策；
- 购买；
- 设置；
- 使用；
- 修改；
- 升级；
- 续订；
- 离开；
- 返回。

可以使用更长且更具描述性的标签。每个标签的措辞需要保持一致，最好以动词开头。尽量使这些标签更长久、更通用。例如，在"意识觉醒阶段",不要写"查看2018年秋季电视广告",而是可以用"查看季节性广告"这样的表达方式。

有了一个消费任务的初步模型后,添加反映情感和背景的体验细节。在这些标题下创建信息,如"想法""情感"和"痛点"。首先关注消费者在旅程中的目标:他们在与公司互动的每个阶段都试图完成什么任务?还要包括其他能够为团队和业务提供客户旅程的信息,例如旅程中的想法和感受。

目标是首先捕捉真实的消费旅程。

步骤 4 ▶ 围绕消费旅程达成一致

绘制消费旅程本身就是一项重要的练习。但其真正的力量在于促进组织内部围绕着解决方案和如何提供更好服务展开更广泛的对话。旅程地图是一个吸引他人参与讨论的强大工具,如图6.3所示。

图6.3
绘制消费旅程是一项团队活动,是对话与合作的跳板

计划不同的方式，使旅程地图具有可操作性。安排一个工作坊用图表讨论互动，然后参与创造性问题的解决活动。在支持消费任务的时候，哪些地方的机会最大？如何在整个过程中更好地支持客户？在完成消费任务的过程中，哪些地方的摩擦最多？

在团队了解当前客户旅程后，确定如何使用户成功地完成消费任务。是否需要单独的未来地图可能并不重要。通常，将未来状态与当前状态的旅程进行映射就足够了。

总体而言，旅程地图有助于在整个组织中培养以客户为中心的思维方式。它们可以帮助我们建立对客户视角的深刻理解，帮助我们将视角从"由内而外"转变成"由外而内"。它们能够揭示向市场传递价值时的机会与风险。基于消费任务时间顺序的任务思维有助于指导这个过程。但是，不同于关注主要任务和个人的核心目标，我们会将注意力转向人们如何与品牌或产品互动。这样的思维方式可能还包括情感、社交以及对其他任务的考虑。

> **延伸阅读**
>
> 绘制消费旅程地图
>
> Lance Bettencourt, *Service Innovation* (New York: McGraw-Hill, 2010)
>
> 作者是服务设计以及创新领域公认的领导者,在这本书中,作者为服务创新和交付提供了一整套全面的工具和指南。
>
> Tony Ulwick and Frank Grillo, "Can Bricks and Mortar Compete with On-Line Retailing?" (white paper, Harte Hanks, 2016)
>
> 详细介绍托尼·乌尔维克及其公司Strategyn推荐的消费旅程地图绘制方法。就像乌尔维克绘制主要任务地图的方法,乌尔维克从JTBD的视角观察了购买过程中的步骤。然后考虑并优先排列买方期望的每一步的结果。这些调查结果基于对买家的深度定性访谈。另外,可以在乌尔维克2016年出版的书《待办任务》(*Jobs to Be Done*)中找到更多关于消费任务地图绘制的内容。

6.3 战术14 ▶ 成功引导新的客户加入

1999 年,Salesforce 通过提供一套完整的在线解决方案,重塑了销售与客户之间的关系。在这之前,类似的系统通常被安装在客户本地的服务器上。但通过 Salesforce.com,用户可以直接通过浏览器获取他们保存在云端的数据。

Salesforce 发展很快。2005年,他们的市值同比增长4倍,达到20亿美元。无论从哪方面看,这都是一项非常成功的业务。但他们有一个问题:随着用户可以越来越轻松地加入,他们同样也越来越容易离开。这家公司每个月都会流失8%的客户——按此计算,一年下来,差不多几乎会流失100%的客户。

为了解决这个问题,公司成立了一个名为"客户成功"的团队。他们的使命是帮助用户从解决方案中获得价值,并使其对产品保持忠诚。

通过客户成功团队的努力，客户取消订阅的情况显著减少。

在这之后，客户成功领域就诞生了，并被其他软件服务公司（SaaS）所采用。基于订阅的服务原则上很简单：只要帮助客户完成他们的任务，就会导致业务增长。

6.3.1 新手入门引导流程和体验

顺利引导客户进入订阅服务对其保持长期成功至关重要。JTBD 提供了一种一致的方法来帮助我们理解客户想要实现的目标如何独立于他们使用的方案。客户成功经理确保客户有一个好的开端，从而带来更大的生命周期价值。

Basecamp 的瑞恩·辛格讲述了任务思维如何有助于设计更好的客户引导体验。在一次采访中，关于新手入门引导他提到两个不同的视角：

> ……[区分]'帮助人们更好地使用产品'还是'帮助人们更好地利用产品完成他们的任务'。您解释这个产品越多，就越少关注人们为什么要用它。更重要的是，他们需要做出哪些改变……对软件的熟练掌握从来不是目标。相反，目标是外部的，是人们试图完成的任务。

换句话说，是引导客户进入任务本身，而不仅仅是服务。

艾伦·克莱门特用一个具体的框架呼应了辛格的这个观点，识别和设计了不同的新手入门场景。在他题为 Design for Switching: Create Better Onboarding Experiences 的文章中，克莱门特展示了优化新手入门设计需要考虑的两部分：

- 解决方案经验维度（如图 6.4 中的横坐标）考虑用户对产品或服务的熟悉程度，这涉及使用工具所需要的技能；
- 对任务的理解程度（如图 6.4 中的纵坐标）反映用户在完成任务方面的知识和技能水平。克莱门特的分类方法产生了 4 种不同的新手入门场景。
- 解决方案经验多/对任务理解程度高（Q1）：这个类别的用户对任务以及其他解决方案有透彻的了解。在这种情况下，我们的目标是证明解决方案之外的价值，并且教用户更好地完成任务。

```
                对任务理解程度高
                     ↑
    经验少    Q2 | Q1    经验多
    ←————————————————————→
              Q3 | Q4
                     ↓
                对任务理解程度低
```

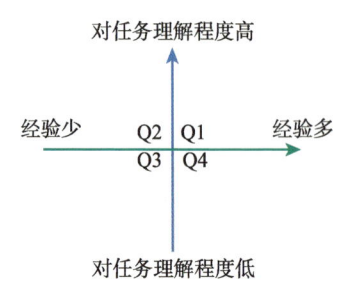

■ 解决方案经验：
  他们对于使用解决方案(产品)来完成一项任务的熟悉程度
■ 对任务的理解：
  客户对于需要完成的任务的理解程度

图6.4
不同类型用户的新手入门引导评估矩阵

- 解决方案经验少/对任务理解程度高（Q2）：在这种情况下，用户已经用另一种方案来填写费用报告。他们知道其重要性，也知道如何完成任务。我们需要专注于向他们解释该工具，尤其是现有解决方案与其他方案之间的差异。
- 解决方案经验少/对任务理解程度低（Q3）：新手入门引导的过程需要比较简单，首先要全面说明为什么完成任务很重要。可能需要带用户逐步过一遍流程，并同时向他们解释特点和功能。
- 解决方案经验多/对任务理解程度低（Q4）：用户对解决方案了解很多，但对需要完成的任务不怎么了解，这种情况虽然不太常见，但也是可能的。在这种情况下，可以假设人们对这个工具本身了解有限，仅使用了它的部分功能。人们会变得越来越老练，因此认为可以从我们的产品中获得更多价值。

知道用户属于哪一类，有助于我们有针对性地设计引导信息，弥补用户知识上的空白，从而为他们提供更好的初始体验。具体操作如下。

步骤1 ▶ 了解用户

在新用户最初接触方案时对他们进行评估，可以通过调查问卷或直接联系他们，询问他们对工具和需要完成的任务的了解程度。例如，如果您为公司的员工提供一个网上提交费用报告的方案，您可以在用户注册时问他们一些简单的问题。图6.5展示了可以收集的信息类型。

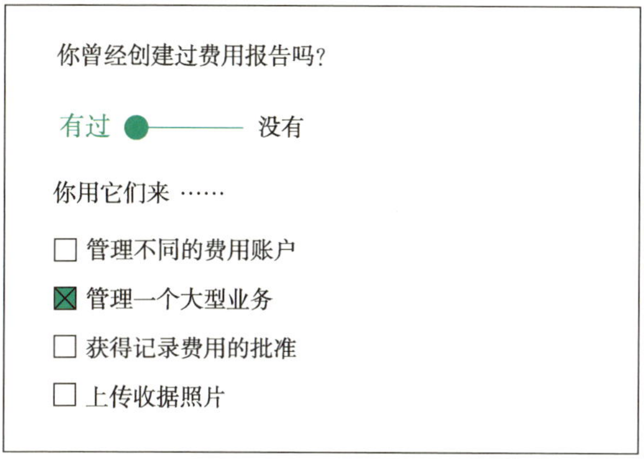

帮助确定任务理解力的问题

图 6.5
评估任务理解和工具理解的问题示例

根据用户的回答来确定他们处于图 6.4 中哪个象限。

步骤 2 ▶ 确定每种用户类型的最佳学习任务顺序

下一步，对希望用户采取的步骤进行排序，不仅是为了让他们使用您的方案，还是为了帮助他们实现其目标。努力减少实现价值的时间周期，专注于最使用户感到困扰的地方，以及那些常见的知识盲区。认识到不同用户需要不同类型的信息来引导他们使用您的解决方案。

目标是让用户完成一项任务，这项任务既与学习如何操作解决方案有关，也与完成任务相关。如果可以把这两者结合起来，就可以事半功倍。例如，在 Mural[①]，我们通过进行简短的远程头脑风暴会议（任务理解程度）来演示如何使用我们的软件（方案经验）。

步骤 3 ▶ 设计新手入门体验

为每个不同的场景创建针对性的内容和信息。开发支持这些不同场景的功能和特性。

[①] 译注：一家提供可视化协作工具的公司，成立于 2011 年，总部设在美国旧金山，这个完全远程工作的团队现有 600 多名员工。2016 年获得 135 万美元种子资金，2019 年底完成 2 300 万美元的 A 轮融资，2020 年完成 1.18 亿美元的 B 轮融资，2023 年以 23 亿美元的估值完成了 5 000 万美元的 C 轮融资。

传递价值　145

不只是告诉用户应该做什么，还要给出与其期待结果有关的提示。选择的单词和短语要向他们保证该方案可帮助他们完成任务。

参考表6.1中的示例，这些示例将工具为中心的表达方式转变为以任务为中心的表达方式。包含待办任务以及用户将看到好处的信息。客户期望的结果是什么？他们如何衡量成功？

表6.1
新手引导期间以任务为中心的信息范例

以方案为中心的信息	以任务为中心的信息
用我们的自动扫描识别软件来自动填写费用表格	用自动扫描来节省提交费用报告的时间
单击"总和"来合计不同汇率的费用	通过自动更新最新的汇率来提高费用报告的准确性
选择"提交"来发送费用报告以供审批	确保在任意时间单击"提交"之后正确的人会收到费用报告

尤其要关注那些尚未被充分满足的需求，这将增加与用户产生共鸣的机会。人们最关键的期望结果是什么？在新手引导期间，要突出这些需求并在解释解决方案时加以说明。

6.3.2 扩展技巧

新手入门引导不一定从用户订阅服务之后才开始。可以将用户了解并考虑新方案的时间点视为预入门的一部分。在这些情况下，同样可以专注于待办任务，以超越购买后的体验。

来看看下面两个对同一款相机的描述。第一个来自亚马逊，如图6.6所示。它详细列出了相机的规格参数，包括SnapBridge蓝牙连接和24.2MP DX-Format CMOS传感器等。

这些技术规格的细节对有些买家很重要，尤其是专业摄影师，他们需要了解这类信息。但问题是，人们用专业数码单反相机来完成什么任务呢？完成这些任务的流程是什么？

图6.7展示了百思买（Best Buy）网站上的同一款相机，它不仅有技术参数，还进一步阐述了需要完成的任务。相机图像下方描述

道："有了尼康 D3400，您可以直接从您的单反相机分享照片。可以随时接入智能手机将照片分享到您喜欢的社交平台，不需要读取内存卡。"

图 6.6
具有技术规格参数的一款数码单反相机的描述

图 6.7
百思买上尼康相机对需要完成的任务进行了描述

> **延伸阅读**
>
> 新手入门引导
>
> Alan Klement, "Design for Switching: Create Better Onboarding Experiences," JTBD News (July 2014).
>
> 在这篇详细的文章中，作者提出了基于 JTBD 的一种新手入门引导体验分类法。对于"任务的理解程度"以及"对解决方案的经验"这两个维度构成一个简单的矩阵，用于对用户进行细分。然后，应用切换访谈技巧来确定用户在矩阵中的位置。尽管这种方法逻辑清晰且具有实用性，但作者并没有提供任何如何成功使用其技巧的证据或案例。
>
> Samuel Hulick, "Applying Jobs-to-Be-Done to User Onboarding, with Ryan Singer," *UserOnboard* (博客), 2016.
>
> 这次访谈中讨论了 JTBD 如何帮助设计新手入门引导体验的思考，以产品 Basecamp 为例。这篇文章虽然没有提供太多实际的信息，但访谈者对入门任务和入门工具做了重要的区分。这篇文章虽然简短，但值得一读。

6.4 战术 15 ▶ 最大化客户留存

想一想如今可以订阅的所有服务：音乐、文件存储、租车、咖啡、袜子、剃须刀等。甚至有些企业也有订阅服务，从客户关系管理（CRM）系统和分析工具到员工薪资和人力资源功能，不胜枚举。

除了为客户提供良好的新手入门体验，在订阅经济中取得成功的关键是持续帮助客户完成他们的任务。客户成功领域的思想领袖林肯·墨菲将客户成功定义为"用户通过与贵公司的互动，得到了他们期望的结果"这样状态。

换句话说，客户用您的服务来解决自己的需求，客户和公司双方都受益。

这种影响对企业来说是深远的。基于订阅的企业不仅要向客户销售更多的产品，还要致力于建立长期的客户关系。毕竟，与竞争对手之间只有一次点击"取消订阅"的距离，而且用户随时可以取消订阅。

6.4.1 针对"取消"行为的访谈

获客成本通常是留住老客户成本的5倍甚至更多。防止客户流失可以增加其整体生命周期的价值。一旦客户取消订阅，这种情况就被称为"客户流失"。企业需要理解并管理客户流失，并将其保持在最低水平。

通常，公司会询问离开的客户，让他们在一个简单的表单中选择他们离开的原因。结果通常是以下几种原因：

- 不再使用这个产品；
- 我的项目已经结束；
- 不需要。

这些信息提供了一些说明客户流失原因的基本线索，但不够深入。在多数情况下，需要更透彻的理解才能采取措施来防止客户流失。针对"取消"行为进行访谈可以帮助揭示隐藏的动机，而任务思维也可以帮助您找到问题的核心。

具体来说，可以使用第3章详细介绍的切换访谈方法来探讨用户取消订阅的根本原因。

然而，与其询问新用户为什么选择切换到您这个方案，不如问问用户为什么选择离开。这种技巧可以被视为逆向切换访谈。

通常，您会发现用户并不是在取消服务的当天做出离开决定的。相反，往往是几个星期、几个月，甚至几年之前发生的一系列事件和决策最终导致了用户取消服务。深入挖掘并重现这个决策过程，从中找到根本原因。关于如何使用JTBD来深入了解减少和防止客户流失的方法，步骤如下。

步骤1 ▶ 进行"取消"相关访谈

首先，识别并联系那些已经流失的客户。按照以下时间线进行开放式讨论，追溯到客户第一次考虑取消的时刻：

- 消费阶段，客户使用服务的时间和方式；
- 取消时刻，客户评估选项并实际决定购买或取消的时刻，注意权衡的因素；
- 事件二（主动寻找），通常是一个时间敏感的事件，触发了客户对替代品的主动搜索；
- 事件一（被动寻找），在这一阶段，某些因素促使他们开始考虑替代品，但可能并未积极寻找；
- 最初想法，这是客户第一次意识到您这个方案满足不了他们的需求，是客户未能完成任务的最早时刻。

向前用户深入询问以下问题，例如：

- 什么阻碍了您完成任务？
- 哪些期望的结果尚未实现？
- 您是何时对服务产生疑问的？
- 您为什么开始考虑其他方案？

关注他们在完成任务时遇到的障碍。这些通常不是他们填在取消调查表上的原因。您很可能会了解到更多他们离开的动机，这些动机不仅可能与您提供的服务有关，还有帮助您理解完成任务的更广泛的背景和环境。

步骤2 ▶ 在取消原因中找寻规律

总体目标是找到可以用来改进的规律。这不只是试图一对一地挽回客户，而是要从根本上防止客户流失。可以将这种访谈方法视为对客户流失原因的根因分析。

与团队讨论访谈数据时，可以反思下面这几个问题：

- 人们在什么时间点决定放弃您的解决方案？
- 有哪些您可以改变的常见障碍，以免人们取消服务？
- 他们在任务流程中最棘手的问题在哪个部分？
- 他们有哪些需求没有得到满足？
- 什么情形影响到了那些将要离开的用户？

步骤3 ➤ 定位根本原因

通常，在新手入门、购买甚至更早阶段出现的上游问题，会对客户生命周期的后期产生影响，最终导致客户流失。可以一开始就构思解决方案来解决这些根本原因。将识别出的问题转化成"我们如何才能……"这样的表述。团队聚在一起，寻找应对用户流失触发因素的解决方案。

比如，一家在线创建提案的公司 Bidsketch 的创始人鲁本·加梅兹，对公司的软件进行了取消服务的研究。通过逆向切换访谈技巧，他追溯到客户开始考虑取消的最初想法。加梅兹总结得出几个规律，团队随后想出了应对这些问题的方法。

- 团队认为，在新手入门期间展示自定义模板设计有助于更好地向客户呈现解决方案的价值。
- 最主要的未完成的情感任务是让客户对他们的提案设计有信心，相信这是经过精心设计的。因此，他们提出了在使用产品的每个步骤提供这种信心的方法。
- 收缩订阅规模是客户已经决定取消的明确信号。在客户第一次有这个想法的时候主动进行沟通，可能防止后续的客户流失。
- 这家公司最终可以更好地识别到早期预警信号并采取行动，通过指导和提供更多资源来应对可能的客户流失。

最终，人们会忠于实现他们的目标。当然，他们需要能够使用您的解决方案，但这只是第一步。留存策略还需要考虑客户正在尝试完成的任务，以及如何帮助他们取得成功。只有这样，您才能持续防止客户流失并提高客户留存率。

6.4.2 扩展对客户留存的理解

第 3 章提出的四力分析法也为客户留存提供了洞察。具体说来，图 6.8 中左侧的因素显示了人们选择留下来的关键原因。

一方面，需要减少可能把客户推离现有解决方案的因素。您应该不断努力减少客户与现有产品和公司进行互动时的摩擦。认真倾听服务中

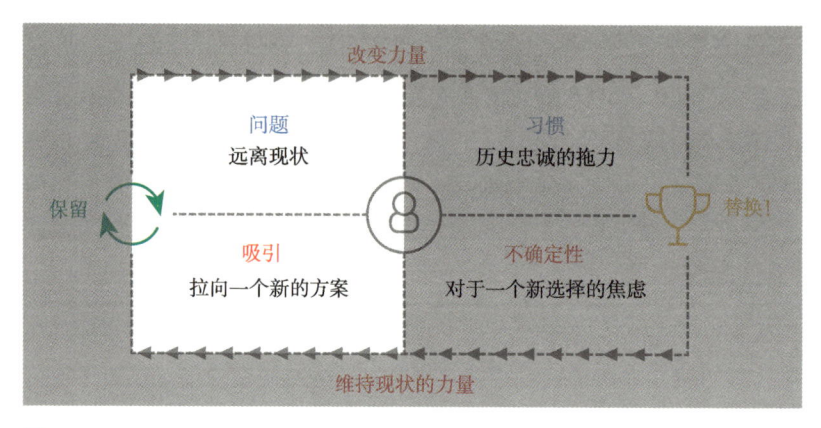

图 6.8
用户保留可以被堪称是减少将用户推开的问题和增加方案中养成习惯的方面的结合

可能会引起痛点以及削弱最初吸引客户选择现有产品或服务优势的重点信息。

另一方面，想办法提高客户对服务的熟悉程度。目标是通过提供有助于形成习惯的功能和练习，促进客户定期使用服务。但要注意，改变现有的行为是非常具有挑战性的，很难控制。

斯坦福大学的心理学家兼作家福格针对行为改变提供了最佳指导和见解。福格行为模型（图 6.9）展示了新的行为的产生必须具备三个因素。

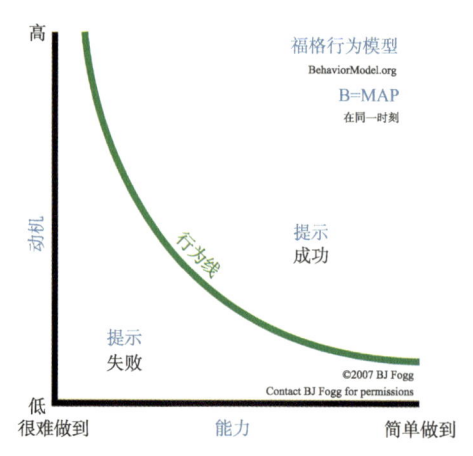

图 6.9
福格行为模型展示了动机、能力和指示如何综合影响到行为的改变

- 动机：在 JTBD 的框架下，一个关键的动机是对完成一个目标的渴望。对任务的了解可以很好地洞察动机。当动机足够强的时候，人们更愿意改变自己的行为。
- 能力：人们必须具备完成任务的技能。解决方案应增强他们的自然能力，并指导他们如何实现目标。
- 指示：需要一个触发点来促使目标行为出现并形成习惯。给客户一个明确的行动号召是建立新的习惯的关键。在很多案例中，采取小步骤并逐步揭示新的行为，最为有效。

如果行为变化没有发生，说明这三个元素中至少缺失了一个。提高用户保留率的目标是理解驱动因素，并将这些因素融入产品中。

假设您是一个在线任务管理软件的提供商，当人们每天定期使用该软件时，其价值就会大大提高。为了激励和启发他们，您可以分享案例研究，展示案例来说明其他团队是如何从中受益的。也可以通过突出使用这个产品过程中的里程碑来激励他们，例如，为完成任务设置徽章或小奖励。为了提高用户的能力，您可以考虑提供在线课程，可以是直播课程，也可以是自学课程。您还可以提供一些产品教程或学习工具来帮助他们理解试用流程。最后，提示可以通过其他沟通渠道的通知来出现，比如电子邮件或群聊。最终，三者的结合能够推动养成新的习惯。

延伸阅读

最大化客户留存

Ruben Gamez, "Doing SaaS Cancellation Interviews (the Jobs-to-be-Done Way)," *ExtendsLogic*（博客), 2015, www.extendslogic.com/business/jobs-to-be-done-cancel-interviews/.

这篇文章包含关于如何基于切换技巧进行取消服务访谈的实用信息。文章包括招募、访谈实施以及如何跟进的详细内容。鲁本还提供了关于实施取消服务访谈的真实案例。更多关于切换访谈的内容，请参阅第3章。

B. J. Fogg, "Fogg Behavior Model," 2019, https://www.behaviormodel.org.

该网站是福格行为模型的官方资源，提供了指向更多材料和工具的链接。福格在斯坦福大学成立了行为设计实验室，并定期开课，为行业创新者讲授如何改变行为的课程。请参阅他的 Tiny Habits 网站，该网站提供了如何设计小步骤养成新习惯的相关课程：https://www.tinyhabits.com/join。

Brian Rhea, "Customer Acquisition & Customer Retention"（博客). March 5, 2019, https://brianrhea.com/customer-acquisition-customer-retention/.

文中概述了四力分析法如何为客户获取和留存提供洞察。作者提供了一个简短但非常有用的视频来解释这个概念。他是JTBD技巧的积极思想领袖和实践者，其网站上提供了大量有用的建议。

创新的采纳

仅仅创造一个更好的捕鼠器并不能保证人们会采用这项创新。许多潜在的突破性技术未能成功的原因是没有考虑到人类因素。无须提及那些未被采纳的产品，如赛格威的平衡车、Zune、亚马逊的 Fire phone，甚至谷歌眼镜。为了提高被采纳的机会，相关组织必须理解人们的需求和愿望。

埃弗雷特·罗杰斯是创新采纳研究的先驱。他的代表作《创新的扩散》是他几十年严谨研究的结晶。在这本书中，他描述了预测创新采纳率的 5 大关键启发式原则。

- 相对优势：这项创新是否比现有其他替代方法更有优势？
- 兼容性：这项创新是否适当？它是否适合用户的日常生活、信仰和价值观？
- 复杂性：这个解决方案是否易于理解和使用？
- 可试用性：是否可以无损失地进行测试？
- 可观察性：这项创新是否可以被观察和理解？

上述因素描述了采纳群体如何看待通过引入创新所带来的变化。例如，如果一项创新用起来过于复杂且难以难理解，它就不太可能被采纳；或者，如果一项创新与一个人的信仰相违背（即兼容性问题），它就可能会被拒绝。

以赛格威的平衡车为例，现有的道路和法律与其兼容性存在重大问题。虽然其可观察性很高，但这种高可见性适得其反，引来的是嘲笑而非奖励。通过一些简单的市场测试，也许就能识别出这些障碍。

最后，能为终端消费者完成任务的创新更有可能成功。专注于待办任务不仅关系到创建一个更好的产品，它还关系到业务最终是否能够生存下来。

传递价值

6.5 战术16 ➤ 提供相关支持

"带我前往我妈妈的家！"这是我在母亲节那天给Zipcar[②]的专员打电话的时候说的。作为领先的汽车共享服务提供商，Zipcar的专员似乎对我想要完成的任务产生了误解。

冲突从我到达预订车辆的取车点开始，那里并没有车。找不到我预定的车辆，专员给我列举了一些其他租车地点。但这些地点都太远了，且需要增加数小时的行程。去这些地方的话，我肯定会迟到。

我认为这次互动的痛点来自对目标理解的偏差。我需要在母亲节的特定时间到我妈妈那里，而Zipcar的专员在尝试租给我另一辆车，即使那并不能帮助我完成我的目标。结果就是，我们交流的时间比预期的时间长，甚至还产生了争执。我们无法达成一致。

最终，这位专员找到了另一辆车，但租期不同。我迟到了，而且还不得不提早离开去还车。Zipcar未能帮助我当天完成我的任务。

我和Zipcar的互动引出一个问题：他们的业务是什么？Zipcar是只提供车辆租赁，还是提供可靠的出行方式？如果那个专员当时能够以不同的方式帮助我，结果会怎样？公司里的每个人又该如何围绕客户的需求进行协调，从而更好地为客户提供服务，并最终推动创新？

JTBD为组织提供了一个共同的视角来理解客户的目标。正如本书前面所展示的，了解这些目标有助于确定并设计客户在市场上所需要的有价值的产品和服务。但不仅如此，还可以渗透到整个组织的每一个环节，包括操作专员。通过应用任务思维的成果，即使是我与Zipcar之间的简单互动，也能得到改善。换句话说，组织中的每个人都可以通过JTBD对客户需求达成共识。

6.6 任务驱动的客户服务

在需要客户服务的情境中，客户不一定会直接提出自己想要什么。首先，他们可能会使用错误的语言。客户可能不知道您的解决方案中采

[②]译注：1999年底，在募集到7.5万美元之后，两位创始人便在2000年成立了Zipcar，该公司2011年4月在纳斯达克上市，2013年被Avis租车公司收购。

用的行话或术语。另外，他们可能已经在脑海中构想了解决问题的方法，并询问了如何完成另一个任务。客服专员必须非常小心，之后再尝试给出解决方法之后再明确真正的需求。

积极倾听是提供优质客户服务的关键，但更重要的是，理解用户的意图并解决核心问题。

步骤1 ▶ 倾听，识别任务

客服人员需要仔细倾听。记住，客户可能使用不同的语句，甚至是一些容易造成混淆的句子，给事情贴上与您的理解相反的标签。工作人员的目标是发现客户需要完成的任务。但是，人们往往只专注于手头的任务和技术。为此，您必须听懂话语背后的真正意思。

步骤2 ▶ 明确并评估客户的意图

确认问题的细节，通过问"怎么做"来获取更具体的信息，问"为什么"来获取更普遍的信息。寻求客服支持的问题往往很具体，需要通过问一些"为什么"来挖掘根本的任务。在其他一些案例中，客户可能给出一个宽泛的问题，您则需要更多的细节才能解决问题，通过问"怎么做"这样的问题来进一步深入了解情况。

无论采用什么解决方案，都应该向用户反馈自己怎么理解他们的任务。客户需要知道有人在倾听自己的意见，并确认您的理解是相同的。例如，在本节前面描述的我和Zipcar的互动中，如果能听到这样的话："我了解您需要准时赶到某个地方，我正在努力帮助您。"会让我感到有人理解自己。但我的真正期望是他可以提出帮我打一辆出租车或优步带我去目的地。（他们曾经采取过这样的应对方式。）但这一次那位专员却执意要给我在附近找一辆替代租赁车辆，即便这也不能帮助我完成自己真正的任务。

步骤3 ▶ 解决问题

考虑在现有能力范围内可以做什么来完成客户的任务。这可能与客户最初要求的方案不尽相同。他们可能在联系您之前就已经想出了一个解决方案，但如果他们了解得不多，可能会要求不对的东西。另外，

传递价值

他们可能还会使用错误的方式进行询问。

退一步考虑他们真正想要完成什么任务，这样，客服专员通常能够以更令人满意的方式解决问题。请注意，通常会探查到任务过程中的步骤，甚至是更小的微任务。不过，任务思维能让您从客户的目标出发，独立于产品本身而找到解决方案。举个例子，假设您就职于一家在线项目管理软件公司，一位用户来电反馈下载功能有困难。在问了几个简短的问题后，您发现这位用户其实是想要打印一份文件出来作为一场研讨会的海报。虽然解决下载问题对这位用户有帮助，您的软件有全屏模式，可以投影文档，还可以邀请其他人在线浏览。

在了解用户希望在会议中和同事共享内容之后，您可以更好地解决他们的核心问题。退一步并思考需要完成的任务，能够得到新的解决方案，并且有望改善用户未来使用产品的体验。

线上活动组织者的JTBD

作者：谷歌研究管理者凯瑟琳·帕帕佐普洛斯&Mural的用户体验总监兼作家吉姆·卡尔巴赫

线上活动是品牌吸引市场的流行方式。如今，企业可以通过网络研讨会、虚拟会议以及线上聚会来接触越来越多的客户。为了理解举办线上活动的任务，我在GoToWebinar（一个领先的网络研讨会平台）的设计团队进行了"待办任务"研究。

当时，我是该平台产品方向委员会的设计实践代表，委员会成员包括产品总监、产品经理、工程主管和营销主管。我与我们的首席用户研究员凯瑟琳·帕帕佐普洛斯一起工作，目标是理解用户待办任务以识别创新的机会并解决市场需求和提供价值。我们的过程分为4个主要的阶段。

1. 发现任务

在确定主要任务执行者为线上活动组织者且确定主要任务为举办线上活动之后，我们开始进行一些深入访谈。我们与8位线上活动组织者一起讨论他们的流程。每次访谈都有录音，并进行了转录。

根据收集的定性数据，团队创建了一个心理模型图，而非传统的按时间顺序排列的任务地图，如图6.10所示。该图从规划步骤开始，如"收集需求"和"吸引观众"，然后进入与活动本身相关的任务，包括"开始活动"和"与会者互动"。最后，图以活动后的跟进步骤以及如何改进下一次活动结束。

2. 验证需求陈述

根据数据和图，我们生成大约50条需求陈述。我们对这些陈述进行了细化，并在第二轮采访中与6位参与者一起验证这些需求陈述的有效性。每轮访谈大约持续两个小时。

凯瑟琳设计了一种巧妙的方式来讨论他们的过程，而无须直接读出这些陈述。如果参与者提到某个需求的主题，我们就将它

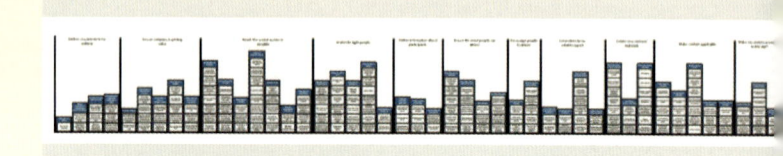

图6.10
举办线上活动的心理模型图(上)

记录在一个电子表格中。这样一来，我们就可以回顾这些主题被提及的频率并以此来衡量它们的有效性。需要注意的是，在一些案例中，参与者提到与我们记录的需求相反的内容，我们随后讨论了如何处理这种情况（主要对原始陈述进行限定或重新表述），如图6.11所示。

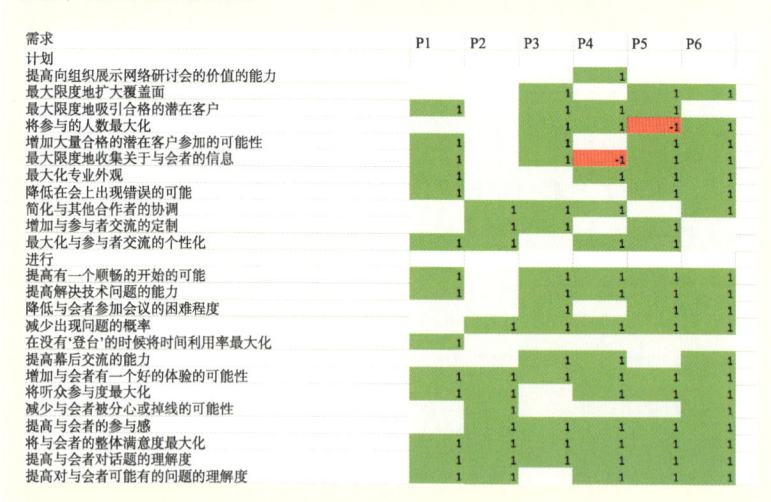

图6.11
在一个验证需求的研究中6名参与者的提及记录

在收集到任务执行者的反馈后，我们改写了一些需求陈述，删除了一两个，再将其他陈述进行拆分。总体而言，对最初的需求陈述更改很小。

3. 为需求设定优先级

接下来，需要基于问卷中的用户反馈对这些需求陈述设定优先级。这个过程遵循了托尼·乌尔维克及其团队在Strategyn公司开发的ODI方法。

每个需求陈述都有一组相应的问题：

1. 在1到10分的范围内，这个结果对您有多重要？
2. 在1到10的范围内，您对这个结果有多满意？

通过这些问题，就可以计算出机会分数，从中明确那些既重要但满意度低的需求。最后，得到一些有待满足的需求列表，如下所示：

- 降低会议期间出错的可能性；
- 增加顺利开始的可能性；
- 提高与会者加入会议的便捷性；
- 提高排除技术问题的能力；
- 最大化参会人数。

在对任务执行者进行问卷调查之前，我们也对GoToWebinar的领导层进行了调查。我们想了解他们认为哪些需求对客户最重要。这使我们能够对他们认为提供最大机会的需求与客户的需求进行对比。只有一位团队成员在调查之前猜到了前5大需求中的两个，其他人都只猜中了其中一个。

我们进一步根据参与者类型进行细分，发现组织线上活动的目的各异。有些涉及讲座或信息共享会议，另一些则是培训课程。最大的参与者群体是为营销目的举办线上活动的组织者。

4. 将洞察转化为行动

总体而言，这项研究为指导委员会提供了多方面的帮助。首先，我们对正在进行的定价与打包销售做出了贡献。我们能够将不同的功能设计到不同的套餐中（例如，自定义注册），并为不同的定价水平提供了信息。

其次，我们能够重新校准营销信息以反映用户任务。这将我们的语言从"什么"转向了"为什么"。例如，与"享受一键注册"相比，我们更推荐"允许与会者可以轻松一键加入"，以反映他们期望的结果。

最后，我们的 JTBD 研究洞察也可以帮助我们为产品开发路线图设定优先级。我们的研究确认了已经计划的部分工作，但也促使我们提前开展了之前被忽视的开发工作。

有位产品负责人说："这项 JTBD 研究及其发现对打造产品有很大的帮助。它让我们确信自己的产品与客户的需求相关，并为此提供了切实的指导。"

凯瑟琳·帕帕佐普洛斯目前在谷歌担任用户体验研究经理，负责搜索、助手以及新闻产品领域的工作。她专注于发展用户体验研究的工具和流程，以支持包容性设计和快速迭代，例如 Google Research Van（一个移动实验室）和快速研究模型（一周内完成的项目）。在加入谷歌之前，她就职于思杰公司（Citrix），担任研究员，在斯坦福大学的创客空间和在线教育领域担任过项目经理。

6.7 要点回顾

理解的是客户，而非竞争对手，这是提供客户看重的产品和服务之关键。JTBD方法可以应用于市场战略中的各项活动。

旅程图描绘客户购买产品或服务的过程。它与任务地图不同，后者是从公司或品牌与客户的关系出发。销售和营销团队、产品设计和开发团队等其他相关职能，都可以从理解客户旅程中受益。

一旦用户决定购买您的解决方案，您可能就需要引导他们轻松入门。JTBD可以按部就班地帮助指导客户成功完成任务。

通常，留住老客户的成本远低于获客的成本。留住客户意味着他们不仅要采用您的创新、获得价值，还最终会成为您的代言人。即便是最好的发明，也会因为没有人采纳而失败。客户成功是一种实践，它不仅有助于客户使用解决方案，还最终帮助他们完成工作。

JTBD的洞察和技巧可以渗透到组织的各个层面。例如，客服专员可以通过关注客户需要完成的任务本身来更好地解决客户的问题，进而改善与客户的互动。JTBD的元素甚至可以影响客服支持相关文档的结构。

第 7 章

价值的重新开发

- 如何通过JTBD应对颠覆性创新
- 如何创建基于任务的战略
- 如何围绕JTBD组织团队
- 如何通过愿景拓展业务

Skype在2003年首次推出时，虽然功能有限且通话质量欠佳，但优势在于免费。用户只需注册，即可与世界各地的人进行通话。

当时市面上的一些网络会议平台供应商，如WebEx和GoToMeeting，对Skype的威胁视而不见。他们认为："我们的产品是面向商业客户的，而Skype只是让大学生互相聊天的工具。"传统电信公司也对Skype不以为然。毕竟，这是一项面向低端市场的免费服务，大玩家何必在乎它呢？

然而到了2011年，微软以85亿美元收购了Skype。第二年，Skype在国际通话市场的占有率几乎增加了三倍。几年后，微软推出了商用版Skype。Skype一跃成为与当时其他高端服务商不相上下的竞争者。

甚至电话运营商也感受到这一影响，国际电话的每分钟费用已降至几乎为零。Skype也在安全性、技术架构和功能方面改变了行业的格局，例如视频通话的普及。

Skype的崛起是"颠覆性创新"的典型例子，这个概念由克莱顿·克里斯坦森在其1997年出版的《创新者的窘境》中正式提出。图7.1展示了基本的颠覆性创新动态。横轴表示市场随时间的发展；纵轴反映产品满足用户需求的程度。上面的曲线表示现有市场中的成熟企业的增量增长，即所谓的维持性战略。底部的曲线则代表新进入者的解决方案，这些方案通常低效但更便宜，但正好足以满足被过度服务的用户需求。

尽管"颠覆性创新"这个词有着广泛的含义，但克里斯坦森赋予其一个非常具体的定义。"颠覆性创新"的核心是竞争反应：那些致力于维持现有业务的传统企业忽视新兴企业提供的低成本、低质量的产品。随着时间的推移，这些新兴企业会不断发展壮大，最终对现有行业产生直接的影响。

事实上，JTBD是克里斯坦森这个颠覆性创新理论的核心。任何企业在初创阶段，都首先专注于解决客户的需求。但随着业务逐渐成熟，企业往往会将重心转向维持业务增长而停止了对产品和服务的创新。克里斯坦森认为，回归任务思维是应对颠覆性创新的通用解药。

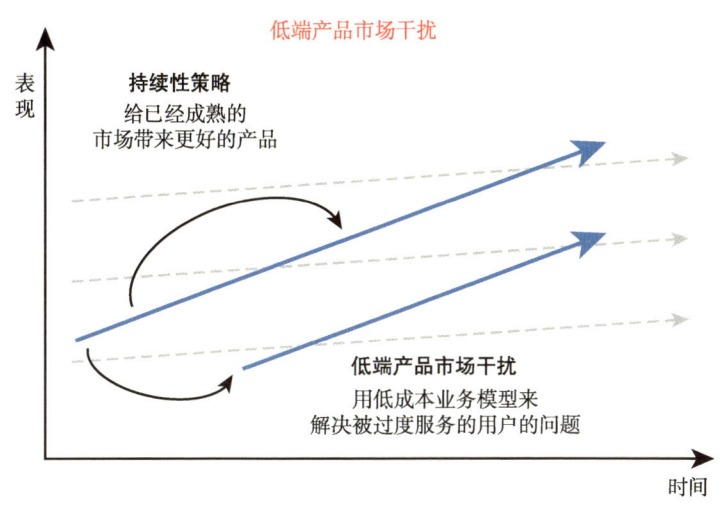

图 7.1

克莱顿·克里斯坦森简述了颠覆性创新动态,新兴企业用低成本、低质量的产品来颠覆现有的企业

颠覆性创新是一个警示,它告诉我们:如果管理层过于专注短期利润而忽视开发客户真正需要的新解决方案,最终可能导致公司走向衰退。JTBD将焦点从产品和服务转移到帮助客户完成任务的目标上。

依托于JTBD的指引,企业能够不断提醒自己以客户真正重视的方式来开发和重新开发其产品或服务。本章将探讨企业如何通过JTBD视角继续创造价值。

7.1 战术17 ➤ 通过JTBD应对颠覆性创新

为了应对颠覆性创新的威胁,麦克斯韦·韦塞尔和克莱顿·克里斯坦森提出了一个简单直接的方法。在文章Surviving Disruption中,他们如此描述:

> 识别人们需要完成的任务,以及如何使这些工作的完成变得更容易、更方便或更实惠,是颠覆者设想如何改进其产品以吸引更多客户的关键。如果您能判断竞争者完成当前任务的有效性或无效性,您就能识别自己现有核心业务中最脆弱的部分——以及您最可持续的竞争优势。

价值的重新开发 167

诀窍在于识别和定义新进入者可能轻易复制的任务，并在为时已晚之前进行自身的颠覆创新。韦塞尔和克里斯坦森建议进行一个简单的练习，使用以JTBD为核心的诊断方法来分析潜在的颠覆性创新动态。

步骤1 ▶ 确定颠覆者的优势

首先，明确潜在颠覆者所完成的相关任务。从自己的主要任务开始，思考人们可能还用其他什么方式完成这项任务。然后列出颠覆者的主要优势和劣势。

步骤2 ▶ 明确自己公司的相对优势

下一步，列出自有产品目前完成的任务与低端竞品之间的交集。从客户的角度简要描述每一项任务，包括与完成任务最相关的环境及条件的细节。

步骤3 ▶ 评估障碍

测试哪些条件会帮助或阻碍颠覆者在未来复制自己现有的优势。明确自有产品的每一项任务核心是否容易被颠覆。

为了给技术提供指导，可以在一个简单的画布上记录自己的分析，就像韦塞尔和克里斯坦森在文章中描述的那样（图7.2）。这个练习在小组讨论中非常有效。通过使用便利贴和翻转图表让每个人都参与互动。

请注意，在这个例子中，任务陈述更像是客户的要求，而不是一个目标。这些陈述使用了第一人称，例如，"让我安全到家"和"准时到达我的会议"，就像一个虚构的人物在向服务提供者提出要求。

为了与其他的JTBD任务保持一致，请使用第2章中列出的框架和语言。以GPS的案例为例，可以将完成这项任务的要素重新表述如下：

主要任务：导航到指定位置

任务执行者：旅行者

主要需求：

- 提高对周边环境的认知；

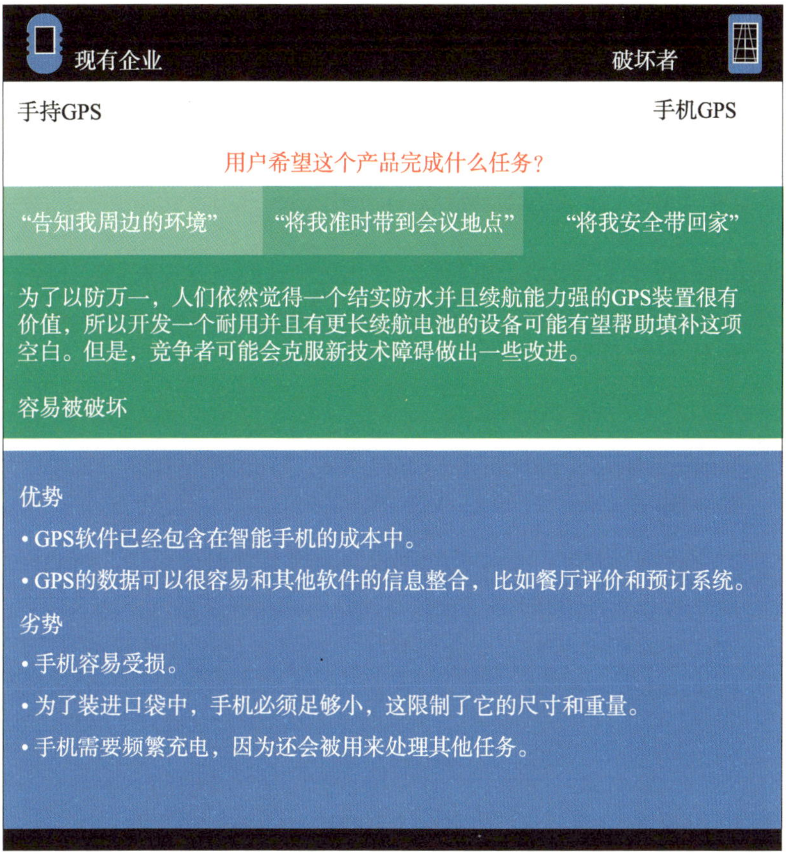

现有企业	破坏者
手持GPS	手机GPS

用户希望这个产品完成什么任务？

"告知我周边的环境" | "将我准时带到会议地点" | "将我安全带回家"

为了以防万一，人们依然觉得一个结实防水并且续航能力强的GPS装置很有价值，所以开发一个耐用并且有更长续航电池的设备可能有望带助填补这项空白。但是，竞争者可能会克服新技术障碍做出一些改进。

容易被破坏

优势
- GPS软件已经包含在智能手机的成本中。
- GPS的数据可以很容易和其他软件的信息整合，比如餐厅评价和预订系统。

劣势
- 手机容易受损。
- 为了装进口袋中，手机必须足够小，这限制了它的尺寸和重量。
- 手机需要频繁充电，因为还会被用来处理其他任务。

JOBS TO BE DONE

图7.2
基于JTBD的快速分析，结合优势和劣势评估来提供如何应对颠覆的洞察

- 降低迟到的概率；
- 降低路上出现不安全条件的风险。

主要场景：

- 当回家时；
- 当按时到达会议场地时；
- 当任务执行者对安全性有所担忧时。

同时要记住，一旦改变主要任务、任务执行者或对比的解决方案，就会得到颠覆的不同图景。例如，如果将手机GPS与船长使用的GPS系统进行比较，您会发现低效的选项无法达到同样的预期结果。这就

价值的重新开发 169

是 Garmin 这样的 GPS 供应商在航海以及航空导航领域拥有健康业务原因：在这些领域，待办任务并没有被手机 GPS 颠覆。

最后，传统公司不宜通过解散仍在盈利的业务来对颠覆性创新做出过度反应。相反，他们应加强与核心客户之间的关系，同时建立一个新的团队，专注于从颠覆中产生的新的增长机会。

新功能应该专注于更快、更便宜、使用更少技能等方式来完成任务。

> **延伸阅读**
>
> 用 JTBD 在竞争中生存
>
> Maxwell Wessel and Clayton Christensen, "Surviving Disruption", *Harvard Business Review* (December 2012).
>
> 文中详细介绍了作者用于识别潜在颠覆性创新的方法。他们以因果关系将 JTBD 思维与颠覆性创新直接联系起来。他们的方法并非科学性的，但是提供了一个简单的诊断思维练习，以洞察潜在的竞争。

7.2 战术 18 ➤ 围绕 JTBD 制定战略

增长本身并不是战略，因为所有业务都有扩展的必要。决定组织如何增长才定义了战略——关于做什么和不做什么的独特的决策链。因此，并非所有战略都相同，公司必须决定采取哪种类型的战略。

多年来，出现了几种工具来帮助区分战略选择。例如，安索夫矩阵（或称增长矩阵）是业务战略中最古老的框架之一。它从两个维度对比战略：产品的创新性和市场的创新性。结果形成以下 4 个象限。

- 市场渗透战略：通过提高市场份额实现增长，激进的销售、降低价格以及产品改进都是这种方式的特征。
- 产品发展战略：通过为现有客户创造新产品和服务实现增长。
- 市场扩展战略：通过接触不同客户群体或扩展区域实现增长。
- 多元化战略：通过将新产品推向新市场实现增长。

图 7.3 展示了安索夫的矩阵及其 4 大主要的战略类型。请注意，这个矩阵关注的是产品战略，而非公司战略。换句话说，一个拥有多种产品的公司可能同时采用多种战略。以麦当劳为例，每个象限都包含一种具有代表性的产品或服务，反映这家快餐连锁店是如何增长的。

安索夫指标

	现有产品	新产品
现有市场	市场渗透	产品开发
新市场	扩展市场	多样化

图 7.3
安索夫矩阵提供了公司可以采用的 4 大不同的策略

其他矩阵则关注市场份额和增长。例如，图 7.4 展示了著名的波士顿矩阵（BCG 增长-市场份额矩阵），这是一个从战略角度评估产品组合的工具。它们有以下 4 种类型的产品：

- "摇钱树"，指在一个增长缓慢的行业中占有较高市场份额的产品。
- "狗"，指在成熟、缓慢增长的行业中占有较低市场份额的产品。这些产品通常可以保持盈亏平衡，并会削弱公司的整体盈利能力。
- "问号"，指在快速增长的市场中占有较低份额的产品。需要仔细分析这些产品，以确定它们是否值得投资。
- "明星"，指在快速增长的市场中占有较高份额的产品，它们从"问号"发展而来，具有市场或细分市场领先的轨迹。

现代战略区分方法扩展了经典模型，如安索夫矩阵或 BCG 增长-市场份额矩阵。在马丁·里维斯等的著作《战略的本质》中，根据以下三

价值的重新开发　171

```
                    高
                     ↑
        ┌─────────────────────┬─────────────────────┐
        │        问号         │        明星         │
        │ 低市场份额和高市场增长 │ 高市场份额和高市场增长 │
        │ 不知道该如何抓住机会；│ 做得不错，很好的机会 │
        │   决定是否要增加投资  │   矿泉水名牌尤其是   │
   市场  │      美极泡面①      │      雀巢优活       │
   增长  ├─────────────────────┼─────────────────────┤
        │         狗          │       现金牛        │
        │ 低市场份额和低市场增长 │ 高市场份额和低市场增长 │
        │     在市场里比较     │     在不怎么增长、   │
        │    脆弱，很难盈利    │  缺乏机会的市场中做得不错 │
        │  珍妮•克雷格减肥代餐、│    雀巢低脂可可粉   │
        │  能量棒、瘦身代餐    │                     │
    低  └─────────────────────┴─────────────────────┘→
        低              市场份额              高
```

图 7.4
BCG 增长-市场份额矩阵展示的 4 种产品类型

个问题提出了三种不同的战略维度：

- 我们是否在塑造我们的行业？
- 它是否可预测？
- 我们的环境有多严酷？

他们将最终的战略分类方案称为"战略调色板"，如图 7.5 所示，涵盖了 5 种类型的战略。

这些模块试图建立一个战略分类法，但主要是从以产品为核心的市场角度出发。企业如何定位自己？它将如何接触市场？需要哪些技术？这些问题主要是从内向外考虑营销。

JTBD 视角提供了一种新的方式：从用户角度出发并从外向内的角度来观察战略。专注于完成任务使公司能够保持一个持续不变的战略目标——完成用户的任务——即使技术不断在变化。

---

① 译注：新加坡人将方便面（中国大陆）、快熟面、泡面（中国台湾）、即食面（中国香港）、公仔面和杯面一律称为"美极泡面"，即 Maggie 面。其发明人朱利亚斯•美极 1984 年在瑞士开创了此品牌。1947 年，雀巢收购了美极。1975 年之后，美极泡面成为新加坡消费者最喜欢的品牌。

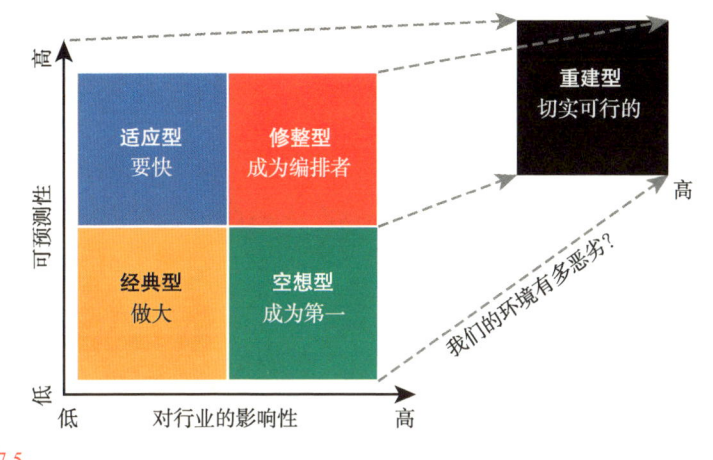

图 7.5
三个维度下的战略类型分类

7.3 JTBD 增长战略矩阵

托尼·乌尔维克及其 Strategyn 团队开发的增长-市场战略矩阵基于 JTBD 提出了不同的战略方法（图 7.6）。这个思路很简单：通过了解哪些解决方案能更便宜、更快速地完成任务，企业可以利用 JTBD 实现更可预测的增长。

该矩阵基于以下观察结果：在市场上获胜的产品能够更高效、更经济地完成任务。因此，一方面，这个矩阵评估的是，相比市场上的现有方案，新产品在完成任务上的表现是更好还是更差。另一方面，这个矩阵考虑的是产品的成本是更贵还是更便宜。

这样就产生了 4 个象限，每个象限对应着根据 JTBD 来定位的不同客户类型。

- **差异化战略**：目标群体是未被满足的用户。产品比现有产品更好但也更贵，例如 Nest 恒温器、Nespresso 咖啡机以及全食有机食品。
- **主导型战略**：面向所有类型的客户，提供更高性能、更低价格的产品，例如 UberX 和 Netflix。
- **离散型战略**：针对那些选项有限的客户以及非消费者，例如高速公路上的应急停车点、体育赛事上的场馆售货点和偏远地区的自动柜员机。

价值的重新开发　　173

- 颠覆型战略：瞄准的是被过度服务的客户和非消费者，例如谷歌文档（相对于 Microsoft Office），TurboTax（相对于传统的税务服务）以及 eTrade 的在线交易平台。

第5个类别"维持型战略"位于矩阵的中心位置。它代表那些在完成任务的能力上略高或在价格上略低的产品。这类产品可能无法吸引新的客户，对新市场的进入者来说是一个糟糕的战略，但对现有公司而言，它可以有助于留住现有客户。

更好 完成任务	区别型策略 只能赢取未被满足的用户	支配型策略 可以赢得各种类型的用户（未被满足的，过度服务的等）
	持续型策略	
更糟地 完成任务	分离型策略 在有限的选择中赢得用户	干扰型策略 赢得过度服务的用户以及非消费型用户

图 7.6
基于JTBD开发的份额增长策略矩阵提供了一种新的策略分类法

下面展示增长战略矩阵的工作方式以及基于任务的战略制定步骤。

步骤1 ➤ 按JTBD将对客户进行细分

利用第4章描述的技巧，确定是否存在服务不足或服务过度的客户，或两者皆有。这包括对执行工作的人进行调查，寻找重要但未满足的预期结果，以找出未满足的需求。

步骤2 ➤ 确定采用的战略类型

使用增长战略矩阵，决定要采取哪种战略类型。记住，要专注于单一产品或产品组合。您的公司可能会针对不同的产品采取不同的增长战略。就像在安索夫矩阵模型或BCG增长-市场份额矩阵一样，一家公司可能在不同象限中拥有不同的产品。

步骤3 ➤ 确定能够完成任务的解决方案

确定哪些产品、服务及其各自的功能可以吸引您瞄准的细分市场。有4种基于JTBD的主要方式可以用于拓展市场：

完成更多步骤，查看任务地图，考虑如何完成更多步骤；以更好的方式完成步骤，与竞品相比，考虑如何更好地完成任务，达到期望结果；完成相关的任务步骤，查看相关任务并考虑如何完成这些步骤或将它们整合到您的方案中；构思并测试以战略方式解决任务的解决方案。

在设计解决方案时，要考虑情感因素、社会因素以及完成任务的具体情况。仅关注功能性任务步骤的完成通常不足以创造出一个吸引人的产品。还需要考虑如何打造一个消费者真正渴望的、令人信服的产品或服务。通过功能性、社交和情感层面的测试，完善产品与市场的匹配。

步骤4 ➤ 制定价值主张并开展营销活动

最后，利用JTBD进行传播，以便与目标细分市场产生共鸣，并体现需求。围绕每个细分市场的任务和未满足的需求构建营销策略。在这方面，情感因素和社会因素也起着作用：仅专注于完成任务的功能步骤，通常无法使信息有说服力。

记住，随着产品和市场需求的变化，产品的定位可能随着时间推移而发生变化。此外，企业可能自主改变产品的定位来调整其战略，向上游或下游移动。

例如，优步最初以差异化战略进入市场：中高档的Uber Black能更好地完成任务，但比传统出租车贵。然而，后来他们在商务型UberX转向了主导型战略，接着又在拼车服务Uber Pool上采用了颠覆型战略。

一个产品也可能最初采取颠覆型战略——以较低的价格完成任务，但表现不佳。随着产品不断改进，逐渐变得更好，并最终转向主导型战略，例如Skype。通过矩阵进行的任何分析都是动态的，反映了一个特定的时间点。

价值的重新开发

如果JTBD是解释市场颠覆的核心因素，那么基于JTBD的产品战略就有助于预测颠覆的发生，进而确保长期的、整体上的成功。尽管这里给出了几个简单的步骤，但使用增长战略矩阵需要完全掌握与精通JTBD和战略。

> **延伸阅读**
>
> 围绕JTBD制定战略
>
> Tony Ulwick, "The Jobs-to-Be-Done Growth Strategy Matrix," *JTBD+ODI*(博客), January 5, 2017, https://jobs-to-be-done.com/the-jobs-to-be-done-growth-strategy-matrix-426e3d5ff86e.
>
> 文章解释了矩阵的理论及其实践。打开文中的网络研讨会记录链接，可以详细了解增长战略，并通过更广泛的JTBD理论进行框架讨论。想要进一步了解增长战略矩阵，请参阅乌尔维克出版于2016年的书 *Jobs to Be Done*。

7.4 战术19 ➤ 围绕任务构建组织

我之前工作过的6家公司，都经历过似乎无数次组织重组。也许您也经历过类似的情况：每年或每隔一段时间，公司都会决定调整结构。

但是，这些重组真的有效吗？2010年贝恩咨询公司的报告指出，只有三分之一的组织重组创造了价值，事实上，许多重组甚至毁掉了价值。可以肯定的是，重组需要耗费大量精力，也许把这些精力用在其他地方会更好。最终，在解决更深层的战略问题上，许多重组都是徒劳的。

问题在于，重组往往过度关注于层级和汇报关系。纸面上，谁向谁汇报发生了变化——有时是剧烈的变化——然而，实际上，员工的工作可能并没有太大变化。因此，重组的实际效果往往没有什么不同。试想一下图7.7所示的公司重组前后的对比。

为了避免纯粹的层级结构带来的"信息孤岛"，一些公司实施了所谓的矩阵型组织，如图7.8所示。这为组织结构增加了另一个维度，员工有双重汇报关系。例如，他们可能同时向部门经理和产品线经理汇报。

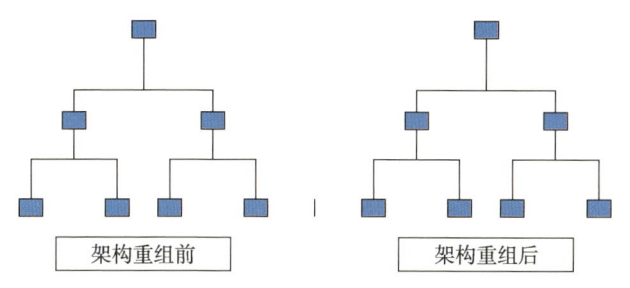

图 7.7
组织架构重组前后几乎差别不大

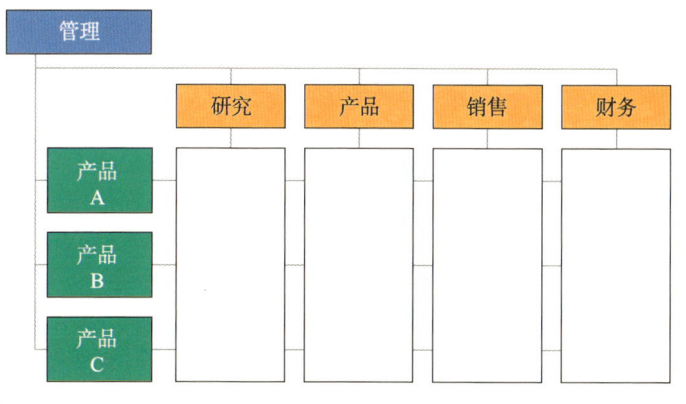

图 7.8
展示围绕两种组织维度的公司架构的矩阵，例如部门和产品

另一种著名的方法是 Spotify 引入的另一个组织维度，以帮助其敏捷团队变得更加灵活。图 7.9 展示了团队如何首先按不同的产品线划分，由产品负责人领导，并组织成小队。然后，个别贡献者可以再按小队跨组形成分会，以及形成跨群体的行会中。

Spotify 的模型更好地反映了人们在公司内部如何像一个连接和沟通的网络一样进行互动。然而，即使是这种方法，也不能确保团队会专注于客户需求，它本身并不具有以客户为中心的性质。

为了更好地将团队与客户需求对齐，另一种方法是将 JTBD 作为组织的维度。这将以用户为中心的思维方式作为公司结构的内在关注点。正如克莱顿·克里斯坦森及其合著者在《创新者的任务》一书中如此描述：

价值的重新开发　　177

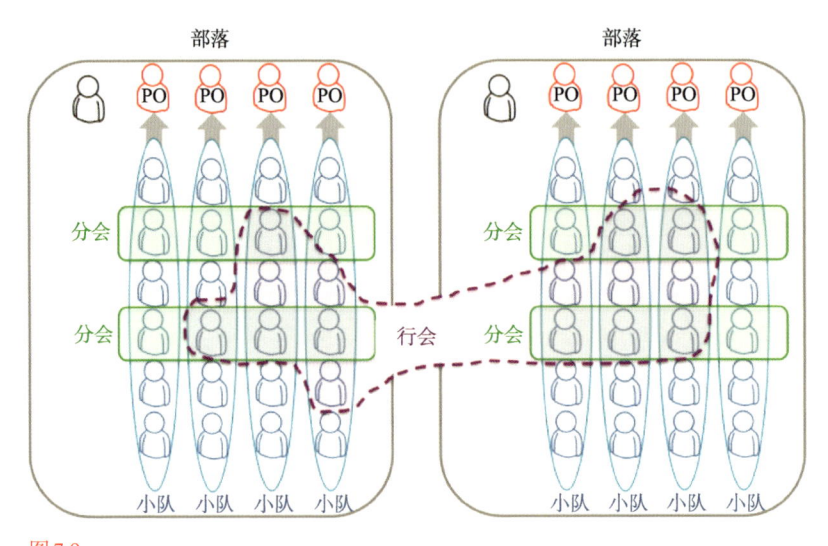

图 7.9
Spotify 对公司结构的创新，在典型的矩阵之外将多层组织组合在一起

> 从任务视角看，最重要的不是谁向谁汇报，而是公司不同部门如何互动，以系统性地提供完美执行客户任务所需要的产品或服务。当管理者专注于客户的工作时，他们不仅为创新工作提供了一个非常明确的方向，而且还为其内部结构提供了一个重要的组织原则。

通过这种方式，团队不再只是围绕职能领域运作，他们可以看到什么对客户最重要：完成任务。

步骤 1 ▶ 将任务分组

使用任务地图，找到与不同团队和任务相对应的自然分类。例如，可以将任务分为三个独立分组：任务执行前、任务执行中和任务执行后。

或者，如果组织需要处理多个不同的相关任务，请考虑根据这些任务的相互影响进行分类。最后，应该能够形成一些任务分组，这些分组可以成为给定团队的关注焦点。这样做的目标是找到能作为组织原则的大型任务。

步骤2 ▶ 围绕任务构建组织

首先，确定要围绕任务构建组织的层级。一开始就将任务作为主要的组织的向量是不现实的。公司层级和角色可能仍然在管理汇报线、财务及业务的其他方面上发挥作用。此外，公司外部人员（包括客户）会期望公司保持一定程度的可预测性。

相反，最简单的起步方法是将跨职能团队或任务小组与二级或三级任务上对齐，类似于 Spotify 模型中的行会或分会。这将帮助我们在传统的层级结构和以客户为中心的对齐任务之间找到平衡。

步骤3 ▶ 设置成功指标和衡量标准

最后，赋予新的团队"拥有"客户成功完成任务的使命。在可能的情况下，授权他们不仅理解工作任务，还能设计解决方案。同时，确定每个任务成功的衡量标准。

尽管您可能不会围绕"任务"对人力和汇报线进行重组，但可以将项目和任务总体对齐到客户目标。这将大大提高公司从外部到内部理解其创造价值的能力，并最终提供更好的产品和服务。

一旦定义了客户试图完成的任务以及如何创建满足其需求的解决方案，就还需要问一个问题："我们公司需要如何组织其能力，以提供合适的产品和体验？"

以 Intercom 为例，它是一个帮助公司与客户保持直接联系的消息平台。自2011年推出以来，这家初创公司发展迅速。最初，公司就是围绕 JTBD 来构建组织的。

他们看到，连接客户的工具存在很多割裂的地方：想给客户发消息时用一个工具，客户想给您发消息时用另一个工具，如果想提问，再用另外一个工具。如果想发送产品更新，又得用另一个工具。虽然通过 API 和中间件将这些工具整合起来是可能的，但结果并不会无缝衔接，如图7.10所示。

然而，由于 Intercom 有意识地寻求整合各种功能，他们很快就意识到自己需要明确其软件的功能。为此，他们借助 JTBD 来组织这些能力。从那时起，他们就一直使用 JTBD 来实现业务聚焦和澄清优先级。

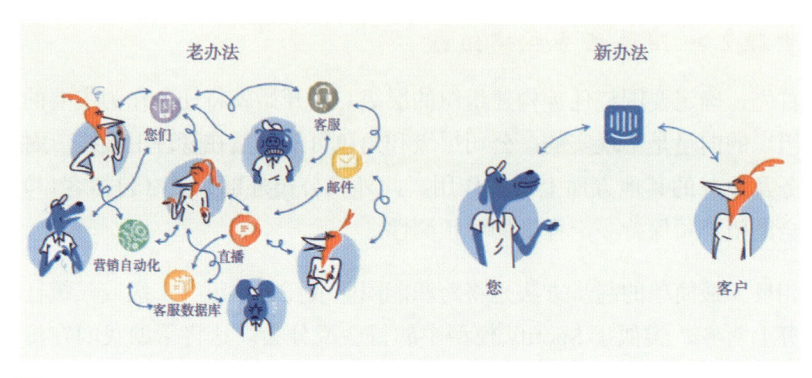

图7.10
Intercom使用JTBD对现有工具的复杂功能进行排序,然后通过其一体化解决方案进行简化,同时确保提供清晰的用户体验

Intercom首次推出时,所有功能都捆绑在一起。用户得到了所有的工具——支持、营销和产品反馈工具——价格根据数据库中活跃用户的数量而有所不同。公司将其产品拆分为4个独立的功能,每个功能分别针对目标用户想要完成的一个任务。

- 获取新的客户:通过与网站访客进行聊天,帮助他们成为客户。
- 与现有客户互动:Intercom让其用户通过个性化消息与自己的客户建立关系。
- 了解客户:通过Intercom,产品经理和研究团队很容易根据他们在产品中所完成(或尚未完成)的任务向客户发送高度定向的消息。
- 支持客户:这个软件解决方案也是支持团队的工具,帮助他们提供客户支持,而不依赖传统的"工单"系统。相反,团队可以将支持请求和报告分配到公司各部门。

尽管Intercom保留了传统的职能角色(如营销、销售、产品等),但他们也围绕日常任务和活动中要完成的任务进行组织。

再来看美国USAA银行,这家提供金融服务和保险的公司专门为美国的现役军人和退伍军人提供服务。USAA如何围绕他们所谓的"体验"进行组织呢?以前,银行有典型的基于产品的盈亏中心(P&L),分别向首席执行官汇报——一个负责支票账户,一个负责信用卡,一个负责汽车贷款,一个负责住房贷款,等等。

大约在2016年，他们摒弃了这种基于产品的组织方式，转而围绕其会员的体验进行重组，这与他们要完成的任务非常相似。因此，USAA银行不再有产品负责人，而是由体验负责人直接向总裁汇报。例如，现在有一位"日常支出体验负责人"，不仅负责支出管理，比如支票账户的支出，还包括信用卡的支出。从JTBD的角度来看，我们可以说，体验负责人负责帮助客户每天控制个人支出的所有相关工作。最终，USAA银行通过将组织模式与其服务对象的需求对齐，建立了一个机构化的组织模型。

另一个例子是我的前东家，这家大型出版商也做了类似的事情。他们发现他们的产品中有4个逻辑分部，这些分部与客户的"待办任务"大致相关，于是围绕这些分部组织了产品团队。像Intercom的例子一样，他们拥有典型的角色类型和汇报线，但工作和项目根据他们在产品中解决的任务类别进行分类。例如，销售手册中有一些章节是按任务进行组织的，以便销售人员可以向客户展示我们是如何帮助他们完成某个任务的，而不是单纯推销产品的功能。

要想成为一个以客户为中心的公司，面临的最大挑战，可能是创建一个以客户为中心的组织结构。那些信奉客户至上并对客户充满热情的公司通常会超越竞争对手。JTBD为他们提供了一个必要的外部视角，来推动组织变革。

延伸阅读

围绕任务来构建组织

Clayton Christensen et al., "Integrating Around a Job," Chap.7 in *Competing Against Luck* (New York: HarperBusiness, 2016). 中译本（创新者的任务）

作者在第7章中强调了围绕JTBD来组织流程和职能的重要性。书中提供了许多执行此操作的组织示例，例如梅奥诊所和南新罕布什尔大学等。作者声称，围绕JTBD来构建组织能够提供竞争优势。

价值的重新开发

创造共享价值

第二次世界大战后，美国的公司采取了普遍的"保留并再投资"策略。他们将收益再投资于公司，这样做既有利于员工，也使公司更具竞争力。

这种传统战略方法在20世纪70年代逐渐转变为"裁员并分配"的态度。降低成本和最大化股

回报，特别是股东分红和CEO薪酬，成为首要任务。人们普遍认为，利润对社会有利，因为公司赚得越多，人们的生活就会越好。

然而，遗憾的是，这项政策并没有使美国变得更加繁荣。自20世纪70年代以来，美国工人工作更多，收入却更少。与此同时，股东价值（如股息和CEO工资）却在增加。难怪人们对企业的信任达到历史最低点。我们看到企业越来越被指责为许多社会、环境和经济问题的罪魁祸首。

但这种平衡正在转变，尤其是通过所谓的"共享价值"倡议，这是战略专家迈克尔·波特和马克·克莱默在其代表作《创造共享价值》中创造的一个术语。如今，公司的运营不能以牺牲其服务的市场为代价。他们如此描述：

> 问题的很大一部分在于公司本身，它们仍然深陷于过去几十年形成的过时价值创造方法中。它们继续狭隘地看待价值创造，只是在泡沫中优化短期财务表现，却忽视最重要的客户需求，也忽略了决定其长期成功的更广泛的影响因素。

共享价值明确地将收入与创造社会利益联系起来。反过来，这又为组织提供了竞争优势。这是一种双赢的策略。

共享价值超越了传统社会责任，它不只是向慈善机构捐款。取而代之的是，每当客户与公司互动时，共享价值都会为社会和公司创造价值。这直接触达企业战略的核心。

共享价值的概念意味着组织必须以考虑人们需求的方式来构思其价值主张。其中最重要的是对人类需求的深刻理解。例如，在一段视频采访中，波特如此建议：

> 弄清楚您的产品和价值链是什么。了解这些因素如何与重要的社会需求和问题发生联系。如果从事金融服务工作，请考虑"储蓄"或"购房"，但必须以一种真正符合消费者期望的方式来进行。

如果共享价值运动迫使企业从客户的角度看待战略，那么JTBD便为此提供了一个框架。例如，如果一家金融服务提供商需要理解"为购房而储蓄"这个客户目标，以符合消费者的预期，那么该服务提供商就可以利用JTBD框架来建构这些目标和需求。

在共享价值的背景下，公司需要确定如何才能融入客户的任务，而不是让客户来适应公司。举个例子，购房服务可能通过将房屋列表与社区步行道的信息进行协调，以促进更健康的生活方式。然而，步行可能带来的成本节省也可以列入决定能负担的房价范围的考量内。也许该系统还能显示通过减少汽油开支或彻底放弃汽车后可以节省多少资金。

在共享价值的引领下，公司的战略目标变得更加广泛，这不只是购买房屋或定居问题，还关系到购买新房时打造更健康、更环保的生活方式。

7.5 战术20 ▶ 拓展市场机会

我在之前的书《体验地图》（由O'Reilly出版于2016年）中简述了我与一位前公司销售总监的对话。他参加过我主持的一次战略研讨会。我原以为我们会围绕客户需求和市场反馈探讨增长机会，但这位销售总监的观点略有不同。"我们必须弄清楚如何从客户身上榨取所有价值，"他一边绞着一条假想的毛巾，一边解释道。"如果毛巾变干了，您就得更用力挤。"考虑到他的短期销售指标，他的立场是可以理解的，但我认为这种方法不合适。利润固然重要，但这并不是我们这次努力的重点。

市场不只是一个受剥削的消费群体，客户是一个组织最宝贵的资产。问题在于传统的市场细分方法和客户的普遍看法，它们往往基于人口统计特征。考虑一下克莱顿·克里斯坦森及其合著者斯科特·库克和塔迪·霍尔在文章 Marketing Malpractice 中的观点：

> 大多数新任管理者在商学院学到的并在优秀公司营销部门实践的主流市场细分方法，实际上是导致新产品创新成为一场赌博的关键原因，而在这种赌博中，获胜的可能性极低。

JTBD再次提供了另一种选择。任务定义了市场，即一群目标相似的人，想要完成同样的任务。商业领袖丽塔·冈瑟·麦格拉思认为，未来市场应该从JTBD的角度进行定义。她在其畅销书 The End of Competitive Advantage（2013，繁体中译本《竞争优势的终结：如何让策略跟上业务的速度》）中如此描述：

> 市场的分类驱动因素可能是特定客户所寻求的结果（即"要完成的任务"）以及实现这些结果的不同方式。这一点至关重要，因为对特定优势的最大威胁可能来自边缘或不那么容易被发现的地方。

更重要的是，由于技术会变化而任务是稳定的，因此围绕任务来定义市场具有战略上的优势。例如，黑胶唱片和磁带被CD所取代，而CD又被MP3取代，最终被流媒体音乐服务所取代，但任务依旧不变：听音乐。仅仅因为技术过时并不意味着市场一定改变。换句话说，不要将市场定义为"购买CD的人"，而要定义为"听音乐的人"。

不仅如此，基于任务的方式还有助于拓展市场视野。这样做的方法是更广泛地看待完成更多任务，或考虑在任务层次结构中更上一层楼。换句话说，关注人们在寻求满足需求的解决方案时，正在努力取得的改进。

如何拓展市场战略视野呢？具体步骤如下。

步骤1 ➤ 关注人们想要取得的进展

考虑自己的主要任务并从中探索人们的愿望。通过访谈任务执行者（参见第3章中的技巧），了解人们想要取得的进展，这通常涉及完成多项相关任务。考虑这些相互关联的任务，然后深度思考"为什么？"来进一步拓宽视野，并在目标层级中进一步发展。组织团队展开讨论，探索并理解客户的愿望。

步骤2 ➤ 问自己："我们真正从事的是什么业务？"

露华浓的创始人查尔斯·雷弗森用一句话精准地概括了JTBD的思想："在工厂里，我们制造化妆品；在药店里，我们卖的希望。"同样，向团队提出一个简单的问题："我们到底是做什么生意的？"并就此展开讨论。考虑步骤1中所有不同的答案，力求形成一个反映人们真正想要在生活中取得进展的答案，但可能也会有多个答案。

步骤3 ➤ 重新构思产品的定位

现在，考虑当前的产品。它们是如何满足客户更高层次期望的？有哪些缺失？为了拓展业务，需要具备哪些条件？设计和重新设计产品的各个方面，以满足更高的要求——从产品和服务设计，到营销信息，再到整体产品组合战略。

关于爱彼迎的增长，最新的故事展示了这家年轻公司如何拓展其商业目标和拓宽市场视野。他们没有将住宿预订解决方案视为产品，而是将客户的旅行或行程视为产品。

在《福布斯》杂志的一次采访中，爱彼迎设计师瑞贝卡·辛克莱分享了他们如何使用设计思维和旅程地图来改变自身的视角：

> 我们开始说"产品就是旅行",并开始改变我们的思维方式。我们可以看到全新的可能性,重新思考我们要解决的问题,构建什么产品/服务……当我们意识到产品就是旅行时,我们就开始将爱彼迎看作是一家经营生活方式的公司,能够合理地扩展到旅行的更多方面,比如爱彼迎体验。

因此,爱彼迎引入新的领域,包括爱彼迎体验。现在,旅行者可以预订由当地人带领的城市游览、烹饪课程、博物馆参观等。通过从"预定住宿"转向"在地旅行",他们避免了战略上的短视,并极大地扩展了业务。因此,爱彼迎现在解决了旅行时要完成的多种相关任务。尽管这个例子没有明确提及JTBD,但思路是相同的,并且可以按照前面列出的步骤进行复用。使用JTBD,可以全新的眼光审视自己的公司。

延伸阅读

扩大市场机会

Clayton Christensen et al., "Marketing Malpractice," *Harvard Business Review* (December 2005).

由多位杰出的商业思想领袖撰写的这篇里程碑式文章质疑了传统的市场细分方式。作者指出JTBD是解决这个问题的良方。尽管文章提供了许多案例故事,但并没有提供太多的实践。可以从这里初步了解基于任务的市场细分。

另请参阅艾伦·克莱门特的 *When Coffee and Kale Compete* (2016),进一步了解JTBD衡量进步并关注目标。

7.6 要点回顾

如果熟悉以目标为导向的研究和设计方法,如任务分析、目标导向设计、情境询问等,可能很难看出这些方法与JTBD之间的区别。一个显著的区别是它们在商业战略中的应用——从定义市场到制定战略,再到创造未来客户价值的愿景。

更具体地说，待办任务是应对颠覆性创新的关键解药。麦克斯韦·韦塞尔和克莱顿·克里斯坦森展示了如何基于任务思考来分析市场的威胁。通过将现有公司的产品与竞品方案进行比较，我们能够获取有价值的战略洞察。

JTBD也是一个战略驱动力。托尼·乌尔维克开发的增长战略矩阵可以根据JTBD来选择战略类型。与其他类似的矩阵一样，根据市场分析和战略需求，也有多种选择。

那些没有与客户对齐的公司，往往很难以客户为中心的方式采取行动。为了克服层级组织图中固有的隔阂，可以围绕"待办任务"进行组织和整合。虽然在最高层次的汇报线中这一点不容易做到，但可以将"工作"映射到团队和职能，作为二级和三级结构的组成部分。

那些能比其他产品更好完成"任务"的产品，往往能在市场中获得成功。为了拓展战略视野，要考虑如何在"任务层级"上向上发展，包括针对愿望的目标。团队可以通过深度思考"我们真正从事的是什么业务什么？"来寻找业务增长的方法。

价值的重新开发　　187

第 8 章

JTBD 实战指南

- 完整的 JTBD 方法
- JTBD 巧搭合集
- 如何推广和倡导 JTBD 方法

1997年，乔布斯回到苹果，在一次公司大会上，他宣称："必须从消费者的体验出发，然后再回到技术。"他把这种眼界应用于之后的管理中，让濒临失败的公司扭亏为盈。他提出的战略要求完全颠覆软件创造和销售的原则。

那时，乔布斯的方法似乎是颠覆性的，但这种思想其实并不新鲜。早在1960年，西奥多·李维特就讨论过关注客户之于商业的重要性。在他的重磅雄文"营销近视症"（发表于《哈佛商业评论》）中，李维特如此描述："企业应该首先关注客户及其需求，而不是聚焦于专利、原材料或销售技巧。只有根据客户的需求，行业才会向后发展，首先关注如何让客户满意。然后再回到创造可以让客户更满意的产品或服务。"

和乔布斯一样，李维特不只是口头上说要服务市场。他建议公司从根本上围绕客户需求构建业务。以客户为中心不是一系列活动清单，而是公司本质和行动的核心。

如今，以客户为中心比以往任何时候都重要。客户现在似乎拥有无限的选择权，完全能够根据需求自由地切换提供商。事实证明，以客户为中心与商业成功是密切相关的。以下是一些相关研究结果：

- 德勤研究发现，以客户为中心的公司比不关注客户的公司在盈利上高出60%；
- Gartner的一项研究发现，有89%的公司希望主要根据用户体验展开竞争；
- Forrester研究公司发现，客户驱动的金融服务提供商在收入增长上超出预期的30%，股价预期几乎翻了一番。

然而，尽管看起来很直观，但许多企业在真正应用时仍然面临挑战。他们仍然受制于旧的管理方式和指标，很难做到从外部视角看待市场。

部分问题与"客户"这个概念有关，对许多人来说，"客户"仅限于"消费"。JTBD则相反，关注个体以及那些独立于解决方案、公司或品牌的个人目标。乔布斯设想的体验不仅是一种更好的产品体验，而是与新技术更有意义的互动。同样，李维特不只是在讨论产品满意度，而是满足客户的基本需求。相比单纯的消费，以客户为中心的理念更深刻，必须包含对人们动机的理解。

JTBD作为一种方法，可以拓宽组织中以客户为中心的含义。虽然不是万能的解决方案，但JTBD提供了一种通用的语言和对市场的理解，能够指导从战略、设计、开发到营销、销售和客户支持等各个环节。它是一种贯穿价值创造周期的持续性探究引擎，可以推动各个决策点的形成。

8.1 JTBD方法

本书介绍了一系列可以独立或结合使用的JTBD练习和技巧。

它们都共同关注人们在达成目标时的基本意图，这些目标与特定的解决方案无关。成熟应用JTBD进行创新的方法也有很多，下面要进行简要回顾。每种方法都以不同的方式将"任务理论"转化为有效且可重复的创新实践。

无论是遵循既定的方法，还是根据实际情况创建一系列JTBD活动，都应该努力让团队成员参与其中。JTBD提供了一个理解市场需求的共同基础跨越组织内部的不同部门和岗位。

让所有人保持一致的话，可以进一步提高客户关注度，减少协调成本，进而加速决策过程。

8.1.1 结果导向的创新（ODI）

托尼·乌尔维克的ODI方法可以说是目前JTBD应用方法中最全面、最精炼的。该方法代表一种端到端的流程，用于在公司战略中应用JTBD。本书中介绍的基于ODI的技术是我根据自身实践经验对这一方法的解读。我鼓励大家直接通过以下资源进一步学习ODI。

总体而言，ODI包括以下4个阶段。

1. 识别任务。主要任务是一个广泛的功能目标，其中包含情感层面和社会层面的期望结果（即需求）。通过对任务执行者的深入研究来发掘这些任务。

价值的重新开发　　191

2. 创建任务地图。任务代表一个过程，而不是静态的时间点，并通过可视化图表展现其如何展开。任务地图成为整个过程中组织洞察的关键模型。
3. 定义预期的结果。需求与主要任务相关联，每个主要任务可能有50到150个期望的结果陈述，这些是通过研究发现的。
4. 量化市场。使用调查问卷来找到未满足的需求，正如在第4章"定义价值"中所介绍的，通过JTBD的视角，可以准确识别市场机会。

一旦完成，所得的洞察就可以用来支持制定公司战略到构建产品路线图，再到制定营销活动等各个方面的工作。请记住，ODI并不是一种产品设计方法，而是通过JTBD视角对任何商业进行市场层面的洞察。

ODI的影响力通常能触达组织的最高层，并且可以产生广泛的影响。

但是，ODI方法有84个详细步骤，要求极端严谨才能正确执行。任何偷工减料都是行不通的，会产生错误的反馈。特别是最后一步——量化市场需求，这个部分最具挑战性。即便提供丰厚的奖励，参与者完成调查也是极具挑战的。而且，分析需要非常精确。没有培训、指导和实践的话，ODI很难复制。

我自己深有体会，我曾经在几个项目上尝试过完整的ODI流程。我的团队在完成这个过程时面临了大量的时间和资源压力，尤其是在量化期望结果时，措辞的不同、所需样本量和统计分析都带来了困难。

我也在Strategyn（乌尔维克的咨询公司）执行的一个ODI项目中做下游工作。不幸的是，他们的结论并没有为我的设计团队提供太多指导，并且该项目很快就朝着多个方向发展。在这个案例中，ODI未能达到预期效果。

但是，不必完成整个ODI过程就能获得价值。在大多数情况下，访谈和创建任务地图就足够了。我发现，任务地图本身就可以提供有价值的洞察。ODI的批评者往往忽略了这一点，过于关注过程中的量化部分。

ODI方法有广泛的文献资料可以学习，其中包括乌尔维克的整本图书，（免费下载）。尽管这一方法名称已注册商标且该过程已获得专利，但每个人仍然可以在自己的项目中使用ODI方法，无须事先获得许可。

8.1.2 任务图谱

在《待办任务》一书中，三位作者建议创建一个所谓的"任务图谱"，这是一种全面展现完成任务过程的整体视图。创建任务图谱代表一种端到端的方法，分为三个主要阶段。

阶段1：了解当前的起点

此阶段的目的是发现人们在问题领域中希望完成的任务。首先从个人角度了解问题空间。一个关键步骤是找到完成任务的驱动因素，或者说是影响某个任务对特定客户来说更重要或不那么重要的背景因素。

根据作者的说法，在采访中可以揭示三种类型的驱动因素：

- 情境，这些是影响决策的近期情境因素，类似于本书第2章中所讨论的情况；
- 态度，代表可能影响任务完成方式的关键个性特征，包括社会压力和他人的期望；
- 背景，影响决策的长期环境，如环境因素（天气）、任务时间安排或突发事件。

然后，可以确定人们当前为完成任务而采用的方法。为此，创建一个情境故事板（图8.1），该故事板不仅包括工作步骤，还包括涉及的其他利益相关者、痛点以及目前完成每个步骤的方法。

特别是痛点，提供了有助于客户更好完成任务的机会。从这个角度看，痛点类似于任务过程中未满足的需求。

阶段2：规划目标和障碍

在完成第1阶段之后，团队可能希望立即着手开发解决方案。尽可能抑制这种冲动，并继续深入了解要解决的问题。该阶段的主要目的是收集客户在评估解决方案时要使用的成功指标。专注于人们想要的真正的结果，而不仅仅是功能或特性。

例如，便携式数字音乐播放器的制造商可能倾向于专注于存储和电池续航。但是，使用任务语言会揭示消费者可能有的最重要的需求，即提升音乐收藏的便携性以及改善随时随地听音乐的能力。这里的诀窍

步骤	计划	购买	烹调	享用	清理
参与者	• Mary • Dylan	• Mary • Dylan	• Mary • Rachael（女儿）	• Mary • Dylan • Rachael	• Dylan
当前的方法	• Mary在Dylan下班之前会打电话和他确认吃什么	• 选择谁去购物 • 在每个过道里想主意 • 在手机上查看食谱	• 在Mary烹调时Rachael会做准备任务 • 在一起烹调中聊聊一天发生的事情	• 在餐厅一起吃饭 • 讨论时事	• 把锅碗浸泡在水里 • 装进洗碗机 • 清洗锅碗
痛点	• 没有人记得冰箱或者厨房里还有些什么	• 下班之后再去购物非常累 • 比事先做好计划再去购物要贵不少	• 很多事情（如短信和电话）会分心，影响烹调的速度	• 鸡肉很干，因为害怕煮的时间太短	• 感到孤独 • 食物粘在锅碗上 • 锅碗很难完全清洗干净 • 无趣

图 8.1

为了清晰地了解起点，绘制完成任务的步骤（例如：准备一顿饭），并标出相关的利益相关者、当前的解决方法和痛点

是确定人们在哪些地方想要更多、在哪些地方想要更少以及他们在哪些地方寻求平衡。

最后，乌尔维克和同事建议还要注意障碍。他们认为："如果一个新产品不符合根深蒂固的行为和期望，那么客户将不愿改变，并会寻找不切换到新解决方案的理由。"在构思解决方案之前，请考虑以下几种不同的潜在采纳障碍：

- 缺乏任务知识，客户不会购买自己不了解的东西；
- 行为改变，促使人们改变习惯通常比预期更难；
- 多方决策，一次购买行为需要多个决策者的协调，经常会阻碍或减慢销售过程，减少潜在的销售；
- 高成本，直接成本和间接成本可能被认为过高；
- 高风险，使用解决方案可能会带来失败的风险；
- 陌生的类别，定义新类别的创新产品很难让消费者理解并从中发现直接的价值。

- 缺少基础设施：如果解决方案需要新的基础设施支持（例如，电动汽车需要完善的充电站网络），采纳进程就会被拖慢。
- 新的痛点：切换到新的解决方案可能会带来更多新的问题。
- 过度炒作：酷炫的新品光环效应在完全被采纳前可能就过时了。
- 偏离目标：产品定位不正确或没有精准定位到正确的消费者。

这样的障碍清单将为您提供解决方案的指导。这些障碍可以被视为需求，也可以用来评估潜在的创意。

阶段3：让这次旅行值得一游

与其他JTBD方法不同，斯蒂芬·温克尔、杰西卡·沃特曼和戴维·法伯的著作《创新者的路径》使用JTBD提前确定创新对企业的潜在价值。通过这种方式，他们将洞察转化为潜在的收入。目标是根据任务而非产品来看待市场。查看自己根据任务执行者的情境、态度和行为来确定的不同细分市场。然后问问自己，满足每个细分群体的任务需求是否会对公司的利润产生影响？关键是考虑完成这些任务的商业价值，即使自己还不明确解决方案。

总体而言，他们以客户为中心的创新路线图提供了一个实际的方法，帮助创建人们真正想要的产品和服务。记住，任务图谱也是创新路线图的重要组成部分。创建任务图谱应该高度贴近实际，它由一系列直观且易于使用的技巧组成，适合多样化的利益相关者。

8.1.3 切换访谈和四力分析

切换访谈技巧也提供了一套JTBD应用指导步骤。在进行深入的切换访谈之后，四力分析提供了一个了解客户动机的框架。这些洞察随后可以用于改善现有产品或进行创新。

切换访谈并不代表一个完整的创新方法，但它与其他技巧（例如设计思维、精益创新等）高度共融。使用切换访谈的步骤如下。

1. 进行访谈：作为整体方法，切换访谈的核心是简单直观的访谈技巧。在这个方法框架下的所有调查，都是通过访谈了解人们希望改变任务方式的基本动机，这反过来指向需要完成的任务。

2. 寻找模式：在采访和分析中寻找共同的主题，将自己发现的主要模式总结出来，供团队审核。目标是识别出关键的任务动机，这将有助于预测人们为什么会选择某种解决方案。
3. 识别机会：将已识别的驱动因素带到一个包含多方参与者的研讨会。首先，介绍自己发现的主要驱动因素，并让每个参与者提出挑战性问题以在头脑风暴中加以解决。要求他们以"我们该如何……"开头，以确保所有问题都保持一个统一的格式。然后，将问题进行聚类并确定优先级，以找出需要优先解决的关键挑战。
4. 设计解决方案：引导小组进行结构化的头脑风暴活动。将最突出的"我们该如何……"问题分配给各个分组。然后，每个小组提出解决方案，最后再将解决方案展示给整个小组进行讨论和迭代。
5. 实验：从头脑风暴中产生的创意和概念并不准备直接投入实施。需要通过实验来细化解决方案。找出快速原型设计、测试和迭代的方法。

最后，虽然完整的方法很有价值，但很少能够完全得到严格的遵循。总有一些地方需要根据情况变化进行调整：时间、预算、参与者的个性和期望的结果都会造成差异。正如我在本书中所做的那样，通过将JTBD方法分解为单个战术，有望给人带来启发和信心，将战术结合运用到不同的配方中，以服务于自己特定的目的。

8.2 JTBD配方

本书的目的是提供一个简单实用的起点，以便您开始使用JTBD。无须像完成之前提到的那种完整方法从任务思维中获得价值。本书中所列的战术可以单独或组合使用，以便大家可以灵活地自定义方法。但是，创建一系列相关活动的顺序，可以增强研究的强度和效果。可以按逻辑顺序将这些战术组合在一起，制定出符合自己需求的流程。

以下配方可以用来制定个人的JTBD研究计划。通常，这些配方围绕团队或组织常见的目标进行组织，每个配方都从界定JTBD的工作范围开始。

总体而言，目标是从个体角度了解市场，并为自己经营的领域中的问题空间建立模型。从这里开始，可以确定最佳机会并创造出合适的解决方案来满足人们的需求。JTBD 在整个价值创造周期中提供了较为实用的方法。

记住，JTBD 与其他方法和过程兼容。例如，在 JTBD 研究期间发现的任务图谱和需求陈述可以作为典型设计思维活动的丰富的输入。JTBD 提供了一种高度结构化的方式来探索人们独立于产品所希望达到的结果，从而提高对客户需求的同理心，这为头脑风暴和寻找解决方案打下了基础。

相同的 JTBD 研究也可用于精益实验。通过了解人们最重要的工作需求来优先测试相关特性。然后，在敏捷开发过程中，从 JTBD 调研中提取的任务故事能够确保开发过程中始终聚焦于客户需求。

配方 1：推出新产品或服务

如果是企业家或企业内部的创业者，那么目标将是首先了解潜在的市场需求，以增加成功的机会。即使愿意通过实验来学习并找到一个可行的解决方案，JTBD 也有助于识别出潜力的切入点。

由于任务需求与技术无关，因此即使还没有产品，JTBD 调研也可以完成。例如，初创公司可以在解决方案进入市场之前，系统地调研潜在客户的需求和动机。

此配方的目的是确保产品一开始就可以实现产品-市场契合度，即产品满足市场需求的程度。JTBD 帮助您将精力集中在那些需求最强烈的方面。通过首先聚焦于主要的功能性任务，再逐步加入情感因素和社会因素，找到理想产品、市场契合的机会将大大增加，同时也能避免浪费时间测试不合适的解决方案。

用于推出新产品或服务的 JTBD 可能如下所示。

1. 进行任务访谈：即使还没有基础客户群，也可以专注于从任务执行者那里获得反馈。寻找完成核心任务的人员并让他们参与访谈。
2. 创建任务图谱：即使市场上没有产品或服务，也可以绘制任务图谱。完整的任务图谱将作为讨论的重点，以检验您的假设。

3. **发现未被满足的需求**：努力从客户角度寻找最佳机会。为使活动更简洁，请遵循丹·奥尔森在《精益产品手册》中介绍的方法，找到未被满足的需求。
4. **制定价值主张**：根据任务图谱和未满足的需求，形成一个假设的价值主张，并进行测试和完善。
5. **检验假设**：通过设计冲刺或类似活动形成可检验的概念，并确定风险最高的假设。然后，设计实验来检验和验证前面提出的假设。

从这里开始，应该能够获得足够的洞察，为前进奠定清晰的道路。我建议遵循杰夫·戈赛尔夫的"精益用户体验"方法，该方法将指导您完成构建、测量和学习的闭环。

配方2：优化现有产品或服务

我猜我们这本书的大多数读者可能都处于已经有产品或服务的阶段，并且希望改进这些产品或服务。产品经理、设计师甚至开发人员都可以使用JTBD的视角来发现并优化市场上现有解决方案的改进领域。

总体而言，在这种情况下，目标是找到最有影响力的改进点。用于优化现有解决方案的一系列JTBD技巧如下。

1. **进行任务访谈**：采访任务执行者，找到他们想完成的任务。由于已经有产品，所以可以从客户群中招募受访者，但要尽量避免在访谈中提及自己的解决方案。相反，应专注于任务本身以及他们是如何完成这项任务的。
2. **对比竞争方案**：从访谈中提炼需求陈述，并比较竞品解决方案在完成任务方面的表现。与团队讨论竞争格局，并找到自己的优势。然后，将这些见解纳入头脑风暴环节，以提出优于其他方案的任务完成方式。
3. **创建消费旅程地图**：绘制目前客户与公司互动时的旅程，观察在此过程中完成的功能性、情感性和社会性任务。
4. **编写任务故事**：一旦筛选出可实施的概念，就编写任务故事，将JTBD研究与产品开发和营销活动关联起来。
5. **创建路线图**：使用JTBD框架来指导改进计划，并围绕研究中发现的核心任务主题来组织路线图。

除了任务访谈，也可以用切换访谈来发现潜在问题。事实上，在与现有客户交谈时，您可能会发现从切换访谈开始会更容易。但要小心，不要过分专注于购买决策过程。此外，在B2B场景下，只采访买家的话可能会错过最终端用户的反馈。

这些活动的结果可以直接输入标准的设计和开发阶段。召集团队一起进行头脑风暴，找出改善现有产品或服务的最佳方式。使用消费旅程地图来找出完成任务过程中的不足，并想方设法解决摩擦和痛点。在设计环节中使用任务故事，将解决方案与JTBD研究中发现的真实客户需求紧密联系起来。

配方3：提高对现有产品的需求

如果是市场营销专家，可以考虑通过任务思维来指导正进行的工作。这里的目标不一定是改善产品或服务——尽管这可能是调查结果之一。相反，这一系列JTBD活动的焦点是优化对某个产品或服务的认知、推广和传播。可以尝试以下方法。

1. 进行切换访谈：要理解需求，对现有产品进行切换访谈，将是一个极好的起点。使用时间表，了解客户从一种解决方案切换到另一种解决方案的最初动机。
2. 四力分析：首先，识别客户的推动因素和拉动因素，如图8.2所示。客户面临哪些问题？是什么吸引他们转向新解决方案？然后，分析人们在使用现有解决方案时的习惯和焦虑。超越自己当前的解决方案，努力挖掘人们在生活中希望实现的进展。

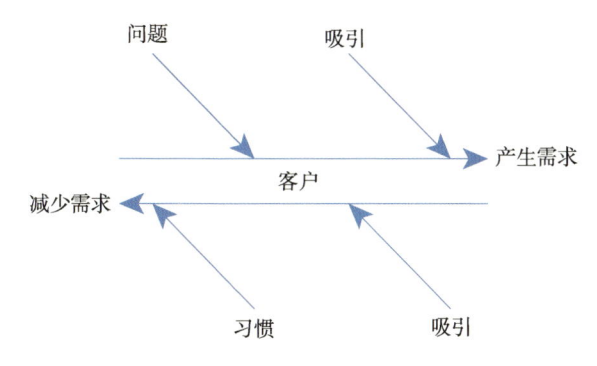

图8.2
四力分析

价值的重新开发　　199

3. 撰写任务故事：将分析结果以任务故事的形式呈现出来。利用这些故事来构思如何创造更多需求以及克服需求减少的因素。力求帮助客户设想自己这个解决方案将如何改善他们的生活，例如，通过客户评价、用户故事和案例研究。向客户表明自己了解他们追求进步时遇到了哪些困难。寻找合适的方式展示自己这个解决方案的优势，并使新的客户可以轻松地试用它。
4. 制定路线图：增加需求的措施可能影响到市场营销和产品开发工作。创建一份路线图，不仅可以安排实施阶段的顺序，还能帮助团队围绕客户目标达成一致。

从人们想要完成的任务开始产生需求，可以增加自己的信息与他们产生共鸣的机会。专注于未满足的需求可进一步有助于自己的产品领先于其他产品。

配方4：长期助力客户成功

基于订阅的服务改变了公司与客户互动的方式，客户不再需要一次性购买单个产品。相反，必须与自己的服务对象建立长期持续的关系。如果有基于订阅的商业模型，那么成功帮助客户完成任务就尤为重要。

客户成功领域尤其关注如何帮助人们从解决方案中获得最大价值，而JTBD已经为该领域提供了指导，例如，"期望结果"这个概念在该领域就尤为重要。

作为客户成功经理、客户经理或销售主管，如果希望拓展现有客户群，就可以按照以下步骤来帮助客户更成功地完成任务。

1. 进行任务访谈：由于是从现有解决方案开始，因此很容易从谈论自己的产品开始。抵制这种冲动，相反，应该专注于客户在自家产品或服务之外试图完成的目标。巧用关键事件让受访者回忆他们以往的特定情境。
2. 创建任务地图：提炼出完成主要工作的步骤并将其映射出来。用它来诊断自己现有的工作，并找到可以使客户更成功的地方。是在任务过程的开始、中期还是结束时？从客户的视角洞察任务随时间流逝的进展情况，有助于指导整体工作。
3. 成功引导客户入门：不要只是将人们带入产品，而是引导他们进入任务。JTBD有助于超越解决方案的界限，让我们找到融入客户整体任务流程的方法。围绕主要任务构建消息传递和解决方案演示的顺序，我们将能够更快地使客户看到价值。
4. 最大化客户留存：新客户进来后，我们的目的是保持客户忠诚度。可以通过关注客户的任务来主动提高留存率。养成型活动可以帮助他们完成更多任务或更好地完成任务。请参考主要任务地图来计划沟通和教育活动。
5. 提供相关支持：需要主动为客户提供支持。支持团队可以更好地解决客户遇到的潜在问题，直接面对他们需要完成的任务。

市场即对话。在订阅制商业模式下，单纯向客户销售产品已经不再可行，还需要与他们建立关系。

配方 5：建立企业创新战略

JTBD 理论基于这样一个简单的观察：人们不是购买产品，而是用它们来完成任务。这个强大的启发式方法可以为一个组织的总体战略提供指导。具体步骤如下。

1. 进行任务访谈：任务访谈是 JTBD 方法的关键步骤，可以通过多种方式加以利用。
2. 创建任务地图：用简单的图表展示主要任务的完成过程。将它用于促进团队中对机会的讨论。
3. 发现未被满足的需求：还可以使用情境因素对不同的结果进行聚类，进一步细分市场。
4. 创建基于任务的战略：使用乌尔维克的增长矩阵来确定战略类型。然后考虑该战略类型的所有相关影响。必须满足什么条件才能确保战略取得成功？可能需要新的资源、技能或资金类型。
5. 围绕任务构建组织：彼得·德鲁克曾经提出"文化会把战略当早餐吃掉。"借此，他揭示了组织集体思考和行为的重要性。虽然围绕任务进行简单的重组并不能解决所有的文化和沟通问题，但这是朝着正确方向迈出的第一步。至少，建立符合客户任务的正式沟通渠道可以释放传统组织结构无法实现的可能性。

最终，还需要拓展市场。利用任务思维来探索组织实现增长的下一步目标。横向扩展来为相关任务提供服务；纵向扩展以着手解决更高阶的任务，甚至是人们的期望。

8.3 将 JTBD 导入组织

JTBD 讲座和研讨会的最后问答环节，人们经常问我的一个的问题是："我该如何开始？"以客户为中心的倡导者希望开始，但在组织内部往往困难重重。

好消息是，越来越多的利益相关者开始直接要求进行 JTBD 研究。坏消息是，JTBD 需要组织内每个人转变思维方式和行为。需要耐心和坚持。即使有意愿，在组织中开始实施 JTBD 可能也是一项挑战。

尝试将 JTBD 导入组织时，请考虑以下建议。

1. **从小处着手**。先在独立项目中单独或成对地尝试个别 JTBD 应用技巧。快速获得一个成功案例，以便争取到更多的时间和资源。不要试图一开始就采用一整套方法，例如 ODI 或任务图谱。相反，先试行一个项目，了解 JTBD 如何适应自己的具体场景和组织。

2. **将 JTBD 融入其他活动中**。将 JTBD 研究融入已经计划好的其他工作流程中。例如，如果用户研究团队正在对客户进行民族志研究，就可以在访谈中加入一些任务访谈问题，以收集完成任务地图所需要的反馈。特别是，任务地图是总结整体见解的强大方式，可以用来为解决方案寻找活动（如设计工作坊）提供输入。

3. **让更多的人参与进来**。乌尔维克在书中明确建议，基于 JTBD 的决策仅限定用于一个小的战略团队中。他如此描述："我们学到的一点是，创新不应该是每个人的责任。这应该是一小部分人的责任。"

   我不同意这种观点。现代组织赋予小团队有权做出可能对全球产生影响的本地决策。他们必须对组织在做什么以及未来的方向有共识。这并不意味着要对公司的所有人进行培训，而是要在文化中灌输一个以客户为中心的共同视角。

   JTBD 太强大且影响深远，不能只局限于某个团队。相反，要努力在整个 JTBD 过程中让更多的人参与并在此过程中进行"传帮带"。

4. **寻找倡导人**。找到组织中对 JTBD 感兴趣的其他人，尤其是决策者。依托他们的兴趣和热情来帮助传播任务思维。例如，请他们资助一个项目来作为组织中其他人学习的示范。

要将任务观念植入到组织中，可以从基层开始。但如果有组织中高级领导的支持，将加速从上到下的采用。将JTBD引入组织需要自下而上和自上而下的"双向奔赴"。

5. **了解可能的反对意见**。如果受到了别人的反驳，请准备好有说服力的观点。表8.1列出了可能从其他人那里听到的一些典型异议、这些异议中潜在的错误以及针对每个异议的反驳建议。

6. **提供证据**。了解JTBD的好处，并准备好成功案例。可以把本书

表8.1

针对JTBD的常见异议及反驳

反对意见	背后的错误	反驳观点
"我们没有时间或预算进行这类研究"	JTBD项目需要很长时间而且成本很高	使用JTBD不必花费很多金钱或时间。一个简单的项目可以在几周内完成，只需要营销调研或可用性测试的费用。我们可以从采访和任务地图入手
"每个部门都有自己的JTBD分析"	各个职能部门可以独立有效地工作	好吧！但是，它们是否显示了跨渠道和接触点的互动？出色的客户体验跨越了我们的部门，我们希望创建每个人都想要的产品
"我们早就知道这些了"	隐性知识就足够了	使隐性知识透明化是以客户为中心这个理念的重要组成部分。同样，当有人离开时，我们也不会失去知识。如果有新成员加入我们的团队，我们也可以迅速提高他们的实力。JTBD为我们提供了一个简单的结构来捕获与组织有价值的市场洞察
"我就属于目标人群，问我"	个人过去的经验足以做到以客户为中心	您的意见对帮助我们理解要完成的任务非常宝贵。但我们仍然希望基于客户的直接反馈来产出洞察：这是发现增长和创新见解的最佳方式
"我们已经做了市场研究"	市场营销和JTBD相同	很好。但JTBD超越了传统的市场研究。我们还需要发现未被满足的需求，并使工作活动与各部门的主要任务保持一致。借助JTBD，我们可以找到客户的潜在动机
"我们不需要其他方法，我们已经专注于客户了"	JTBD与其他现有方法相同	JTBD通过多种方式为组织提供独特的价值。首先，JTBD与其他方法兼容，通常用于对现有活动中潜在的需求提供结构化的见解（如设计思维、精益和敏捷）。其次，JTBD的范围更广，着眼于跨部门的市场创新。最后，JTBD不属于任何一个领域。它来自商业界，可以由多种角色类型驱动

价值的重新开发　　203

中包含的资源和案例作为起点。上网寻找其他资源并保留相关资料列表，以便作为证据展示。

如果可能，还可以研究竞争对手的做法。搜索竞争对手以及"待办任务"或"JTBD"等这样的关键词。展示其他公司也在这样做的事实，可以大大增加说服决策者的机会。

7. 制作推介陈述。创建一个简明的陈述，可以随时引用，并包含要解决的商业问题。推介必须与自己的具体情况相关。决策者为什么要对任何形式的JTBD工作进行投资？如果有机会和CEO一起乘电梯，可以尝试使用以下推介示例：

> 我们希望在现有产品的基础上拓展业务。通过找到客户待办任务，我们可以更好地了解市场需求，最终促使客户采纳我们的解决方案。

JTBD是一种现代技术，越来越多的公司（例如英特尔和微软）正在使用它来增进对客户的理解。我们的一些竞争对手也在使用该技术。

JTBD用相对较少的投资为我们提供了在瞬息万变的市场中必须要有的战略洞察。我们可以确保所有团队成员对创建客户真正需要的解决方案有共同的理解。

最后，将JTBD导入组织不一定是一个非黑即白的决策。可以从一个小型试点项目开始，或者将JTBD技术整合到现有项目中，更轻松地上手。如果组织中有人开始采纳任务思维，就会听到他们在用JTBD的语言进行沟通。

更重要的是，现代组织中的创新不只是发生在高层。与过去相比，遵循敏捷和精益方法的团队规模更小，权力更大，决策因此也变得更加分散。当日常决策基于任务的需求时，将使公司更有侧重点，更有一致性，从而快速成长。

巧用JTBD思维，在Mural上制定产品路线图

作者：奥古斯丁·索勒，Mural产品主管

将客户需求与具体产品功能相结合是一项挑战。在Mural，我们尝试通过使JTBD来解决此问题。通过将客户待办任务与全球和本地需求相连接，我们对自己开发的产品有信心，它是基于用户实际需求的。该过程虽然不是完全线性的，但我们倾向于始终如一地遵循以下步骤。

步骤1 ➤ 创建任务地图

通过研究，我们为线上协作会议的主要任务创建了任务地图，如图8.3所示。该地图包含8个阶段，每个阶段有几个步骤。我们还有与每个阶段匹配的角色和场景，这有助于补充我们对任务完成过程的理解。然后，我们将需求映射到任务地图上。将所有这些信息适当整理在一起，为我们提供了一个宝贵的视角。这也促使我们思考潜在的客户需求和我们正在解决的问题。

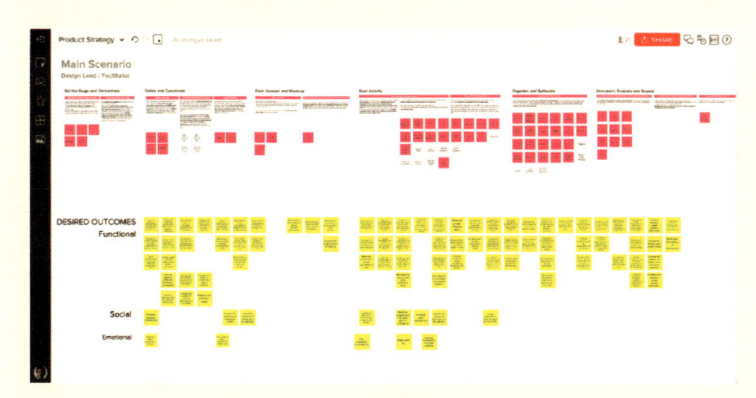

图8.3
Mural用来计划季度路线图的任务地图（部分）

步骤2 ➤ 根据机会决定构建内容

任务地图有助于我们确定每个季度要构建什么。通过寻找未满足的

客户需求，我们可以在任务地图中发现机会。我们对这些机会进行了优先级排序和讨论，最终在它们的指导下我们制定了产品决策决定。

我们还遵循前几年开发的一个简单的规划检查清单，以确保不至于遗漏任何重要事项。根据我们的经验，不仅要收集客户的反馈，收集公司内部利益相关者的意见也是至关重要的。如图8.4所示，根据这些输入，我们每季度制定一个开发路线图，重点关注我们认为最大的机会。

图8.4
由任务地图得到Mural的季度路线图

步骤3 ▶ 研究任务

我们会优先考虑机会，以决定每个季度先做哪些工作。这通常始于更具体的研究。我们努力将定性方法和定量方法相结合，以便从个人的角度更广泛地理解核心问题。所有见解都记录在Mural中，以便我们跨地点共享（图8.5）。例如，如果我们想与另一个应用程序的集成，我们将首先采访用户以了解他们的具体需求。过程中涉及哪些较小的任务？他们的任务流程是什么？我们还会结合访谈中的洞察与定量数据来帮助我们形成观点。所有这些见解都将反馈到设计过程中。

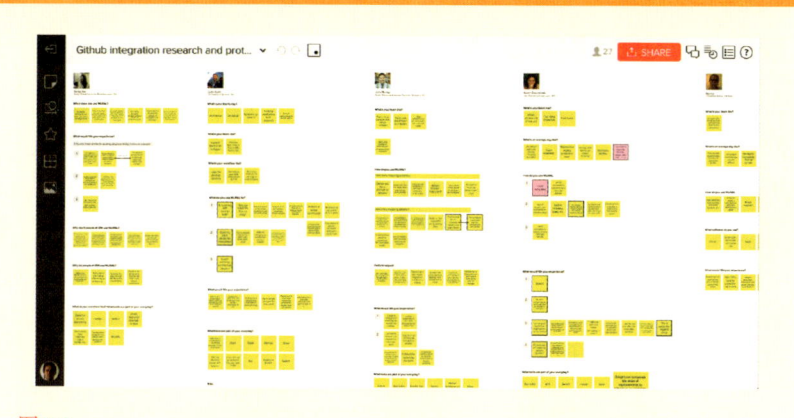

图 8.5
画布中捕捉到所有参与者的访谈纪要

步骤 4 ▶ 创建任务故事

从研究中，我们获得了原始信息，这些信息被处理为任务故事，或者是描述围绕特定功能的特定需求简短声明（有关任务案例的更多信息，请参见第 5 章）。这些故事有助于确定我们要解决的问题，帮助我们弄清楚如何解决这些问题。我们会根据对用户目标的影响来讨论完善和优先考虑这些任务案例，直到找到我们认为最重要的问题。

以下是与 GitHub 集成相关的任务示例：

- 当我查看积压问题时，我希望能够回到原始来源，获取更多背景信息，以便加深我对要解决的问题的理解；
- 当我举办一个研讨会并提出行动项时，我希望能够轻松将它们发送到团队使用的问题跟踪器，以免影响我的工作节奏。

任务故事的优势在于其可转移性。它们包含任务地图中的上下文信息，因而无须参考整个地图。此技巧使设计师能够专注于他们具体的设计挑战，并确信这些挑战与整体用户体验直接相关。

价值的重新开发

步骤5 ➤ 设计和开发功能

在完成问题的设计阶段后,就准备好进行开发了。很多情况下,我们会先实现功能的简化版本,旨在回答一个特定问题或看看它的效果如何。开发人员将问题拆解为许多小问题,以降低风险。在他们完成工作后,产品经理和设计师会验证构建的功能是否符合预期。一旦通过审核,我们就会分阶段推出功能。首先,我们在内部测试版应用中启用该功能,然后将其发送到几个选定的工作空间,以便收集反馈和进行迭代。

结论

JTBD为我们提供了一种一致的方法来理解客户试图完成的任务。通用语言使我们能够将用户需求和开发工作直接联系起来。设计师可以缩小画布以查看任务地图中的整体情况,也可以放大画布以查看具体的任务故事。开发人员也可以放心,他们的产品决策背后有清晰的依据。

最终,整个设计和开发组织将更加协调一致。最重要的是,我们知道自己的努力与客户真正的需求和重视的东西是一致的。

奥古斯丁·索勒是Mural的产品主管。他在2012年参与创立了这家公司,并带了一个设计与开发团队。2016年,他从西北大学获得工业与产品设计硕士学位。

8.4 要点回顾

JTBD 采用的是客户的角度，独立于产品或解决方案。JTBD 来自商业界，它不局限于任何学科，可以在整个公司范围内使用。

结果导向创新（ODI）可能是当今最完整的 JTBD 方法。完整的 ODI 流程很难复制，尤其是在量化未满足的需求时。但是，ODI 的一些元素可以单独使用，例如任务地图。

史蒂芬·温克尔、杰西卡·瓦特曼、大卫·法伯建议创建任务图谱，以便在提出解决方案之前就全面的了解要解决的问题。他们的方法是被纳入一个更大的路线图（旨在构建人们真正想要的解决方案）。

切换访谈经常与四力分析结合使用，两者共同为市场需求提供宝贵的洞察。

本书介绍了当今实践中一些最流行的 JTBD 应用技巧。这些技巧可以单独使用，也可以组合使用。首先要牢记目标，然后使用可以回答关键问题的技巧。

任何 JTBD 任务都始于阐明目标及界定 JTBD 范围。需要进行研究以了解人们的需求。然后，可以组合各种方法来填补自己的知识空白。切记：JTBD 的核心是先了解问题和机会，再提出解决方案。

JTBD 与其他方法兼容，例如设计思维、精益和敏捷。现有用于理解市场创新的方法不太可能被取代，积极 JTBD 对它们而言，是一个有益的补充。在此过程中，要准备好提出更有说服力的论据，积极推介并倡导使用 JTBD。

结　　语

来自不同JTBD流派的纯粹主义者可能批评本书不够"纯粹"。他们是对的。我有意拆解了现有的各种方法，并以新的方式进行了重新组合。在我看来，JTBD是一种视角，一种观察事物的方式，而不是单一的技术或方法。

我还认为，仅仅通过阅读一本关于JTBD理论的书，是无法完全理解其潜在影响的。因此，我在本书中刻意减少了理论，而是更侧重于实际应用。与其长篇大论地探讨理论，实践学习更重要。

当然，不要误会我的意思，理论很重要。我仍然鼓励大家广泛阅读更多关于JTBD的内容，以填补本书可能没有涵盖的空白。但归根结底，只有团队或组织在实践中看到JTBD的价值，才会真正采用它。

我也完全理解，一些批评者指出JTBD与现有方法有重叠。他们说："JTBD并不新鲜。"他们也是对的。作为一名前产品设计师，我也非常熟悉目标导向设计和任务分析等方法。我也亲自体验过"客户之声"等其他客户体验技术。我深知JTBD与这些方法的相似之处，也了解它们各自的优势和局限。

例如，休·拜尔和凯伦·霍尔茨布拉特提出的情境调查对我理解用户及其所需要的解决方案的方式产生了重大的影响。我认为，情境调查与JTBD之间有最直接的重叠。两位作者讨论了如何支持用户的"任务"，甚至指出基于人口统计学方法的缺陷。甚至可以把《情境化设计》一书中的"任务"替换为"待办任务"，最终您会得到几乎相同的一本书。

JTBD和其他方法的区别

首先，JTBD不是一种设计方法。例如，目标导向设计专门针对软件界面的设计，JTBD的应用范围却广泛得多。正如本书所展示的，JTBD是一种观察市场的方式，它能跨学科应用于加速创新。

其次，关注用户目标的理念并非始于目标导向设计、任务分析或其他类似方法。这种思维方式可以追溯到20世纪初的创新者、设计师和企业家。从历史上看，JTBD的发展与其他相关领域20世纪初的并行发生的，并没有确凿证据表明它们有相互影响。

最关键的一点是，JTBD来自商业界，而不是设计、用户体验或产品管理。这赋予了JTBD不同的意义和影响力，也使其更容易在整个组织内普及。JTBD不属于设计团队，甚至不属于任何单一学科。

以我的经验，传统的设计和用户体验实践，往往并不能有效指导企业如何真正做到以客户为中心。许多人本着以人为本的理念实践设计，但其组织并不听取他们的建议。他们渴望拥有"决策权"。公平地说，情况正在发生变化，例如IBM推出的企业级设计思维。但仅仅依靠设计，并不足以改变整个组织的运作方式和思维模式。

最后，JTBD提供了一个明确的分析单元和跨部门的通用语言。在JTBD框架中，分析顺序很清晰：先关注主要的功能性任务，再叠加情感和愿景层面的考量。这使得"以用户为中心"不再是一句口号，而是一个可操作的具体方法。

因此，JTBD所固有的"以人为中心"的理念并不是什么新鲜事。但它确实为我们提供了一个机会，让我们改变组织的方向、实践方式以及集体思维。从Intercom等公司的案例中可以看出，JTBD有望成为组织运作的底层逻辑，贯穿其内部各项活动，为整个公司提供共同的语言和思维方式。

当然，JTBD并非灵丹妙药，它不能解决所有的问题。但我相信，与其他方法相比，它更具有重新定义对话方式和改变人们思维模式的潜力。它的可渗透性无与伦比，这也是JTBD能在多个学科和行业中引发广泛关注和应用的原因。它不仅是一种附加的工具或方法，而是一种有可能真正融入企业血脉的思维框架。

无论背景是什么，无论更倾向于哪种方法论，现在都是学习JTBD并将其应用到实际工作中的最佳时机。

JTBD 战术

本书中涵盖的不同技术和方法并非详尽无遗。该领域内有一些关键实践样本涵盖了不同类型的工作内容。您可以由此进一步深入理解任务理论及其相关原则。

JTBD 不是一种单一的方法，而是一种观察视角。透过 JTBD 的视角，可以跨越学科和角色来解决组织面临的各种挑战，范围大到公司的增长战略，小到如何写营销文案或支持文档等。

着手启动 JTBD

确定 JTBD 的范围

在启动每个JTBD项目之前，必须定义好领域。确保定义清晰且定位准确，关键是把"主要任务"和"任务执行者"界定在适当的层级，并且表述清晰。每个JTBD项目从这一步开始，确保整个团队都能参与并花时间敲定正确的JTBD定义。

步骤如下。
1. 定义主要任务。
2. 定义任务执行者。
3. 形成关于任务过程和情境的假设。

工作量：低到中。此步骤将为后续调研工作奠定框架，并最终影响到业务。需要与关键决策者合作，以定义主要目标。在某些情况下，主要任务和任务执行者很明显，而在其他时候，可能需要在行讨论或辩论之后才能确认答案。

注意事项：确认合适的抽象概念非常关键。如果不确定，建议将主要任务定义得宽泛一些，而不是过于狭窄。

尝试一下：考虑客户试图用解决方案完成的主要任务。如果可能的话，请向几个客户询问他们到底想做什么。通过询问"为什么"和"怎么做"来确定不同级别的抽象概念。以不考虑技术且长期稳定为前提来描述答案。与同事讨论主要任务，看是否能引起他们的共鸣。

参考文献：

- Anthony Ulwick. *Jobs to Be Done: Theory to Practice*（Idea Bite Press, 2016）
- Bob Moesta. "Bob Moesta on Jobs-to-be-Done," interview by Des Traynor, *Inside Intercom*（podcast, May 12, 2016）

发现价值

进行任务访谈

任务并不是凭空捏造或通过头脑风暴出来的，它们是通过发现得来的。准备好进行大量访谈——这是揭示任务的关键方式。

工作量：中到高。访谈的工作量取决于完成访谈的数量。需要能够招募到参与者并与他们进行深入的访谈。一次访谈时间通常从30分钟到两个小时不等，访谈对象的数量需要在6到20人以上。可以远程进行，也可以面对面进行。通常，多个访谈共同为任务的发现提供信息，同时需要进行汇报会议。录制每次访谈的音频是一个好主意，但回听每段录音可能需要花好几个小时。

注意事项：如果以前从未进行过定性研究，那么任务访谈可能会让您感到不知所措。仅通过十几次访谈，就可以得到大量信息。确保有一个清晰的计划来捕捉和管理收集到的数据。识别任务和提取关键信息需要实践。

尝试一下：和朋友或同事一起练习开放式访谈技巧，选择一个他们正在完成的工作任务，例如准备一顿饭。录制访谈并回放。有没有避免是/否的问题？有没有让对方充分展开讲述？有没有深入询问对方，例如："能详细说说吗？"

参考文献：
- Steve Portigal. *Interviewing Users* (Rosenfeld Media, 2013)
- Giff Constable. *Talking to Humans* (2014)
- Mike Boysen. "A Framework of Questions for Jobs to Be Done Interviews" (*Medium*, 2018)
- Hugh Beyer and Karen Holtzblatt, *Contextual Design* (Morgan Kaufmann, 1998)

进行切换访谈

还可以用切换访谈的方法进行 JTBD 访谈。该技巧由 Rewired 的鲍勃·莫斯塔和克里斯·斯皮克率先提出。如果已经有产品并希望改进或升级需求时，切换访谈非常有用。

步骤如下。
1. 招募客户。
2. 基于切换时间轴进行访谈。
3. 分析影响进展的四种力。

工作量：中到高。切换访谈可以在几天内完成，也可能需要几周的时间。需要招募到 6 至 12 名参与者，并安排与他们进行深度访谈。一次访谈耗时通常在 15 到 60 分钟之间。直接在切换时间轴上做笔记有助于分析，可以直接根据原始笔记进行分析。

注意事项：切换访谈通常集中于产品，但其目的是发现潜在动机。将购买决策独立于待完成的工作任务需要一定的练习。

尝试一下：只要与客户交谈，就可以练习切换方法的部分元素。从简单的问句开始："告诉我您为什么决定使用这款新产品？"在初步了解客户对该问题的反应后，逐渐加入更多切换方法的元素。

参考文献：
- Chris Spiek and Bob Moesta. *Jobs-to-Be-Done: The Handbook*（Rewired Group, 2014）.
- Clayton Christensen et al. "How to Hear What Your Customers Don't Say," Chapter 5 in *Competing Against Luck*（Harper Business, 2016）
- Alan Klement. *When Coffee and Kale Compete*（Self-published, 2016）

分析影响进展的四种力

有四种力驱动人们做出"从一种产品或服务切换到另一种"的行为。四力分析着眼于从当前状态转变为新状态所涉及的因素。现有解决方案的问题和新方案的吸引力会促使客户做出改变。但是，对变化的不确定以及现有习惯会阻碍消费者进行切换。您的目标是找到客户在选择特定方案时希望取得的进展。

步骤如下。
1. 进行调研。
2. 将获取的洞察提炼到对应的力中。
3. 识别机会。

工作量： 中。研究四力的访谈最为耗时。需要招募6至12位参与者并安排访谈。在汇总数据后，计划一场内部会议，与干系人一起审查研究结果和制订行动计划。

注意事项： 可以非正式地进行分析，但完整、严谨地完成分析仍然需要投入大量的精力。不要因为这项技术看似简单就低估了深入研究和分析的必要性。

尝试一下： 将一张纸或文档分成4个象限，并从左上角顺时针方向依次标记"问题""吸引力""焦虑"和"习惯"。然后分析产品或服务，以及每个类别中列出的影响因素。与同事讨论自己的发现，看他们是否有相同的见解。

参考文献：
- Alan Klement. *When Coffee and Kale Compete*（NYC Press, 2016）
- Chris Spiek and Bob Moesta. "Unpacking the Progress Making Forces Diagram," *JTBD Radio*（Feb 2012）

绘制主要任务地图

任务地图将主要任务的流程进行了可视化。该技巧是托尼·乌尔维克提出的，包含在"以结果为导向的创新"（ODI）方法中。任务地图几乎可以用于所有 JTBD 研究，是 JTBD 方法的基石之一。

工作量： 中。可以在采访过程中初步绘制任务地图，并在接下来的几天进行完善。通过迭代优化，并邀请其他人参与验证。

注意事项： 请勿将任务地图与用户旅程图、服务蓝图或其他类型的任务流图混为一谈。任务地图与解决方案、品牌或客户无关，而是客户要完成的任务之路线图。

尝试一下： 做一个简单的主要任务，例如准备一顿饭。利用自己的经验，根据通用任务地图规则构建一个假设的阶段流程。然后，至少与两名经常做饭的人交谈，了解其实际流程。这个过程是否符合您的假设？您会做出哪些修改？

参考文献：
- Lance Bettencourt and Anthony Ulwick. "The Customer-Centered Innovation Map," *Harvard Business Review*（May 2008）
- Jim Kalbach. "Experience Maps," Chapter 11 in *Mapping Experiences*（O'Reilly, 2016）
- Tony Ulwick. "Mapping the Job-to-be-Done," *JTBD+ODI* blog（Jan 2017）

定义价值

发现未被满足的需求

原则上,找到未被满足的需求是很简单的。但实际上,这可能是一项具有挑战性的任务。

步骤如下。
1. 收集所有期望的结果。
2. 形成期望结果陈述。
3. 采访任务执行者。
4. 识别机会。

工作量:高。遵循ODI进行完整需求分析可能需要好几个月的时间。首先,需要进行大量的JTBD访谈,以提取期望的结果陈述。然后,还需要进行大样本调查,这可能需要好几周的时间,其他替代方法虽然耗时较少,但缺乏ODI的严谨性。

注意事项:发现所有需求并将其正确表述出来,是一项艰巨的任务。让几百名参与者完成一项包含50个或更多条目的调查问卷,并不是一件容易的事。尽管有更简便的方法,但在此省略关键步骤通常会导致结果模棱两可或不可预测。

尝试一下:收集一小组(例如12个)关于主要任务的需求陈述,将它们分别写在便签上。将这些便签贴在一个2×2的优先级网格(重要程度vs.满意度)上。团队讨论这些机会、假设和风险。虽然结果可能不是最终有效的,但这个过程可以帮助团队理解如何优先考虑机会。

参考文献:

- Anthony Ulwick. "Turn Customer Input into Innovation," *Harvard Business Review*(Jan 2002)
- Dan Olsen. *The Lean Product Playbook*(Wiley, 2015)
- Scott Anthony et al. *The Innovator's Guide to Growth*(Harvard Business Review Press, 2008)

创建基于目标的用户画像

依托阿兰·库珀的目标导向法，可以使用户画像基于用户的目标，而不是人口统计数据。

步骤如下：
1. 访谈用户，并提炼目标中的关键变量。
2. 将访谈映射到变量上。
3. 识别目标模式。
4. 基于共同目标描述用户画像。

工作量：中到高。创建目标导向的用户画像需要进行大量的前期研究。必须招募受访者、进行访谈并分析数据。根据研究的复杂性，整个过程可能需要数天到数周的时间。原型画像是基于团队中当前的知识和假设的较简单的替代方案。

注意事项：由于用户画像根据假设的用户总结而来，团队成员往往会将其误解为人口统计数据而非目标。另外，随着项目的推进，用户画像往往会变得无关紧要。为了让它们保持活力，可以将用户画像海报贴在办公室里，或在会议中进行角色扮演。

尝试一下：在采访任务执行者之后，列出关键情境。将访谈内容与情境对应起来并找到模式。然后创建基于JTBD的用户画像，描述每种用户希望达成的不同结果。

参考文献：

- Alan Cooper and Robert Reimann. *About Face 2.0: The Essentials of Interaction Design*（Wiley, 2003）
- John Pruitt and Tamara Adlin. *The Persona Lifecycle: Keeping People in Mind Throughout Product Design*（Morgan Kaufmann, 2006）
- Kim Goodwin. *Designing for the Digital Age: How to Create Human-Centered Products and Services*（Wiley, 2009）

比较竞争解决方案

使用 JTBD 来比较不同的解决方案，以提供跨产品类别的独特竞争视角。使用需求或过程步骤作为比较的基础。为了全面进行比较，需要对任务执行者进行调研，了解他们如何将每项需求与竞品进行比较。目的是能够从任务的角度识别竞争环境中的机会，从而为产品提供差异化。

步骤如下。
1. 确定要比较的替代方案。
2. 确定要比较的需求或任务步骤。
3. 评估每个解决方案满足这些需求的程度。
4. 在竞争环境中找到最佳选择。

工作量：低到高。如果已经识别出需求，则可以轻松与竞品进行比较。可以估计每个需求或任务步骤的完成情况。但如果需要进行初步研究，工作量就会比较大。直接调查客户如何比较解决方案的话，会大大增加工作量。

注意事项：如果不对任务执行者进行调研，那么，这样的比较就会带有较强的推测性。尽管如此，仍可以与团队讨论解决方案之间的潜在差异，以达成内部共识。无论如何，都要对假设进行验证。

尝试一下：考虑人们完成主要任务的所有相关解决方案。列出一小部分需求或过程步骤并将其放在桌面上。选择两到三种解决方案进行比较。团队讨论每一种相对于另一种的表现。然后提出问题："当前的解决方案在这样的比较中处于什么位置？""哪里可能需要改进？""哪些步骤最具有战略意义？"

参考文献：
- Anthony Ulwick. *Jobs to Be Done: Theory to Practice*（Idea Bite Press, 2016）

定义基于任务的价值主张

价值主张明确定义了要向客户提供的好处。亚历山大·奥斯特瓦德创建的价值主张画布（Value Proposition Canvas，VPC）是帮助您与团队共同定义价值主张的简单工具。

步骤如下：
1. 了解用户画像。
2. 讨论解决方案画像。
3. 确保客户与解决方案的契合度。
4. 形成价值主张声明。

工作量： 低到中。VPC是一个促进内部对话的工具，用于明确价值主张。假设您已经进行了JTBD研究，那么开始使用它就相对容易。但随着更多利益相关者的加入以及情况复杂性的改变，这项任务的工作量也会有所增加。

注意事项： 在网上可以找到许多有关如何使用VPC的示例。但其中许多资源对任务的语言定义不精确，且混杂有问题空间和解决方案空间。虽然可以将VPC作为一种非正式的内部对齐工具，但建议包含信息时严谨一些，特别是刚开始使用的关键任务。

尝试一下： 上网下载VPC并独立练习填写。可以选择自己业务或其他现有业务的主题。看看是否能将"痛点"和"收获"与"止痛剂"和"收益创造者"匹配起来。

参考文献：
- Alexander Osterwalder, Yves Pigneur, Gregory Bernarda, and Alan Smith. *Value Proposition Design* (Wiley, 2014)

设计价值

创建开发路线图

使用JTBD来驱动产品路线图中的主题，以确保任务与客户需求挂钩。将路线图保持在较高的层次，不要设定具体的交付日期，以便为团队提供指导而不承诺具体的时间。

步骤如下。
1. 定义解决方案的方向。
2. 确定要追求的客户需求。
3. 设置时间线。
4. 将开发工作与路线图对齐。

工作量： 中到高。首先，创建初始格式和分发方式可能需要花一些精力，但之后扩展路线图可能只需要几个小时。路线图通常涉及一系列利益相关者的意见，从关键决策者到实施解决方案的团队。协调所有信息的输入会大大增加工作量。

注意事项： 人们通常将路线图与详细的项目计划（有明确时间表）混为一谈。应该将路线图看作是对一系列活动的更广义的描绘。另外，记住，路线图也会发生变化，需要每季度更新一次。

尝试一下： 为解决方案草拟下个季度的开发路线图。看看自己在一两个小时内能完成多少内容。使用JTBD框架使路线图中的主题与绘制的活动顺序保持一致。

参考文献：
- C. Todd Lombardo, Bruce McCarthy, Evan Ryan, and Michael Connors. *Product Roadmaps Relaunched* (O'Reilly, 2017)

将团队与任务故事对齐

任务故事提供了一种标准格式，用于表示要完成的较小的任务。可以基于任务地图和任务访谈来生成。因为任务故事包括有关情境和任务步骤的信息，所以它们可以独立存在，为团队提供灵活性，并在必要时引入。同时，任务故事可以让人确信功能和特性的开发是基于满足客户需求的。

步骤如下。
1. 了解任务阶段和情境。
2. 编写任务故事。
3. 针对任务故事解决问题。

工作量：低。在完成JTBD研究、创建任务地图并制定路线图之后，生成一组任务故事相对容易。

注意事项：任务故事有多种可能的格式，其用途也不同。关键是开发一种适合具体情境的一致、稳定的格式。"故事"一词似乎意味着它们可以替代敏捷开发中的用户故事，但在大多数情况下并非如此：在敏捷开发中，仍然使用传统的用户故事来衡量项目的燃尽率。

尝试一下：考虑与当前工作有关的任务。根据研究数据，使用常见格式编写6到12个任务故事并分享进行讨论。然后在团队的会议、研讨会和设计会议上展示这些案例，以将工作与客户需求联系起来。

参考文献：

- Alan Klement. "Replacing the User Story with the Job Story," *JTBD.info* (Nov 2013); "5 Tips for Writing a Job Story," *JTBD.info* (Nov 2013); and "Designing Features Using Job Stories," *Inside Intercom* (2015)
- Maxim van de Keuken. "Using Job Stories and Jobs-to-be-Done in Software Requirements Engineering," [Thesis, Utrecht University] (Nov 2017)

构建解决方案的架构

在软件中，解决方案的架构（无论是产品还是服务）都可以独立于用户界面进行理解。应该根据个人的任务来设计解决方案的蓝图，以确保解决方案的长期性并让人进一步了解解决方案。有几种现有的相关方法展示了如何在不同情境下做到这一点，如用户环境设计。

步骤如下。
1. 了解用户及其任务。
2. 确定相应的关注点。
3. 构建解决方案架构。

工作量：中到高。创建解决方案架构的概念模型是一个迭代的过程，必须随着时间推移进行完善。解决方案越复杂，挑战就越困难。用于复杂的软件应用程序或网站的模型可能需要好几周的时间来研究和开发，以及采用如用户环境设计等过程。

注意事项：构建解决方案架构是一项抽象的工作。其他人可能将其误解为技术架构或界面设计。确保将基础模型的有关讨论与表层实现分开。

尝试一下：选择一款软件产品，如照片编辑程序或电子邮件客户端，然后尝试逆向构建其解决方案的基础架构。首先，列出所有导航点和功能选项，然后将它们分组，随后创建一个简单的架构图并标记自己推导的模型组件。

参考文献：

- Hugh Beyer and Karen Holtzblatt. *Contextual Design* (Morgan Kaufmann, 1998)
- Indi Young. "Structure Derivation," Chapter 13 in *Mental Models* (Rosenfeld, 2008) 中译本《贴心的设计：心智模型与产品设计策略》

验证假设

即使进行最全面的 JTBD 调查，也不能保证自己创建的产品会被市场采用。因此，计划试验并检验自己提出的解决方案，以确保产品与市场的契合度更高。

步骤如下：
1. 提出假设。
2. 通过实验验证或推翻假设。
3. 总结所学并推进下一步。

工作量：高。为了减少不确定性并增强对解决方案方向的信心，需要采用迭代方法。可能需要多次回到起点进行调整，这需要大量时间和精力来完善产品。

注意事项：在商业环境中，实验往往难以控制变量，因此您可能会收到误导性反馈，或者无法得出直接的因果关系。误报和漏报都很常见。

参考文献：
- Travis Lowdermilk and Jessica Rich. *The Customer-Driven Playbook*（O'Reilly, 2017）
- Ash Maurya. *Running Lean*（O'Reilly, 2012）中译本《精益创业实战》
- Eric Ries. *The Lean Startup*（Crown, 2011）中译本《精益创业》
- Steve Blank. *Four Steps to the Epiphany*, 2nd Ed（K & S Ranch, 2013）中译本《四步创业法》
- Michael Schrage. *The Innovator's Hypothesis*（MIT Press, 2014）中译本《创新者的假设》

传递价值

绘制消费旅程地图

消费旅程地图显示客户与品牌或产品之间的互动，其核心目的是说明客户在消费行为中的任务。它与任务地图有着根本上的不同。任务地图显示的是任务执行者试图独立于特定解决方案完成的核心任务，而消费旅程地图则能提供人们如何找到、获取和使用当前这个解决方案的宝贵见解。

步骤如下。
1. 启动旅程绘制项目。
2. 调研消费过程的各个步骤。
3. 在图中展示旅程。
4. 围绕消费旅程达成一致。

工作量：中到高。如果已有相关研究数据，那么制作旅程地图就相对容易。但如果需要进行一手调研，工作量和所需资源就会大幅增加。

注意事项：请务必将任务地图与旅程地图区分开。两者有一个重要的区别：前者描绘完成主要任务的步骤；后者显示客户与公司产品的关系。此外，旅程地图的关键在于团队讨论，它是一种促进团队达成共识的工具。

参考文献：

- Lance Bettencourt. *Service Innovation*（McGraw Hill, 2010）
- Anthony Ulwick and Frank Grillo. "Can Bricks and Mortar Compete with On-line Retailing?" Whitepaper（2016）
- Jim Kalbach. "Customer Journey Maps," Chapter 4 in *Mapping Experiences*（O'Reilly, 2016）

成功引导客户入门

使客户成功入门对其长期留存至关重要。JTBD方法有助于理解客户的目标与产品本身无关，重点是他们想要完成的任务。这种视角可以帮助指导新手入门流程。确保不只是把客户带入产品，更是让他们成功完成目标任务。

步骤如下。

1. 了解客户并将他们划分为不同的学习类型。
2. 确定每种用户的最佳学习任务顺序。
3. 设计入门体验。

工作量：中到高。一个完整的入门引导流程涉及多个接触点，细节繁多。要优化和调整入门引导体验可能需要反复迭代。

注意事项：不同类型的客户有不同的入门需求。如果要正确细分用户并为他们提供最相关的入门体验，可能会很复杂。

尝试一下：分析当前的入门引导流程，并对照本章的学习类型进行评估，找出改进的机会。

参考文献：
- Alan Klement. "Design for Switching: Create Better Onboarding Experiences." *JTBD News*（2014）
- Samuel Hulick. "Applying Jobs-to-Be-Done to User Onboarding, with Ryan Singer!" *UserOnboard*（2016）

最大化客户留存

我们生活在基于订阅的经济社会中。随着周期性收入的增长，维持与客户的持续关系对于业务成功至关重要。发现用户取消服务的第一个念头可以阐明我们可以采取什么措施来防止客户流失。

步骤如下。
1. 使用切换技巧进行取消服务的访谈。
2. 在取消原因中找寻规律。
3. 针对根本原因采取措施，减少流失，提高留存率。

工作量：中。仅需进行少量取消访谈，就可以获得相当多有价值的信息。在任何情况下，查看数据都要花一些精力。

注意事项：招募愿意接受访谈的已流失客户可能很困难，并且需要激励。同时，在B2B场景下，由于涉及多个决策者，客户可能很难准确回忆起自己当时取消服务的具体原因。

尝试一下：找一个最近取消订阅某项服务的朋友或同事，使用切换访谈技巧重现他们的决策过程。找到他们最早产生取消念头的那个时刻，并讨论该服务提供方当时可以采取哪些挽回措施。

参考文献：
- Ruben Gamez. "Doing SaaS Cancellation Interviews (the Jobs-to-be-Done Way)" *ExtendsLogic*（2015）

提供相关支持

在客户支持场景下，用户往往不会直接表达自己真正的需求。他们可能使用错误的描述，或者已经在脑海中设想解决方案而提出了错误的请求。支持专员必须先弄清客户真正的需求，然后再尝试解决客户问题。JTBD方法可以帮助支持团队更准确地识别并解决客户的问题。

步骤如下：
1. 倾听并识别任务。
2. 明确并评估客户的意图。
3. 解决问题。

工作量：低。培训支持团队掌握JTBD思维方式，并学会如何深入倾听和澄清客户需求，难度不大。

注意事项：在微观任务层面，任务和具体解决方案往往混杂在一起，不容易区分。支持团队需要时间来适应基于"任务"的思考方式，而不只是围绕产品功能展开对话。

尝试一下：收集一批过往的客户支持请求，并尝试确定每个请求中客户真正要完成的任务。使用第2章"JTBD的核心思想"中概述的JTBD原则来撰写相应的任务描述，并评估改进空间。

参考文献：
- Hugh Beyer and Karen Holtzblatt. *Contextual Design* (Morgan Kaufmann, 1998)
- Indi Young. "Structure Derivation," Chapter 13 in *Mental Models* (Rosenfeld, 2008)中译本《贴心的设计：心智模型与产品设计策略》

（重新）开发价值

在颠覆性创新中生存

JTBD理论之父克莱顿·克里斯坦森认为，确定人们要完成的任务是理解市场干扰的核心。人们将转向能够使任务更简单、更快和更低成本完成的解决方案。他与麦克斯·韦塞尔一起，提供了一个基于JTBD

的简单诊断模型，通过比较竞争对手在完成任务方面的优缺点来发现潜在的干扰。

步骤如下。
1. 确定颠覆者的优势。
2. 明确自己公司的相对优势是什么。
3. 评估障碍。

工作量： 低。如果使用该技术进行基本分析，只需要一两次会议，并邀请有限的利益相关者参与。关键是让合适的决策者参与讨论。即使有更深入的调查并包含数据，该技术的执行成本也相对较低。

注意事项： 尽管此方法可能产生重大的影响，但韦塞尔和克里斯坦森提出的方法实际上缺乏严格的验证。需要让组织中的关键决策者参与，以达成共识。此外，该方法并不寻求穷尽所有可能性，而是其中包含基于战略重点和公司愿景的优先级排序。

参考文献：
- Maxwell Wessel and Clayton Christensen. "Surviving Disruption" (*Harvard Business Review*, 2012)

围绕JTBD制定战略

JTBD视角提供了一种从客户角度出发的新的战略思维方式，即"从外到内"的方法。专注于任务可以使企业保持持续的战略目标——即帮助客户完成任务，即使技术不断变化。

托尼·乌尔维克及其公司Strategyn开发的增长战略矩阵提供了一种分类方法：基于任务对不同战略进行分类。企业可以利用JTBD来实现更可预测的增长，因为能更高效完成任务的产品和服务将在市场竞争中获胜。

步骤如下。
1. 按JTBD对客户进行细分。

2. 确定采用的战略类型。
3. 确定能够完成任务的解决方案。
4. 制定价值主张并开展营销活动。

工作量：高。创建基于任务的战略离不开严谨的前期研究。需要确保从市场中的任务执行者那里收集完整的数据。由于决策发生在企业最高层，因此让合适的利益相关者参与可能有挑战，但至关重要。

注意事项：基于 JTBD 的策略需要高度准确和可靠的支持数据。否则，可能基于假设做出影响整个业务的决策。

尝试一下：评估当前的战略，并将其定位在增长战略矩阵上。思考该战略类型对组织运营意味着什么？以及如何改进或调整战略？

参考文献：
- Anthony Ulwick. "The Jobs-to-be-Done Growth Strategy Matrix"（*JTBD*（博客），2017）

围绕任务构建组织

传统的组织架构调整往往过于关注层级和汇报关系，导致调整后对业务的影响可能微乎其微。作为替代方案，可以尝试将 JTBD 作为构建组织的核心维度，使以客户为中心的思维方式融入企业结构之中。

步骤如下。
1. 将任务分组。
2. 围绕任务构建组织。
3. 设置成功指标和衡量标准。

工作量：中到高。调整企业的组织架构并非易事。还必须花费大量精力向同事解释 JTBD 的用法，并让他们信服其价值。为了更快速启动，可以在现有架构内创建专注于任务的跨部门团队，例如任务小组、行会或分会。

注意事项：围绕任务来构建组织可能会颠覆传统的工作方式和业务运

作模式。报告线的模糊不清和沟通方式的改变可能引起团队最初的困惑。

尝试一下： 在纸面上规划，考虑如何基于JTBD重组公司，或更简单地重组部门。列出所有现有部门，并将它们与完成主要任务的各个阶段进行比较。这个调整对组织架构意味着什么？有哪些优势和劣势？团队的工作方式或沟通方式会有哪些不同？是否可以在组织架构中引入类似矩阵的结构，以融入基于任务的思维方式？

参考文献：
- Clayton Christensen et al. "Integrating Around a Job," Ch 7 in *Competing Against Luck* (HarperBusiness, 2016) 中译本《创新者的任务》

拓展市场机会

基于任务的方法有助于拓展市场视野。这样做的话，要更广泛地思考如何完成更多任务，或考虑任务层级中更高层的目标。换句话说，要关注人们在寻求解决方案以满足需求时试图在生活中取得的进展。

步骤如下。
1. 关注人们想要取得的进展。
2. 问自己："我们真正从事的是什么业务？"
3. 重新构思产品定位。

工作量： 低。探索潜在的市场扩展方式相对容易。然而，真正执行这些想法可能影响公司的生存且极具挑战。

注意事项： 反思如何拓展业务并没有固定的正确答案。需要与团队协商，达成共识。在某些情况下，可能有多个可行的答案。最终，重要的是开展这样的讨论，并让团队成员对新的可能性保持开放态度。

参考文献：
- Clayton Christensen, Scott Cook and Taddy Hall. "Marketing Malpractice: The Cause and the Cure," *Harvard Business Review* (Dec 2005)

参考文献

Adams, Paul. "The Dribbblisation of Design," *Inside Intercom* (Sept. 2013)

Anthony, Scott, Mark Johnson, Joseph Sinfield, and Elizabeth Altman. *The Innovator's Guide to Growth* (Harvard Business Press, 2008)

Bates, Sandra. T*he Social Innovation Imperative* (McGraw-Hill, 2012)

Berkun, Scott. *The Myths of Innovation* (O'Reilly, 2007)

Berstell, Gerald and Denise Nitterhouse. "Looking 'Outside the Box': Customer Cases Help Researchers Predict the Unpredictable," *Marketing Research* (1997)

Bettencourt, Lance. *Service Innovation* (McGraw-Hill, 2010)

Bettencourt, Lance and Anthony Ulwick. "The Customer-Centered Innovation Map," *Harvard Business Review* (May 2008)

Beyer, Hugh and Karen Holtzblatt. *Contextual Design* (Morgan Kaufmann, 1998)

Blank, Steve. *Four Steps to the Epiphany* (2005)

Blank, Steve. "An MVP Is Not a Cheaper Product, It's About Smart Learning," [blog] (Jul 2013)

Blenko, Marcia, Michael Mankins, and Paul Rogers. *Decide & Deliver* (Bain & Company, 2010) https://www.bain.com/insights/decideand-deliver/

Boysen, Mike. "A New Look at the Buyer Journey — as a Consumption Chain Job-to-be-Done," *Medium* (November, 2016) https://mikeboysen.com/a-new-look- at- the- buyer- journey- as- aconsumption- chain- job- to- be- done- fde28 fde28a6fa98d

Boysen, Mike. "If You Can't Identify an Exit Strategy, You Can't Identify Your Market," *Medium* (May 2017) https://mikeboysen.com/if-youcant-identify-an-exit-strategy-you-can-t-identify-your-marketjtbd-d39961539618

Boysen, Mike. "What #JobsToBeDone Is, and Is Not," *Medium* (Dec 2017) https://medium.com/@mikeboysen/what-is-a-job3eb1e65c7810

Boysen, Mike. "How to Get Results for Jobs to Be Done Interviews," *Medium* (Mar 2018) https://medium.com/@mikeboysen/jobs-tobe-done-interviews-796 23d99b3e5

Caldicott, Sarah Miller. "Ideas-First or Needs-First: What Would Edison Say?" [white paper] (Strategyn, 2009) https://strategyn.com/files/ideas-first-or-needs-first-what-wouldedison-say-strategyn/ideas-first-or-needs-first-what-would-edisonsay-strategyn.pdf

Christensen, Clayton. *The Innovator's Dilemma* (Harvard Business Press, 1997)

Christensen, Clayton. *The Innovator's Solution* (Harvard Business School Press, 2003)

Christensen, Clayton, Scott Anthony, Gerald Berstell, and Denise Nitterhouse. "Finding the Right Job for Your Product," *MIT Sloan Management Review* (Apr 2007) https://sloanreview.mit.edu/article/finding-the-right-job-for-your-product

Christensen, Clayton, Scott Cook, and Taddy Hall. "Marketing Malpractice: The Cause and the Cure," *Harvard Business Review* (Dec 2005) https://hbr.org/2005/12/marketing-malpractice-thecause-and-the-cure

Christensen, Clayton, Taddy Hall, Karen Dillon, and David S. Duncan. *Competing Against Luck* (HarperBusiness, 2016)

Christensen, Clayton, Taddy Hall, Karen Dillon, and David S. Duncan. "Know Your Customers' 'Jobs to Be Done'," *Harvard Business Review* (Sep 2016)

Christensen, Clayton and Laura Day. "Integrating Around the Job to Be Done" [white paper] Harvard Business School (May, 2016) https://hbr.org/product/integrating-around-the-job-to-be-done-module-note/611004-PDF-ENG

Constable, Giff. *Talking to Humans* (2014)

Cooper, Alan and Robert Reimann. *About Face 2.0: The Essentials of Interaction Design* (Wiley, 2003)

Cooper, Alan. *The Inmates Are Running the Asylum* (SAMS, 1999)

Deloitte. "Customer-Centricity: Embedding It into Your Organisation's DNA" [white paper] (2014) https://www2.deloitte.com/content/dam/Deloitte/ie/Documents/Strategy/2014_customer_centricity_deloitte_ireland.pdf

Drucker, Peter. *The Practice of Management* (Harper & Brothers, 1954)

Drucker, Peter. *Innovation and Entrepreneurship* (Harper & Row, 1985)

Fenty, Karin. "The Business Impact of Investing in Experience," [report] (Apr 2018)

Fogg, B. J. "Fogg Behavior Model," *behaviormodel.org* (2019)

Gamez, Ruben. "Doing SaaS Cancellation Interviews (the Jobs-to-be-Done Way)," *ExtendsLogic* (Oct 2015) http://www.extendslogic.com/business/jobs-to-be-done-cancelinterviews/

Garret, Jesse James. *Elements of User Experience* (New Riders, 2002)

Gibbons, Sarah. "User Need Statements: The 'Define' Stage in Design Thinking," *Nielsen Norman Group* (Mar 2019)

Goodwin, Kim. *Designing for the Digital Age: How to Create Human-Centered Products and Services* (Wiley, 2009)

Gothelf, Jeff. *Lean UX* (O'Reilly, 2013)

Hackos, JoAnn and Janice C. Redish. *User and Task Analysis for Interface Design* (Wiley, 1998)

Hulick, Samuel. "Applying Jobs-to-Be-Done to User Onboarding, with Ryan Singer!" *UserOnboard* (2017) https://www.useronboard.com/ryan-singer-user-onboarding-jtbd/

IBM. "Needs Statements," *IBM Enterprise Design Thinking Toolkit* (Aug 2018) https://www.ibm.com/design/thinking/page/toolkit/activity/needsstatements

Joffrion, Emily Fields. "The Designer Who Changed Airbnb's Entire Strategy," *Forbes* (Jul 2018)

Johnson-Laird, Philip. *Mental Models* (Harvard University Press, 1983)

Keuken, Maxim van de. "Using Job Stories and Jobs-to-be-Done in Software Requirements Engineering," [Thesis, Utrecht University] (Nov 2017)

Klement, Alan. "5 Tips for Writing Job Stories," *JTBD.info* (Nov 2013). https://jtbd.info/5-tips-for-writing-a-job-story-7c9092911fc9

Klement, Alan. "Replacing the User Story with the Job Story," *JTBD.info* (Nov 2013)

Klement, Alan. "Designing Features Using Job Stories," *Inside Intercom* (Dec 2013) https://blog.intercom.com/using-job-stories-designfeatures-ui-ux/

Klement, Alan. "Design for Switching: Create Better Onboarding Experiences," *JTBD News* (Jul 2014) http://jobstobedone.org/news/design-for-switching-create-betteronboarding-experiences/

Klement, Alan. *When Coffee and Kale Compete* (NYC Press, 2016)

Klement, Alan. "The Forces of Progress," *JTBD.info* (May 2017) https://jtbd.info/the-forces-of-progress-4408bf995153

Kniberg, Henrik and Anders Ivarsson. "Scaling Agile @ Spotify with Tribes, Squads, Chapters & Guilds" [white paper] (Oct 2012) https://blog.crisp.se/wp-content/uploads/2012/11/SpotifyScaling.pdf

Kupillas, Kevin C. "May the Forces Diagram Be with You, Always," *JTBD.info* (Sep 2017) https://jtbd.info/may-the-forces-diagram-bewith-you-always-applying-jtbd-everywhere-b1b325b50df3

Levitt, Theodore. "Marketing Myopia," *Harvard Business Review* (Jul 1960)

Lombardo, C. Todd, Bruce McCarthy, Evan Ryan, and Michael Connors. *Product Roadmaps Relaunched* (O'Reilly, 2017)

Lowdermilk, Travis and Jessica Rich. *The Customer-Driven Playbook* (O'Reilly, 2017)

Maurya, Ash. *Running Lean* (O'Reilly, 2012)

McGrath, Rita Gunther. *The End of Competitive Advantage* (Harvard Business Review Press, 2013)

Minor, Dylan, Paul Brook, and Josh Bernoff. "Are Innovative Companies More Profitable?" *MIT Sloan Management Review* (2017) https://sloanreview.mit.edu/article/are-innovativecompanies-more-profitable/

Murphy, Lincoln. "Understanding Your Customer's Desired Outcome," *customer-centric growth by lincoln murphy* (no date) https://sixteenventures.com/customer-success-desired-outcome

Norman, Don. (2009) "Technology First, Needs Last," jnd.org (2009)

Olsen, Dan. *The Lean Product Playbook* (Wiley, 2015)

Osterwalder, Alex and Yves Pigneur. *Business Model Generation* (Wiley, 2010)

Osterwalder, Alexander, Yves Pigneur, Gregory Bernarda, and Alan Smith. *Value Proposition Design* (Wiley, 2014)

Porter, Michael and Mark R. Kramer. "Creating Shared Value," *Harvard Business Review* (Jan–Feb 2011)

Portigal, Steve. *Interviewing Users* (Rosenfeld Media, 2013)

Reeves, Martin, Knut Haanaes, and Janmejaya Sinha. *Your Strategy Needs a Strategy* (Harvard Business Review Press, 2015)

Rhea, Brian. "Customer Acquisition & Customer Retention," [blog] (Mar 2019)

Ries, Eric. *The Lean Startup* (Crown, 2011)

Rogers, Everett. *Diffusion of Innovations*, 5th ed. (Simon and Schuster, 2003)

Satell, Greg. "The 4 Things You Need to Know to Make Any Business Successful," *DigitalTonto* (Jan 2013) http://www.digitaltonto.com/2013/the-4-things-you-need-toknow-to-make-any-business-successful/

Schrage, Michael. *The Innovator's Hypothesis* (MIT Press, 2014)

Slocum, David. "Can We Get Beyond Customer Centricity?" *Forbes* (April 2017)

Spiek, Chris and Bob Moesta. "Unpacking the Progress Making Forces Diagram," *JTBD Radio* (Feb 2012)

Spiek, Chris and Bob Moesta. *Jobs-to-Be-Done: The Handbook* (Re-Wired Group, 2014)

Traynor, Des. "Bob Moesta on Jobs-to-Be-Done," *Inside Intercom* (May 2016) https://www.intercom.com/blog/podcasts/podcast-bobmoesta-on-jobs-to-be-done/

Traynor, Des. Intercom. *Intercom on Jobs-to-be-Done* (2016)

Ulwick, Anthony. "Turn Customer Input into Innovation," *Harvard Business Review* (2002)

Ulwick, Anthony. *What Customers Want* (McGraw Hill, 2005)

Ulwick, Anthony. *Jobs to Be Done: Theory to Practice* (Idea Bite Press, 2016)

Ulwick, Tony. "The Jobs-to-Be-Done Growth Strategy Matrix," *JTBD+ODI Blog* (Jan 2017) https://jobs-to-be-done.com/the-jobsto-be-done-growth-strategy-matrix-426e3d5ff86e

Ulwick, Tony. "Mapping the Job-to-Be-Done," *JTBD+ODI blog* (Jan 2017)

Ulwick, Anthony. "What Is Jobs-to-Be-Done?" *JTBD+ODI blog* (Feb 2017) https://jobs-to-be-done.com/what-is-jobs-to-be-donefea59c8e39eb

Ulwick, Tony and Frank Grillo. "Can Bricks and Mortar Compete with On-Line Retailing?" [white paper] (2016) http://resources.hartehanks.com/guides/canbricks-and-mortarcompete-with-on-line-retailing

Ulwick, Anthony and Lance Bettencourt. "Giving Customers a Fair Hearing," *MIT Sloan Management Review* (Apr 2008) https://sloanreview.mit.edu/article/giving-customers-a-fairhearing/

Wessel, Maxwell and Clayton Christensen. "Surviving Disruption," *Harvard Business Review* (Dec 2012)

Wilson, Mark. "Trulia Is Building the Netflix for Neighborhoods," *Fast Company* (Aug 2018)

Wunker, Stephen, Jessica Wattman, and David Farber, *Jobs to Be Done*: *A Roadmap for Customer-Centered Innovation* (AMACON, 2016)

Young, Indi. *Mental Models* (Rosenfeld Media, 2008)

关于著译者

吉姆·卡尔巴赫（Jim Kalbach）

著名作家、演讲者和讲师。擅长于通过视觉思维进行产品设计、体验和战略创新。现任 Mural 客户体验主管。先后就职于易趣、奥迪、索尼、爱思唯尔、律商联讯和思杰系统。2007年出版处女作《Web 导航设计》，2017年出版《体验地图》。个人博客为 experiencinginformation.com，X 账号为 @jimkalbach。

李富涵

Yealink 用户体验研究员，UXRen 翻译组成员。专注于 UC&C 行业，持续关注与研究企业办公空间以及人们的协作方式。3 年 toB 产品用研经验，先后着手过超十款软硬件产品的用户研究项目，主张可支撑商业策略的体验思维。

凌艺蜻

青年译者/资深交互设计师，UXRen 翻译组成员。美国密歇根州立大学人机交互硕士。先后就职于字节跳动和携程旅行，深耕于出行及电商领域数字产品的体验设计。近年来关注 JTBD（Jobs to Be Done）理论的落地实践，并致力于在实际工作与跨职能协作中实践并推广 JTBD 思维。

优秀设计师典藏·UCD经典译丛

正在爆发的互联网革命，使得网络和计算机已经渗透到我们日常的生活和学习，或者说已经隐形到我们的周边，成为我们的默认工作和学习环境，使得全世界前所未有地整合，但同时又前所未有地个性化。以前普适性的设计方针和指南，现在很难讨好用户。

有人说，眼球经济之后，我们进入体验经济时代。作为企业，必须面对庞大而细分的用户需求，敏捷地进行用户研究，倡导并践行个性化的用户体验。我们高度赞同《用户体验研究》中的这段话：

> "随着信息革命渗透到全世界的社会，工业革命的习惯已经融化而消失了。世界不再需要批量生产、批量营销、批量分销的产品和想法，没有道理再考虑批量市场，不再需要根据对一些人的了解为所有人创建解决方案。随着经济环境变得更艰难，竞争更激烈，每个地方的公司都会意识到好的商业并非止于而是始于产品或者服务的最终用户。"

这是一个个性化的时代，也是一个体验经济的时代，当技术创新的脚步放慢，是时候增强用户体验，优化用户体验，使其成为提升生活质量、工作效率和学习效率的得力助手。为此，我们特别甄选了用户体验/用户研究方面的优秀图书，希望能从理论和实践方面辅助我们的设计师更上一层楼，因为，从优秀到卓越，有时只有一步之遥。这套丛书采用开放形式，主要基于常规读本和轻阅读读本，前者重在提纲挈领，帮助设计师随时回归设计之道，后者注重实践，帮助设计师通过丰富的实例进行思考和总结，不断提升和形成自己的品味，形成自己的风格。

我们希望能和所有有志于创新产品或服务的所有人分享以用户为中心(UCD)的理念，如果您有任何想法和意见，欢迎微信扫码，添加UX+ 小助手。

洞察用户体验（第2版）

作者：Mike Kuniavsky

译者：刘吉昆等

这是一本专注于用户研究和用户体验的经典，同时也是一本容易上手的实战手册，它从实践者的角度着重讨论和阐述用户研究的重要性、主要的用户研究方法和工具，同时借助于鲜活的实例介绍相关应用，深度剖析了何为优秀的用户体验设计，用户体验包括哪些研究方法和工具，如何得出和分析用户体验调查结果等。

本书适合任何一个希望有所建树的设计师、产品/服务策划和高等院校设计类学生阅读和参考，更是产品经理的必备参考。

Web表单设计：点石成金的艺术

作者：Luke Wroblewski

译者：卢颐　高韵蓓

精心设计的表单，能让用户感到心情舒畅，无障碍地地注册、付款和进行内容创建和管理，这是促成网上商业成功的秘密武器。本书通过独到、深邃的见解，丰富、真实的实例，道出了表单设计的真谛。新手设计师通过阅读本书，可广泛接触到优秀表单设计的所有构成要素。经验丰富的资深设计师，可深入了解以前没有留意的问题及解决方案，认识到各种表单在各种情况下的优势和不足。

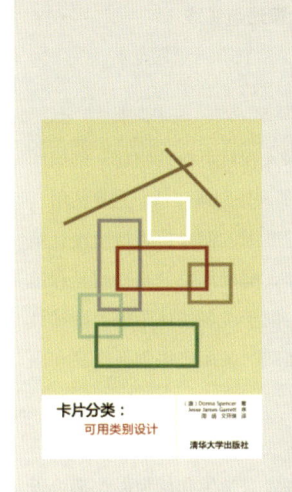

卡片分类：可用类别设计

作者：Donna Spencer

译者：周靖

卡片分类作为用户体验/交互设计领域的有效方法，有助于设计人员理解用户是如何看待信息内容和类别的。具备这些知识之后，设计人员能够创建出更清楚的类别，采用更清楚的结构组织信息，以进一步帮助用户更好地定位信息，理解信息。在本书中，作者描述了如何规划和进行卡片分类，如何分析结果，并将所得到的结果传递给项目团队。

本书是卡片分类方法的综合性参考资源，可指导读者如何分析分类结果(真正的精髓)。本书包含丰富的实践提示和案例分析，引人入胜。书中介绍的分类方法对我们的学习、生活和工作也有很大帮助。

贴心的设计：心智模型与产品设计策略

作者：Indi Young

译者：段恺

怎样打动用户，怎样设计出迎合和帮助用户改善生活质量和提高工作效率，这一切离不开心智模型。本书结合理论和实例，介绍了在用户体验设计中如何结合心智模型为用户创造最好的体验，是设计师提升专业技能的重要著作。

专业评价：在UX(UE)圈所列的"用户体验领域十大经典"中，本书排名第9。

读者评价："UX专家必读好书。""伟大的用户体验研究方法，伟大的书。""是不可缺少的，非常好的资源。""对于任何信息架构设计者来说，本书非常好，实践性很强。"

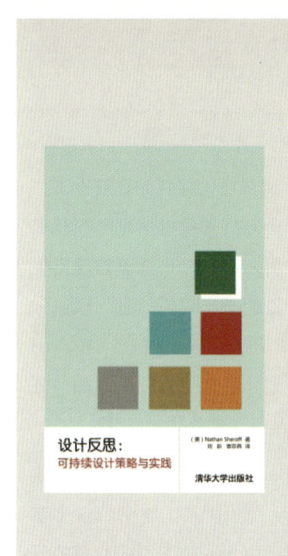

设计反思：可持续设计策略与实践

作者：Nathan Shedroff

译者：刘新　覃京燕

本书从系统观的角度深入探讨可持续问题、框架和策略。全书共5部分19章，分别从降低、重复使用、循环利用、恢复和过程五大方面介绍可持续设计策略与实践。书中不乏令人醍醐灌顶的真知灼见和值得借鉴的真实案例，有助于读者快速了解可持续设计领域的最新方法和实践，从而赢得创新产品和服务设计的先机。

本书适合所有有志于改变世界的人阅读，设计师、工程师、决策者、管理者、学生和任何人，都可以从本书中获得灵感，创造出可持续性更强的产品和服务。

好玩的设计：游戏化思维与用户体验设计

作者：John Ferrara

译者：汤海

推荐序作者：《游戏风暴》作者之一Sunny Brown

本书作者结合自己游戏爱好者的背景，将游戏设计融入用户体验设计中，提出了在UI设计中引入游戏思维的新概念，并通过实例介绍了具体应用，本书实用性强，具有较高的参考价值，在描述游戏体验的同时，展示了如何调整这些游戏体验来影响用户的行为，如何将抽象的概念形象化，如何探索成功交互的新形式。

通过本书的阅读，读者可找到新的策略来解决实际的设计问题，可以了解软件行业中如何设计出有创造性的UI，可在游戏为王的现实世界中拥有更多竞争优势。

用户体验设计：讲故事的艺术

作者：Whitney Quesenbery，Kevin Brooks

译者：周隽

好的故事，有助于揭示用户背景，交流用户研究结果，有助于对数据分析，有助于交流设计想法，有助于促进团队协作和创新，有助于促进共享知识的成长。我们如何提升讲故事的技巧，如何将讲故事这种古老的方式应用于当下的产品和服务设计中。

本书针对用户体验设计整个阶段，介绍了何时、如何使用故事来改进产品和服务。不管是用户研究人员，设计师，还是分析师和管理人员，都可以从本书中找到新鲜的想法和技术，然后将其付诸于实践。

通过独特的视角来诠释"讲故事"这一古老的叙事方式对提升产品和服务体验的重要作用。

问卷调查：更高效的调研设计与执行

作者：卡洛琳·贾瑞特

译者：周磊

本书来自作者从业十几年的实际经验，描述了如何通过七个步骤来实现更有效的问卷调查，从设计、执行和报告，有针对性地从轻量级开始，然后通过迭代来精准定位样本和收集到合适的数据，从而在此基础上做出更优的决策。

本书适合所有需要进行问卷调查的人参考和阅读，不管是面向专业人士的行业或薪资调研，还是面向消费者的市场调研或用户调研。

服务设计导论：洞察与实践

作者：安迪·波莱恩等

译者：周子衿

本书可以作为服务设计的入门导引，共9章，首先"抛砖"，明确指出服务和产品的差异，从而引出服务设计的本质，阐述如何理解人以及人与人之间的关系，揭示如何将研究数据转换为洞察和行动。接下来，描述服务生态圈，探讨如何拟定服务提案和如何做服务体验原型。最后，从客观的角度阐述服务设计所面临的挑战。

书中的案例涉及以保险为代表的金融服务、医疗服务、以租车为代表的出行服务、以解决失业问题为代表的社会服务以及电力等公共基础设施服务。本书可以作为参考指南，为需要和提供服务设计的企事业单位与设计机构提供战略方向和落地方案。

同理心：沟通、协作与创造力的奥秘

作者：Indi Young

译者：陈鸽　潘玉琪　杨志昂

推荐序作者：《游戏风暴》作者之一Dave Gray

本书主要侧重于认知同理心，将帮助读者掌握如何收集、比较和协同不同的思维模式并在此基础上成功做出更好的决策，改进现有的策略，实现高效沟通与协作，进而实现卓越的创新和持续的发展。本书内容精彩，见解深刻，展示了如何培养和应用同理心。

本书适合所有人阅读，尤其适合企业家、领导者、设计师和产品经理。

触动人心的体验设计：文字的艺术

作者：Michael J. Metts，Andy Welfle

译者：黄群祥　周改丽

推荐序作者：Sara Wachter-Boettcher，
　　　　　　奚涵菁(Betty Xi)

在体验经济时代，越来越多的公司都意识到这一点：用户期望能与桌面和网络应用轻松、流畅的交互，从而获得愉悦的使用体验。在产品和服务中，视觉设计的确能让人眼前一亮。然而，只有触动人心的文字表达，才能够真正俘获人心。如何才能通过恰到好处的文字表达来营造良好的用户体验呢？本书给出了一个很好的答案。

两位作者结合多年来通过文字推敲来参与产品和服务设计的经验，展示了文字在用户体验中的重要性，提出了设计原则，对新入门用户体验文字设计的读者具有良好的启发性和参考价值。

高质量用户体验（第2版 特别版）：
恰到好处的设计与敏捷UX实践

作者：雷克斯·哈特森（Rex Hartson），
　　　帕尔达·派拉（Pardha Pyla）

译者：周子衿

荣获全美教科书和学术作者协会2020年优秀教材奖，是一本面向UX/HCI/交互设计师的综合性权威参考。书中萃取了两位作者多年课堂教学经验，此外还包含敏捷方法与设计指导原则等，网上资源丰富，有教师手册、教学大纲、课件、案例和练习。

本书兼顾深度和广度，涵盖了用户体验过程所涉及的知识体系及其应用范围（比如过程、设计架构、术语与设计准则），通过7部分33章，展现了用户体验领域的全景，旨在帮助读者学会识别、理解和设计出高水平的用户体验。本书强调设计，注重实用性，以丰富的案例全面深入地介绍了UX实践过程，因而广泛适用于UX从业人员：UX设计师、内容策略师、信息架构师、平面设计师、Web设计师、可用性工程师、移动设备应用设计师、可用性分析师、人因工程师、认知心理学家、COSMIC心理学家、培训师、技术作家、文档专家、营销人员和项目经理。本书以敏捷UX生命周期过程为导向，还可以帮助非UX人员了解UX设计，是软件工程师、程序员、系统分析师以及软件质量保证专家的理想读物。

新一代用户体验设计：
面向多模态、跨设备的UX设计整合框架

作者： 谢丽尔·普拉茨

译者： 林泽涵　毕庭硕

本书对人机交互设计进行深度思考和探索，通过讲故事的方式来介绍如何营造出一种人机协同互信的多模态和多设备使用体验。全书共 15 章，内容丰富，信息量大，理论清晰，案例丰富，图文并茂，可读性强。

本书适合从事产品和服务的需求、设计、开发和测试人员及团队参考和使用。

乔布斯工作法：JTBD 实践与增长的逻辑

作者： 吉姆·卡尔巴赫（Jim Kalbach）

译者： 李富涵　凌艺蜻

推荐序作者： 迈克尔·施拉格（Michael Schrage）

这是一个最好的时代。只要你真正以人为本，以用户的待办任务为导向，就可能与用户共业，保持长久的合作共创关系。这也是一个最差的时代，因为新用户的获取越来越难，老用户的流失变得越来越容易。本书以"待办任务"（JTBD，又称"乔布斯工作法"）为主题，阐述了 JTBD 思维如何帮助组织把市场洞察转换为实际行动。作者结合理论和实践，展示了如何精准定位用户的核心需求以及如何让产品和服务成为用户长久的选择。